Die Verwirkung des staatlichen Strafanspruchs

Europäische Hochschulschriften

Publications Universitaires Européennes
European University Studies

Reihe II

Rechtswissenschaft

Série II   Series II

Droit
Law

Bd./Vol. 860

PETER LANG
Frankfurt am Main · Bern · New York · Paris

Klaus-Dieter Katzorke

Die Verwirkung des staatlichen Strafanspruchs

PETER LANG
Frankfurt am Main · Bern · New York · Paris

CIP-Titelaufnahme der Deutschen Bibliothek

Katzorke, Klaus-Dieter:

Die Verwirkung des staatlichen Strafanspruchs / Klaus-Dieter Katzorke. - Frankfurt am Main ; Bern ; New York ; Paris : Lang, 1989
(Europäische Hochschulschriften : Reihe 2, Rechtswissenschaft ; Bd. 860)
Zugl.: Hamburg, Univ., Diss., 1989
ISBN 3-631-41986-4

NE: Europäische Hochschulschriften / 02

D 18
ISSN 0531-7312
ISBN 3-631-41986-4

G L I E D E R U N G

LITERATURVERZEICHNIS

ACHTER, Viktor
Geburt der Strafe, Frankfurt 1951

AMELUNG, Knut
Erweitern allgemeine Rechtfertigungsgründe, insbesondere § 34 StGB, hoheitliche Befugnisse des Staates?, in: NJW 1977, S. 833 ff.

ARLOTH, Frank
Verfahrenshindernis und Revisionsrecht, in: NJW 1985, S. 417 f.

ARNDT, Adolf
Das Problem der strafrechtlichen Verjährung, in: JZ 1965, S. 145 ff.

ARZT, Gunther
Zum Verhältnis von Strengbeweis und freier Beweiswürdigung, in: Karl Peters Festschrift, Einheit und Vielfalt des Strafrechts, S. 223 ff., Tübingen 1974

BAUMANN, Jürgen / WEBER, Ulrich
Strafrecht, Allgemeiner Teil, 9. Auflage, Würzburg 1985

BAUMANN, Jürgen
Die Bedeutung des Artikels 2 GG für die Freiheitsbeschränkungen im Strafprozeß, in: Festschrift für Eberhard Schmidt, Göttingen 1961, S. 525 ff.

Strafrecht, Allgemeiner Teil, 9. Auflage, Bielefeld 1985

BAUMGÄRTEL, Gottfried
Die Verwirkung prozessualer Befugnisse im Bereich der ZPO und des FGG, in: ZZP 67 (1954), S. 423 ff.

BAUMGÄRTEL, Gottfried
Die Unverwirkbarkeit der Klagebefugnis, in:
- ZZP 75 (1962), S. 385 ff.

BECKER, Nicolas
Anmerkung zum Urteil vom 23.7.1985 - 5 StR 166/85 -,
in: Strafverteidiger 1985, S. 399 ff.

BERZ, Ulrich
Polizeilicher agent provocateur und Tatverfolgung
- BGH NJW 1981, 1626, in: JuS 1982, S. 416 ff.

BLOY, René
Die dogmatische Bedeutung der Strafausschließungs-
und Strafaufhebungsgründe, Berlin 1976

BOHNE, Gottwald
Urteilsanmerkung, JZ 1957, 589,
in: NJW 1962, S. 816

BRAUNS, Uwe
Literatur zur Parteienfinanzierung,
in: WiStra 1983, S. 249 f.

BROX, Hans
Allgemeines Schuldrecht, 11. Auflage, München 1983

BRUNNER, Heinrich
Deutsche Rechtsgeschichte, 2. Band, Leipzig 1892

BRUNS, Hans-Jürgen
Venire contra factum proprium im Strafrecht? in:
JZ 1956, S. 147 ff.

Prozessuale "Strafzumessungsverbote" für nicht
mitangeklagte oder wieder ausgeschiedene straf-
bare Vor- und Nachtaten? in: NStZ 1981, S. 81 ff.

BRUNS, Hans-Jürgen

Neue Wege zur Lösung des strafprozessualen "V-Mann Problems", Baden-Baden 1982

Präjudizierende Randbemerkungen zum "Vorlage"-Beschluß des BGH vom 4.5.1983 - 2 StR 792/82 -, in: Straftverteidiger 1983, S. 382 ff.

"Widerspruchsvolles Verhalten des Staates als neuartiges Verfahrenshindernis, insbesondere beim tatprovozierenden Einsatz polizeilicher Lockspitzel,
in: NStZ 1983, S. 49 ff.

Der Beschluß des Großen Senats zum strafprozessualen V-Mann-Problem. Anfang oder Ende einer notwendigen Neuorientierung der Rechtsprechung, in: MDR 1984, S. 177 ff.

Zur Frage der Folgen tatprovozierenden Verhaltens polizeilicher Lockspitzel. Eine Besprechung des Urteils BGH vom 23.5.1984 - 1 StR 148/48 - in: Strafverteidiger 1984, S. 388 ff.

Über die Unterschreitung der Schuldrahmengrenze aus schuldunabhängigen Strafmilderungsgründen - "Auflockerung" der Spielraumtheorie?, in: MDR 1987, S. 177 ff.

Steuerhinterziehung durch Parteispenden, Urteilsanmerkung, in: MDR 1987, S. 16 ff.

BURKHARD, Björn

Der "Rücktritt" als Rechtsfolgenbestimmung. Eine Untersuchung anhand des Abgrenzungsproblems zum beendeten und unbeendeten Versuch, Berlin 1975

DAHNS, Peter

Die Unmöglichkeit der Klageverwirkung im deutschen Recht, Dissertation, Hamburg 1966

DÄNZER-VANOTTI
Die Verwirkung, in: DRiZ 1932, S. 74 ff.

de BOOR, Wolfgang / PFEIFFER, Gerd / SCHÜNEMANN, Bernd (Hrsg.)
Parteispendenproblematik, Köln 1986

DENCKER, Friedrich
Verwertungsverbote im Strafprozeß, Köln, Berlin, Bonn, München 1977

Zur Zulässigkeit staatlich gesteuerter Delikts-beteiligung, in: Festschrift für Hanns Dünnebier zum 75. Geburtstag, S. 446 ff., Berlin 1982

DENNINGER, Erhard / LÜDERSSEN, Klaus
Polizei und Strafprozeß im demokratischen Rechts-staat, Frankfurt 1978

DIEDERICHSEN, Uwe
Der Allgemeine Teil des Bürgerlichen Gesetzgebuchs für Studienanfänger, 5. Auflage, Heidelberg 1984

DÜTZ, Wilhelm
Verwirkung des Rechts auf Anrufung der Gerichte, in: NJW 1972, S. 1025 ff.

EICHLER, Hermann
Die Rechtslehre von Vertrauen, Tübingen 1950

ENNECCERUS, Ludwig / LEHMANN, Heinrich
Recht der Schuldverhältnisse, 15. Bearbeitung, Tübingen 1958

ESSER, Josef / SCHMIDT, Eike
Schuldrecht, Band I, Allgemeiner Teil, 6. Auflage, Heidelberg 1984

FELIX, Günther
in: Rüping, Die Mitverantwortung des Staates als Strafverfolgungsverbot - Strafprozeß, Staatspolitik und Spenden im Spannungsfeld -, Köln 1983

FEZER, Gerhard
Anmerkung zum Beschluß des BGH vom 17.10.1983, in: JZ 1984, S. 433 ff.

Strafprozeßrecht I und II, München 1986
zit.: Fezer I bzw. II

FIKENTSCHER, Wolfgang
Schuldrecht, 6. Auflage, Berlin 1976

FISCHER, Dietmar
Die strafrechtliche Problematik des polizeilichen Lockspitzels, Dissertation, Bonn 1982

FOTH, Eberhard
Kann die Anstiftung durch eine V-Person ein Verfahrenshindernis begründen? in: NJW 1984, S. 221 f.

FRANZHEIM, Horst
Der Einsatz von agent provocateurs zur Ermittlung von Straftätern, in: NJW 1979, S. 2014

FUHRMANN, Hans
Verwirkung des Rügerechts bei nicht beanstandeten Verfahrensverletzungen des Vorsitzenden (§ 238 II StPO), in: NJW 1983, S. 1230 ff.

GEISSER, Hans
Das Anklagemonopol der Staatsanwaltschaft und die Gewährsperson als Aufklärungsmittel im Ermittlungs- und als Beweismittel im Strafverfahren, in: GA 1983, S. 385 ff.

GEISSER, Hans
Die Zusage der vertraulichen Behandlung einer Mitteilung bei der Straftatenaufklärung, in: GA 1985, S. 247 ff.

GEPPERT, Klaus
Der Grundsatz der Unmittelbarkeit im deutschen Strafverfahren, Berlin, New York 1979

GERLAND, Heinrich
Strafprozeß und Gerichtsverfassung, in: ZStW 54 (1935), S. 294 ff.

Deutsches Reichsstrafrecht, Berlin, Leipzig 1922

GERNHUBER, Joachim
Die Landfriedensbewegung in Deutschland bis zum Mainzer Reichslandfrieden von 1235, Bonn 1952

GÖSSEL, Karl Heinz
Strafverfahrensrecht, Stuttgart 1977

Verfassungsrechtliche Verwertungsverbote im Strafverfahren, in: JZ 1984, S. 361 ff.

Anmerkung zum BGH-Urteil vom 9.12.1983, in: NStZ 1984, S. 420 ff.

GOLDSCHMIDT, James
Der Prozeß als Rechtslage, Berlin 1925

GRIBBOHM, Günter
Der Gewährsmann im Strafprozeß, Wege der neueren Rechtsprechung zur V-Mann-Problematik, in: NJW 1981, S. 305 ff.

GRIEBELING, Armin
Die Verwirkung prozessualer Befugnisse, Dissertation, Wiesbaden 1966

GROLMANN, Karl
Über die Begründung des Strafrechts und der Strafgesetzgebung nebst einer Entwicklung der Lehre von dem Maßstabe der juristischen Imputation, Gießen 1799

GRÜNWALD, Gerald
Der Niedergang des Prinzips der unmittelbaren Zeugenvernehmung, in: Festschrift für Hanns Dünnebier zum 75. Geburtstag, S. 347 ff., Berlin 1982

Urteilsanmerkung, in: Strafverteidiger 1984, S. 56 ff.

GÜLZOW, Hagen
Die Verwertung verdeckt erlangter Erkenntnisse im Strafprozeß, in: Die Polizei 1984, S. 331

HAAS, Hermann Heinrich
V-Leute im Ermittlungs- und Hauptverfahren, Pfaffenweiler 1986

HAHN, Carl
in: Mugdan, Benno: Die Gesamten Materialien zur Strafprozeßordnung, Band 3, Abteilung 1 und Abteilung 2, Nachdruck Aalen 1983

HAMANN, Andreas
Grundgesetz und Strafgesetzgebung, Neuwied/Berlin 1963

HANACK, Ernst-Walter
Die Rechtsprechung des Bundesgerichtshofs zum Strafverfahrensrecht, in: JZ 1972, S. 114 ff.

HANGARTNER, Ivo
Grundrechte, Band II, Zürich 1982

HASSEMER, Winfried

Einführung in die Grundlagen des Strafrechts, München 1981

Die "Funktionstüchtigkeit der Strafrechtspflege" - ein neuer Rechtsbegriff, in: Strafverteidiger 1982, S. 275 ff.

HAUSER, Robert

Kurzlehrbuch des Schweizerischen Strafprozeßrechts, 2. Auflage, Basel/Frankfurt am Main 1984

HENKEL, Heinrich

Strafverfahrensrecht, 2. Auflage, Stuttgart 1968

HERZBERG, Rolf-Dietrich

Der agent provocateur und die "besonderen persönlichen Merkmale" (§ 28 StGB), in: JuS 1983, S. 737 ff.

HERZOG, Felix

Rechtsstaatliche Begrenzung der Verbrechensbekämpfung, in: NJW 1985, S. 153 ff.

HEUBEL, Horst

Der "fair trial" - ein Grundsatz des Strafverfahrens? Berlin 1981

HILLENKAMP, Thomas

Verwirkung des Strafanspruchs durch Verfahrensverzögerung? in: JR 1975, S. 133 ff.

HÜBNER, Heinz

Allgemeiner Teil des Bürgerlichen Gesetzbuches, Berlin/New York 1985

JESCHECK, Hans-Heinrich

Die Verwirkung von Verfahrensrügen im Strafprozeß, in: JZ 1952, S. 400

JESCHECK, Hans-Heinrich

Urteilsanmerkung, in: GA 1953, S. 88 f.

Lehrbuch des Strafrechts, Allgemeiner Teil, 3. Auflage, Berlin 1978

JEUTTER, Friedrich

Sinn und Grenzen des Legalitätsprinzips im Strafverfahren, Dissertation, München 1976

KARAKANTAS, Stasios Chr.

Die Verwirkung, Hamburg 1938

KARGE, Hans-Jürgen

Der Agent Provocateur, Dissertation, Frankfurt 1969

KAUFMANN, Hilde

Strafanspruch, Strafklagrecht, Göttingen 1968

KLEINKNECHT, Theodor

Beweisverbote im Strafprozeß, in: NJW 1966, S. 1537 ff.

Anmerkung zum BGH-Urteil, 2. StS, vom 21.2.1968, in: JR 1968, S. 467 f.

KLEINKNECHT, Theodor / MEYER, Karlheinz

Strafprozeßordnung, 37. Auflage, München 1985

KLEINSCHROD, Gallus Aloys

Die Lehre von der peinlichen Gerichtsbarkeit, Frankfurt am Main 1812

KLOSE, Peter

"Ius puniendi" und Grundgesetz, in: ZStW 86 (1974), S. 31 ff.

KÖHLER, Helmut
BGB, Allgemeiner Teil,
- 17. Auflage, München 1980,
- 19. Auflage, München 1986,
zit.: Köhler, BGB, Auflage

KÖRNER, Hans
Die Glaubwürdigkeit und die Strafbarkeit von V-Personen - die Strafbarkeit der provozierten Tat, in: Strafverteidiger 1982, S. 382 ff.

KOHLMANN, Günter
Parteienfinanzierung "unter den Augen", der Behörden, in: WiStra 1983, S. 207 ff.

KOHLRAUSCH-LANGE
Strafgesetzbuch, 43. Auflage, Berlin 1961

KÜHNE, Hans-Heiner
Strafprozessuale Beweisverbote und Art. 1 I Grundgesetz, Köln 1970

Strafprozeßlehre, Kehl am Rhein/Straßburg 1978

Forum: Die sog. "Celler Aktion" und das deutsche Strafrecht, in: JuS 1987, S. 188 ff.

KREUZER, Arthur
in: Lüderssen, Klaus (Hrsg.): V-Leute, Die Falle im Rechtsstaat, Frankfurt 1985

KRIES, August von
Lehrbuch des Deutschen Strafprozeßrechts, Freiburg 1892

KRÜGER, Ralf
Verfassungsrechtliche Grundlagen polizeilicher V-Mann-Arbeit, in: NJW 1982, S. 855 ff.

KRÜGER, Ralf
Die Verwertung verdeckt erlangter Erkenntnisse im Strafprozeß, in: die Polizei 1984, S. 325 ff.

LACKNER, Karl
Strafgesetzbuch, 17. Auflage, München 1987

LARENZ, Karl
Lehrbuch des Schuldrechts, Band I, Allgemeiner Teil, 12. Auflage, München 1979, zit.: Larenz SchuldR I

Allgemeiner Teil des deutschen Bürgerlichen Rechts, 6. Auflage, München 1983, zit.: Larenz, AT

LEHMANN, Heinrich / HÜBNER, Heinz
Allgemeiner Teil des Bürgerlichen Gesetzbuches, 16. Auflage, Berlin 1966

LISKEN, Hans
Der Ausschluß des anonymen Zeugen aus dem Strafprozeß, in: ZRP 1984, S. 192

LÖHR, Holle Eva
Der Grundsatz der Unmittelbarkeit im deutschen Strafprozeßrecht, Berlin 1972

LÖWE-ROSENBERG
Die Strafprozeßordnung und das Gerichtsverfassungsgesetz, Erster Band, Einleitung, §§ 1-111 h, 23. Auflage, Berlin/New York 1976

LORENZ, Max
Die Verjährung in der deutschen Strafgesetzgebung, München/Berlin 1955

LÜDERSSEN, Klaus

Zur "Unerreichbarkeit" des V-Mannes, in: Festschrift für Ulrich Klug, S. 527 ff.

Verbrechensprophylaxe durch Verbrechensprovokation, in: Festschrift für Karl Peters, S. 349 ff., Tübingen 1974

Ebenso in: Polizei und Strafprozeß im demokratischen Rechtsstaat, Frankfurt 1978, S. 238 ff.

Die Parteispendenproblematik im Steuerrecht und Steuerstrafrecht - Vorsatz und Irrtum, in: WiStra 1983, S. 223 ff.

Die V-Leute-Problematik ... oder: Zynismus, Borniertheit oder "Sachzwang"?, in: Jura 1985, S. 113 ff.

(Hrsg.): V-Leute, die Falle im Rechtsstaat, Frankfurt 1985

MAASS, Wolfgang

Die Behandlung des "agent provocateur" im Strafrecht, in: Jura 1981, S. 514

MACHE, Hans-Michael

Anmerkung zu BGH-Urteil vom 6.2.1981, in: Strafverteidiger 1981, S. 55

Die Zulässigkeit des Einsatzes von agents provocateurs und die Verwertbarkeit der Ergebnisse im Strafprozeß, Karlsruhe 1984

MANIGK, Alfred

Das Problem der Verwirkung, in: DRiZ 1936, Sp. 350 ff.

MANN, Dietrich / MANN, Ulrich

Die Anwendbarkeit des Grundsatzes "in dubio pro reo" auf Prozeßvoraussetzungen, in: ZStW 76 (1964), S. 264 ff.

MARXEN, Klaus
Straftatsystem und Strafprozeß, Berlin 1984

MATTIL
Treu und Glaube im Strafprozeß, in: GA 1977, S. 1 ff.

MAUNZ, Theodor / DÜRIG, Günter
Grundgesetz, Kommentar, Loseblattausgabe, München 1974 ff.

MAURACH, Reinhart / GÖSSEL, Karl Heinz / ZIPF, Heinz
Strafrecht, Allgemeiner Teil, Teilband 2, 6. Auflage, Heidelberg 1984

MAURACH, Reinhart / ZIPF, Heinz
Strafrecht, Allgemeiner Teil, Teilband 1, 7. Auflage, Heidelberg 1987

MEDICUS, Dieter
Schuldrecht I, Allgemeiner Teil, 2. Auflage, München 1984

MEYER, Jürgen
Zur prozeßrechtlichen Problematik des V-Mannes, in: ZStW 95 (1983), S. 834 ff.

MEYER, K.
Anmerkung zum BGH-Urteil v. 23.5.1984, in: NStZ 1985, S. 134 f.

MIEBACH, Klaus
Der Ausschuß des anonymen Zeugen aus dem Strafprozeß, in: ZRP 1984, 81 ff.

MITSCH, Wolfgang
Straflose Provokation strafbarer Taten, Lübeck 1986

MÜNCHENER KOMMENTAR zum Bürgerlichen Gesetzbuch
Band 2, Schuldrecht, Allgemeiner Teil (§§ 241-432), 2. Auflage, München 1985, zit.: MüKo-Bearbeiter

NAUCKE, Wolfgang
Strafrecht, 4. Auflage, Frankfurt am Main 1982

NIESE, Werner
Prozeßvoraussetzungen und -hindernisse und ihre Feststellung im Strafprozeß, in: DRZ 1949, S. 505 ff.

Doppelfunktionelle Prozeßhandlungen, ein Beitrag zur allgemeinen Prozeßrechtslehre, Göttingen 1950

NIESE, Werner
Die Rechtsprechung des Bundesgerichtshofs in Strafsachen, Band 1 und 2, Strafverfahrensrecht, in: JZ 1953, S. 219 ff.

NOSE, Hiroyuki
Das Fehlen des "Anklageinteresses" - Ein Vergleich des japanischen und deutschen Strafverfahrensrechts -, in: ZStW 82 (1970), S. 782 ff.

OSTENDORF, Heribert / MEYER-SEITZ, Christian
Die strafrechtlichen Grenzen des polizeilichen Lockspitzeleinsatzes, in: Strafverteidiger 1985, S. 73 ff.

OTTO, Harro
Grenzen und Tragweite der Beweisverbote im Strafverfahren, in: GA 1970, S. 289 ff.

Grundkurs Strafrecht, Berlin 1976

PALANDT, Otto
Bürgerliches Gesetzbuch, 44. Auflage, München 1985, zit.: Palandt-Bearbeiter

PESTALOZZA, Christian
"Formenmißbrauch" des Staates. Zur Figur und Folgen des "Rechtsmißbrauchs" und ihre Anwendung auf staatliches Verhalten, München 1973

PETERS, Karl
Strafprozeß, 4. Auflage, Heidelberg 1985

Beweisverbote im deutschen Strafverfahren, Gutachten für den 36. Deutschen Juristentag, in: Verhandlungen des 46. Deutschen Juristentages, Band I, Gutachten, Teil 3 A, München/Berlin 1966

Urteilsanmerkung, in: JR 1978, S. 247

PETRY, Horst
Beweisverbote im Strafprozeß, Darmstadt 1971

PLATE, Hartwig
Zur Strafbarkeit des agent provocateur, in: ZStW 84 (1972), S. 294 ff.

PREISER, Wolfgang
Das Recht zu strafen, in: Festschrift für Eduard Mezger, S. 71 ff., München/Berlin 1954

PUPPE, Ingeborg
List im Verhör des Beschuldigten, in: GA 1978, S. 289 ff.

Verführung als Sonderopfer, in: NStZ 1986, S. 404 ff.

REBMANN, Kurt
Der Zeuge vom Hörensagen im Spannungsverhältnis zwischen gerichtlicher Aufklärungspflicht, Belangen der Exekutive und Verteidigungsinteressen, in: NStZ 1982, S. 315 f.

REBMANN, Kurt
Der Einsatz verdeckt ermittelnder Polizeibeamter im Bereich der Strafverfolgung, in: NJW 1985, S. 1 ff.

REICHSGERICHTSRÄTEKOMMENTAR
Das Bürgerliche Gsetzbuch mit besonderer Berücksichtigung der Rechtsprechung des Reichsgerichts und des Bundesgerichtshofes, Band II, 1. Teil, §§ 241-413, Berlin/New York 1976, zit.: RGRK-Bearbeiter

RIESS, Peter
Legalitätsprinzip - Interessenabwägung - Verhältnismäßigkeit, in: Festschrift für Hanns Dünnebier zum 75. Geburtstag, S. 149 ff., Berlin 1982

Verfahrenshindernis von Verfassungs wegen?, in: JR 1985, S. 45 ff.

RIEZLER, Erwin
Venire contra factum proprium, Leipzig 1912

RÖHRICH, Christian
Rechtsprobleme bei der Verwendung von V-Leuten für den Strafprozeß, Dissertation, Erlangen 1974

RÖSENER, Hans-Joachim
Die Verwirkung wegen verspäteter Rechtsfolgen im Öffentlichen Recht, Dissertation, Göttingen 1955

RÖTHER, Hans-Peter
Die Verwertung von Mitteilungen anonymer Gewährleute im Strafprozeß, Dissertation, Marburg 1969

ROGALL, Klaus
Der Beschuldigte als Beweismittel gegen sich selbst, Berlin 1977

ROGALL, Klaus

Gegenwärtiger Stand und Entwicklungsstudien zu der Lehre von den strafprozessualen Beweisverboten, in: ZStW 91 (1979), S. 1 ff.

Moderne Fahndungsmethoden im Lichte gewandelten Grundrechtssverständnisses, in: GA 1985, S. 1 ff.

ROXIN, Claus

Sinn und Grenzen staatlicher Strafen, in: JuS 1966, S. 377 ff.

Strafverfahrensrecht, 19. Auflage, München 1985

ROXIN, Claus / ARZT, Gunther / TIEDEMANN, Klaus

Einführung in das Strafrecht und Strafprozeßrecht, Heidelberg 1983

RUCK, Erwin

Treu und Glauben in der Öffentlichen Verwaltung, in: Festschrift für Simonius, S. 341 ff., ??

RUDOLPHI, Hans Joachim / HORN, Eckhard / SAMSON, Erich

Systematischer Kommentar zum Strafgesetzbuch, Loseblattsammlung, zit.: SK-Bearbeiter

RÜPING, Hinrich

Die Mitverantwortung des Staates als Strafverfolgungsverbot - Strafprozeß, Staatspolitik und Spenden im Spannungsfeld -, Köln 1983

SAUER, Wilhelm

Grundlagen des Strafrechts, Mannheim 1927

SCHLÜCHTER, Ellen

Das Strafverfahren, 2. Auflage, Köln/Berlin/Bonn/ München 1983

SCHMID, Werner
Die 'Verwirkung' vom Verfahrensrügen im Strafprozeß, Frankfurt 1967

SCHMIDHÄUSER, Eberhard
Objektive Strafbarkeitsbedingungen, in: ZStW 71 (1959), S. 545 ff.

Vom Sinn der Strafe, 2. Auflage, Göttingen 1971, zit.: Schmidhäuser, Sinn der Strafe

Strafrecht, Allgemeiner Teil, 2. Auflage, Tübingen 1984, zit.: Schmidhäuser AT

Einführung in das Strafrecht, 2. Auflage, Opladen 1984, zit.: Schmidhäuser, Einführung

SCHMIDT, Eberhard
Inquisitionsprozeß und Rezeption, Leipzig 1940

Lehrkommentar zur Strafprozeßordnung, Teil I, Göttingen 1952

Einführung in die Geschichte der deutschen Strafrechtspflege, 3. Auflage, Göttingen 1965

SCHMIDT, Hans Wolfgang
Fragen des Betäubungsmittelstrafrechts, in: MDR 1982, S. 881 ff.

SCHMITT, Karl Hermann
Treu und Glauben im Verwaltungsrecht, Berlin 1935

SCHÖNKE / SCHRÖDER
Strafgesetzbuch, 22. Auflage, München 1985, zit.: Sch/Sch-Bearbeiter

SCHOREIT, Armin
Vergehen gegen das Betäubungsmittelgesetz - Rechtsprechungsübersicht 1981 -, in: NStZ 1982, S. 63 ff.

SCHUBARTH, Martin

Faustrecht statt Auslieferungsrecht?, in: Strafverteidiger 1987, S. 173 ff.

SCHÜNEMANN, Bernd

Der polizeiliche Lockspitzel - Kontroverse ohne Ende? in: MDR 1985, S. 424 ff.

Die deutschsprachige Strafrechtswissenschaft nach der Strafrechtsreform im Spiegel des Leipziger Kommentars und des Wiener Kommentars, in: GA 1986, S. 293 ff.

SCHUMANN, Heribert

Verfahrenshindernis bei Einsatz von V-Leuten als agents provocateurs? in: StV 1986, S. 66 ff.

SCHWABE, Jürgen

Zur Geltung von Rechtfertigungsgründen des StGB für Hoheitshandeln, in: NJW 1977, S. 1902 ff.

SCHWENK, Edmund H.

Das Recht des Beschuldigten auf alsbaldige Hauptverhandlung, in: ZStW 79 (1987), S. 721 ff.

SEELMANN, Kurt

Zur materiell-rechtlichen Problematik des V-Mannes. Die Strafbarkeit des Lockspitzels und des Verlockten, in: ZStW 95 (1983), S. 797 ff.

Der anonyme Zeuge - ein erstrebenswertes Ziel der Gesetzgebung?, in: Strafverteidiger 1984, S. 477 ff.

SENDLER, Horst

Die Verwertung rechtswidrig erlangter Beweismittel im Strafprozeß mit Berücksichtigung des angloamerikanischen und des französischen Rechts, Dissertation, Berlin 1956

SIEBENHAAR, Hermann
Der Begriff der Verwirkung, in: JR 1962, S. 88 ff.

SIEBERT, Wolfgang
Verwirkung und unzulässigkeit der Rechtsausübung, Marburg 1934

Treu und Glauben, Stuttgart 1959

SIEG, Hans-O.
Die staatlich provozierte Straftat, in: Strafverteidiger 1981, S. 636 ff.

SOERGEL / SIEBERT
Kommentar zum Bürgerlichen Gesetzbuch, Band 2, 10. Auflage, Stuttgart 1967, zit.: Soergel/Siebert-Bearbeiter

SPENDEL, Günter
Grundfragen jeder Strafrechtsreform, in: Festschrift für Th. Rittler, S. 39 ff., Aalen 1957

STACKELBERG, Curt Freiherr von
Verjährung und Verwirkung des Rechts auf Strafverfolgung, in: Festschrift für Paul Bockelmann, S. 759 ff., München 1979

STAUDINGER, Julius von
J.v. Staudingers Kommentar zum Bürgerlichen Gesetzgebuch mit Einführungsgesetz und Nebengesetzen,
- I. Band, Allgemeiner Teil, 11. Auflage 1957, zit.: Staudinger-Coing
- Einleitung zu §§ 241 ff., §§ 241, 242, 12. Auflage, Berlin 1983
  zit.: Staudinger-Bearbeiter

Sonderausgabe aus J. von Staudingers Kommentar zum Bürgerlichen Gesetzbuch, Band II, Recht der Schuldverhältnisse, Teil 1 b, 11. Auflage, Berlin 1961, zit.: Staudinger-Weber

STEINMETZ, S.R.
Ethnologische Studien zur Entwicklung der Strafe, 2. Band, Groningen 1928

STEMPEL, Jochem
Der Lockspitzel im amerikanischen Recht, Diss., Soest 1957

STERN, Klaus
Das Staatsrecht der Bundesrepublik Deutschland, Band I, 2. Auflage, München 1984

SULANKE, Hans-Erhard
Die Entscheidung bei Zweifeln über das Vorhandensein von Prozeßvoraussetzungen und Prozeßhindernissen im Strafverfahren, Berlin 1974

STUDER, Peter
Die anonyme Gewährsperson im Strafprozeß, Zürich 1975

STREE, Walter
In dubio pro reo, Tübingen 1962

SYDOW, Fritz
Kritik der Lehre von den "Beweisverboten", Würzburg 1976

TASCHKE, Jürgen
Verfahrenshindernis bei Anstiftung durch einen Lockspitzel, in: Strafverteidiger 1984, S. 178 ff.

Anmerkung zu BGH-Urteil - St 32, 115 ff., in: Strafverteidiger 1985, S. 269 ff.

TESKE, D.

Strafverfahrensrecht: Grundsatz des "fair trial"; "unfaire" polizeiliche Ermittlung als Verfahrenshindernis, Anmerkung zu BGH-Urteil v. 23.7.1985 - 5 StR 166/85 = MDR 1985, 952 = Wistra 1985, 233 = NStZ 1985, 517 = Strafverteidiger 1985, 398, in: JA 1986, S. 108 f.

THEUNE, W.

Zum Strafzumessungsrecht, in: NStZ 1986, S. 153 ff.

TIEDEMANN, Klaus

Zeitliche Grenzen des Strafrechts, in: Festschrift für Karl Peters, S. 193 ff., Tübingen 1974

ULSENHEIMER, Klaus

Zur Problematik der überlangen Verfahrensdauer und richterlichen Aufklärungspflicht im Strafprozeß sowie zur Frage der Steuerhinterziehung durch Steuerumgehung, in: Wistra 1983, S. 12 ff.

Das Madaus-Urteil des AG Köln - Leitpfad oder Irrweg im Dickicht der Parteispendenaffaire? in: NJW 1985, S. 1929

VOLK, Klaus

Prozeßvoraussetzungen im Strafrecht, Ebelsbach 1978

Verfahrensfehler und Verfahrenshindernis, in: Strafverteidiger 1986, S. 34 ff.

Die Parteispenden-Problematik - Materielles Steuerstrafrecht nach geltenden Recht, in: Wistra 1983, S. 219 ff.

VOLLER, Thomas
Der Staat als Urheber von Straftaten. zur Berechtigung des Einsatzes von Lockspitzeln und zur Verwendbarkeit der durch sie geschaffenen Beweise, Frankfurt 1983

WALDER, Hans
Grenzen der Ermittlungstätigkeit, in: ZStW 95 (1983), S. 862 ff.

WALTHER, Edelbert
"Verwirkung" von Verfahrensrügen? Dissertation, Köln 1960

WESSELS, Johannes
Strafrecht, Allgemeiner Teil, 15. Auflage, Heidelberg 1985

WILLMS, Günther
Wesen und Grenzen des Freibeweises, in: Festschrift für Bruno Heusinger, S. 393 ff., München 1968

WIEACKER, Franz
Zur rechtstheoretischen Präzisierung des § 242 BGB, Tübingen 1956

ZIPF, Heinz
Strafantrag, Privatklage und staatlicher Strafanspruch, in: GA 1969, S. 234 ff.

A B K Ü R Z U N G E N sind entnommen aus

Kirchner, Hildebert
Abkürzungsverzeichnis der Rechtssprache, 3. Auflage, Berlin, New York 1983.

EINLEITUNG

Die Redewendung von der "Verwirkung des staatlichen Strafanspruchs"[1] ist in jüngster Zeit insbesondere im Zusammenhang mit der Provokation von Straftaten durch sog. V-Leute[2,3], aufgetaucht[4]. Es stellt sich im Falle einer Verbrechensprovokation durch einen V-Mann die Frage, ob der Staat einen Beschuldigten verfolgen und ggf. wegen der provozierten Tat verurteilen darf, zu der er selbst (zumindest mittelbar) durch mitunter hartnäckige Überredung mit Hilfe eines agent provocateurs angestiftet hat.

Es liegt nahe, sich auf den Standpunkt zu stellen, eine Bestrafung des Beschuldigten komme nicht in Betracht, weil der staatliche Strafanspruch infolge staatlichen (Fehl-)Verhaltens verwirkt sei.

Dabei wird eine Kategorie eingeführt, die dem Zivilrecht entlehnt ist, aber auch im Bereich des materiellen Strafrechts - wenn auch mit anderer Bedeutung - auftaucht, wenn etwa davon die Rede ist, eine Strafe sei verwirkt

---

1 Obwohl terminologisch weder der Begriff der "Verwirkung" noch derjenige des "Strafanspruchs" in dem hier zu untersuchenden Zusammenhang geklärt ist, soll zunächst - dem Sprachgebrauch folgend - diese unpräzise Formel weiterbenutzt werden.

2 Zum Begriff V-Leute = "Vertrauensleute", seltener "Verbindungsleute", vgl. Röhrich, S. 10 ff.; Röther, S. 3; a.A. Meyer, ZStW 1983, 835. Dieser geht davon aus, "V" stehe für die Vertraulichkeitszusage der Ermittlungsbehörde.

3 BGH NStZ 1981, 70; Strafverteidiger 1981, 276; NStZ 1982, 126; NStZ 1982, 156 f.; Strafverteidiger 1983, 2; Strafverteidiger 1984, 406; LG Stuttgart Strafverteidiger 1984, 197.

4 Ausnahmsweise taucht die Redewendung auch im Zusammenhang mit der sog. Parteispendenaffäre auf: AG Köln NJW 1985, 1040; das AG Köln meint aber wohl eher die Verwirkung des Steueranspruchs, weil es selbst prüft, ob die Steuerforderungen zur Disposition einzelner Beamter stünden, was verneint wird.

(u.a. §§ 53 Abs. 1, 59, 66 Abs. 2, 68 Abs. 1, 357 Abs. 1 StGB).

Schon im Bereich des materiellen Zivilrechts hat der Begriff vielfältige Bedeutungen. Die bekanntesten und jedem geläufigen Ausprägungen sind die Verwirkung eines (materiellen) Anspruchs infolge Zeitablaufs, sofern noch weitere Umstände hinzutreten, die den Schuldner einer Forderung (eines Rechts) schützenswert erscheinen lassen sowie die Fälle eines arglistigen oder widerspruchsvollen (treuwidrigen) Verhaltens eines Rechtsinhabers, der infolge dieses Verhaltens an der Durchsetzung seines an sich vorhandenen (materiellen) Anspruchs gehindert ist.
Hier nun wird der Begriff in seiner zivilrechtlichen Bedeutung auf das Straf- und Strafprozeßrecht übertragen.

Die jüngsten Anwendungsfälle der Übertragung des zivilistischen Verwirkungsgedankens auf das Straf-/Strafprozeßrecht haben in den Medien großes Aufsehen erregt[1], was möglicherweise auch die mit einer Kehrtwendung endende höchstrichterliche Rechtsprechung beeinflußt hat.

Nachdem nämlich zunächst die BGH-Senate mehrheitlich die Möglichkeit der Verwirkung des staatlichen Strafanspruchs mit der Folge eines Verfahrenshindernisses in Fällen einer staatlichen Verbrechensprovokation bejaht hatten, dabei allerdings die aus der Verwirkung zu ziehenden Konsequenzen offenließen, indem sie die selbst herausgearbeiteten Voraussetzungen der Verwirkung als

---

1 Vgl. zur Verbrechensprovokation: Stern 1984, Heft 37, S. 10 ff.; Spiegel 1984, Heft 8; Spiegel 1985, Heft 45, S. 133 ff.;
zur Parteispendenaffäre: Spiegel 1983, Heft 4, 17 ff.; Heft 49, 17 ff.; Heft 50, 21 ff.; Spiegel 1984, Heft 20, 17 ff.; Heft 43, 15 ff.; Spiegel 1985, Heft 21, 97 ff.; Spiegel 1986, Heft 16, 59 ff., Heft 50, 31 ff.

nicht gegeben erachteten[1] oder aber wegen der Notwendigkeit weiterer Aufklärung zurückverwiesen[2], formten zunächst der 1. und 2. Senat eine neue Linie. Im Anschluß an eine vom 1. Strafsenat in einem obiter dictum vertretene Auffassung, es handele sich bei der Übertragung des Verwirkungsgedankens auf den staatlichen Strafanspruch um eine unzulässige Übertragung zivilrechtlicher Kategorien auf das Strafrecht[3], folgte der 2. Strafsenat grundsätzlich unter Aufgabe seiner bisherigen ständigen Rechtsprechung dieser Auffassung und legte wegen der ungeklärten rechtlichen Konsequenzen der Verwirkung des staatlichen Strafanspruchs die Frage zunächst dem Großen Strafsenat vor[4]. Der damit begonnene grundsätzliche Wandel der Auffassungen in der BGH-Rechtsprechung scheint sich jetzt offenbar durchgesetzt zu haben, ohne daß es zu einer Sachentscheidung des Großen Senats gekommen wäre. Dieser hielt nämlich die Vorlage des 2. Senats nach § 137 GVG für unzulässig[5].

In einem weiteren obiter dictum deutet der Große Senat aber an, daß auch eine Divergenzvorlage nach § 136 GVG nicht notwendig sei, da die Annahme eines Verfahrenshindernisses im Falle der staatlichen Verbrechensprovokation nach dem Einschwenken des 2. Senats auf die Linie des 1. Senats von den BGH-Senaten nicht mehr vertreten

---

1 BGH, 2. Senat, NJW 1981, 1626: Hier spricht der BGH noch von einem auf den angestifteten Täter beschränkten Strafverfolgungsverbot aus widersprüchlichem und arglistigem Verhalten, Strafverteidiger 1981, 276 (3. Senat), Strafverteidiger 1983, 2 (5. Senat).

2 BGH NStZ 1981, 70 (4. Senat); BGH NStZ 1982, 126 = Strafverteidiger 1982, 53 f. (2. Senat); BGH NStZ 1982, 156 f. (2. Senat); vgl. auch LG Stuttgart Strafverteidiger 1984, 197.

3 BGHSt 32, 345 ff. = Strafverteidiger 1984, 312 ff. = NJW 1984, 2300 ff.; vgl. auch Strafverteidiger 1987, 435.

4 BGH Strafverteidiger 1985, 309 ff.

5 BGH Strafverteidiger 1986, 47; vgl. zu den Gründen schon Schünemann, Strafverteidiger 1985, 424 f.

werde[1].

In der Tat vertritt jetzt neben dem 1. und dem 2. Senat auch der 5. Senat[2] wiederum in einem obiter dictum die Auffassung, daß ein Verfahrenshindernis (wegen der Verwirkung des staatlichen Strafanspruchs) jedenfalls nicht in Betracht komme, nachdem er sich zunächst dahingehend geäußert hatte, daß er bei Vorliegen eines arglistigen Verhaltens des Staates in den V-Mann-Fällen eher zu einem Strafausschließungsgrund neige und nicht zu einem Verfahrenshindernis[3].

Der 2. Senat hat nach dem Beschluß des Großen Senats - dessen Hinweis folgend - seine neue Rechtsauffassung fortgeschrieben und lehnt eine Verwirkung erneut ab[4]. Damit hat sich - ausgehend von einem obiter dictum des 1. Senats - eine Umkehrung der schon als gefestigt[5] geltenden höchstrichterlichen Rechtsprechung vollzogen, ohne daß es zu einem klärenden Wort des Großen Senats aufgrund einer Divergenzvorlage nach § 136 GVG gekommen wäre, obwohl sich auch der 4. Senat zunächst für die Verwirkung des staatlichen Strafanspruchs ausgesprochen hatte[6] und er nach der Entscheidung des 1. Senats die Frage der Verwirkung des Strafanspruchs im Urteil vom 9.8.1984[7] ausdrücklich offengelassen und Bedenken hinsichtlich der Lösung des 1. Strafsenats angemeldet hatte.

---

1 BGH Strafverteidiger 1986, 48.
2 BGH, Urt. v. 23.7.1985, MDR 1985, 952 = Strafverteidiger 1985, 398.
3 BGH Strafverteidiger 1984, 59, wobei es allerdings im konkreten Fall nicht um den Fall staatlicher Verbrechensprovokation ging; anders noch BGH Strafverteidiger 1984, 407 f.
4 BGH, Beschl. v. 28.11.1985, Strafverteidiger 1986, 100 f.
5 BGH NJW 1981, 1626.
6 BGH NStZ 1981, 71.
7 BGH Strafverteidiger 1984, 406.

Die Senate scheinen sich jetzt einig zu sein, daß der Verwirkungsgedanke nicht auf den staatlichen Strafanspruch übertragen werden könne[1].

Dies mag damit zusammenhängen, daß die Strafsenate des Bundesgerichtshofs offenbar doch Bedenken hatten, ein neues Verfahrenshindernis einzuführen, denn nach Auffassung der Mehrheit der Senate des Bundesgerichtshofs sollte ein arglistiges oder widersprüchliches Verhalten des Staates ja zu einem von Amts wegen zu berücksichtigenden Verfahrenshindernis führen, was in der Konsequenz zu einer Einstellung des Verfahrens noch im Urteil führte (§ 260 Abs. 3 StPO).

Andere Untergerichte waren weniger zurückhaltend und stellten aufgrund der vorher vom Bundesgerichtshof eingeläuteten Rechtsprechung das Verfahren bei vorangegangener staatlicher Verbrechensprovokation ein[2].

Die Literatur streitet in den Fällen staatlicher Verbrechensprovokation bislang ebenfalls überwiegend über die Konsequenzen, die bei Vorliegen eines Verwirkungstatbestandes zu ziehen sind, vernachlässigt aber die Frage, ob der Verwirkungsgedanke auf den staatlichen Strafanspruch generell übertragbar ist.

Erste Ansätze hierzu finden sich bei Schumann[3] und jetzt

---

1 Ebenso jetzt auch Schumann, JZ 1986, 69.
2 AG Heidenheim NJW 1981, 1628; LG Stuttgart Strafverteidiger 1984, 197; LG Frankfurt Strafverteidiger 1984, 415; LG Berlin Strafverteidiger 1984, 457; anders LG Verden Strafverteidiger 1982, 364 f.: Freispruch wegen unzulässiger Provokation trotz Bejahung eines Verfahrenshindernisses; a.A. OLG Stuttgart MDR 1980, 1038: für Berücksichtigung bei der Aussetzung zur Bewährung.
3 JZ 1986, 68 ff.

auch verstärkt bei Drywa[1].

Im übrigen wurden ein Beweiserhebungsverbot mit -verwertungsverbot[2], ein Strafausschließungsgrund[3] sowie überwiegend das Verfahrenshindernis[4], die Berücksichtigung des arglistigen und widersprüchlichen Verhaltens bei der Strafzumessung[5], die Möglichkeit der Einstellung gemäß §§ 153 ff. StPO[6], die Revisibilität[7] und die Möglichkeit einer Tatbestandsreduktion[8] diskutiert.

---

1 Die Dissertation Drywas "Die materiellrechtlichen Probleme des V-Mann-Einsatzes" wurde erst nach weitgehender Fertigstellung dieser Arbeit veröffentlicht und untersucht erstmals genauer die Frage der Übertragbarkeit des Verwirkungsgedankens auf das Straf- und Strafprozeßrecht, allerdings zum einen lediglich aus dem Blickwinkel der V-Mann-Problematik, zum anderen - wenn auch mit interessanten Gesichtspunkten - nur im Rahmen des Gesamtkonzepts der Arbeit innerhalb einiger Unterabschnitte, S. 28 ff., 63 ff.

2 Lüderssen, FS f. Peters, S. 371; ders., Jura 1985, 118; Franzheim, NJW 1979, 2015; zurückhaltend Dencker, FS f. Dünnebier, 453; Berz, JuS 1982, 418; Gülzow, Die Polizei 1984, 334; Voller, Für Beweisverwertungsverbot mit Fernwirkung, S. 110; Mache, Die Zulässigkeit, S. 200.

3 Sieg, Strafverteidiger 1981, 638; Seelmann, ZStW 95 (1983), 831; Teske, JA 1986, 109.

4 Franzheim (de lege ferenda), NJW 1979, 2018; Mache, Strafverteidiger 1981, 601; anders aber ders., Die Zulässigkeit, S. 218; Sieg, Strafverteidiger 1981, 638; Fischer, S. 184; Dencker, FS f. Dünnebier, S. 453; Ulsenheimer, WiStra 1983, 14; Bruns, NStZ 1983, 56; anders jetzt ders., Strafverteidiger 1984, 393; Schlüchter, Rdn. 388.1; Taschke, Strafverteidiger 1984, 178 ff.; Geißer, GA 1983, 404; Taschke, Strafverteidiger 1984, 421; Herzog, NStZ 1985, 157; Meyer, ZStW 95 (1983), 853; für Verfolgungsverbot außerhalb der Prozeßhindernisse Rieß, JR 1985, 48; mit erheblichen Einschränkungen Schumann, JZ 1986, 72; vgl. auch Volk, Strafverteidiger 1986, 37; Roxin, S. 124.

5 So Kleinknecht/Meyer, Einl. Rdn. 144; K. Meyer, NStZ 1985, 134 f.; wohl auch Foth, NJW 1984, 222.

6 Schünemann, Strafverteidiger 1985, 430; Seelmann, ZStW 95 (1983), 830.

7 Vgl. Bruns, Strafverteidiger 1984, 393.

8 Vgl. Schünemann, Strafverteidiger 1985, 429.

Bei dem Streit um die richtige Lösung im Falle einer staatlichen Verbrechensprovokation geht es zum einen um die Frage, ob der Angestiftete überhaupt bestraft werden soll oder ob die Bestrafung - aus welchen Gründen auch immer - entfallen muß[1].
Zum anderen wird bei den Befürwortern der Straffreiheitslösung darüber hinaus die Frage diskutiert, wie eine solche Straffreiheit dogmatisch zu begründen ist.
Die Lösung, Straffreiheit mit Hilfe einer Übertragung des Verwirkungsgedankens auf das Straf- bzw. Strafprozeßrecht zu erreichen, ist dabei eine unter mehreren Modellalternativen, die Gegenstand dieser Untersuchung sein soll.
Die Entwicklung der Rechtsprechung in den Fällen der staatlicher Verbrechensprovokation hat vorübergehend zu dem Versuch geführt, den Gedanken von der Verwirkung des staatlichen Strafanspruches auch auf die Fälle der sog. Parteispendenaffäre zu übertragen.
Hier geht es um die Frage, ob die jahrelange Duldung einer bestimmten Spendenpraxis durch staatliche Stellen sowie die Förderung dieser Praxis durch die Parteien und deren Spendenaquisiteure nicht einer Bestrafung der Spender wegen Steuerhinterziehung entgegensteht.

So wurde in der Literatur ausdrücklich eine Parallele zwischen einem V-Mann und den Spendenaquisiteuren gezogen, um auch in den Parteispendenfällen zu einer Verfahrenseinstellung (infolge Verwirkung des Strafanspruchs) zu gelangen[2].
Die Rechtsprechung hat den Gedanken der Verwirkung des staatlichen Strafanspruchs hier nur noch ausnahmsweise erwähnt[3], jedoch - soweit erkennbar - nicht mehr ernst-

---

1 Für eine Bestrafung die neue Rspr. des BGH, vgl. S. 3 Fn. 3 und 4, S. 4 Fn. 2 und 4.
2 Vgl. Rüping, S. 22.
3 AG Köln NJW 1985, 1040.

haft in Betracht gezogen[1].
Dies liegt zum einen daran, daß die Parteispendenurteile zeitlich nach dem bereits beschriebenen Wandel der höchstrichterlichen Rechtsprechung einsetzten. Zum anderen folgt die andere Beurteilung der Parteispendenfälle aber auch daraus, daß es hier um die Frage der (im Prinzip anerkannten öffentlichrechtlichen) Verwirkung des staatlichen Steueranspruchs infolge jahrelanger Duldung der Spendenpraxis durch die Finanzbehörden oder um die Verwirkung des Steueranspruchs infolge des angeblich dem Staat zurechenbaren Verhaltens der Spendenaquisiteure geht[2].

Die Verwirkung des Steueranspruchs würde - soweit sie bejaht werden könnte - bereits den Tatbestand der Steuerhinterziehung entfallen lassen, so daß sich dann die Frage nach der Verwirkung des staatlichen Strafanspruchs nicht mehr stellte.

Die Parteispendenaffäre, die zu einer breit angelegten Diskussion strafrechtlicher und steuerstrafrechtlicher Probleme bereits auf der Ebene der allgemeinen Verbrechensmerkmale geführt hat[3], kann und muß daher hier ausgeklammert werden.

Die jüngsten und spektakulärsten Beispiele der Anwendung des Verwirkungsgedankens sind jedoch nicht die einzigen Fälle, bei denen die Übertragung des Verwirkungsgedankens auf das Straf- oder Strafprozeßrecht erwogen wurde.

---

1 Der Gedanke wird nicht einmal erwähnt von LG Hamburg NStZ 1986, 418; BGH Strafverteidiger 1987, 197.

2 So auch die korrekte Einordnung durch das LG Hamburg, a.a.O.; ebenso Kohlmann WiStra 1983, 212; Ulsenheimer NJW 1985, 1934; Volk WiStra 1983, 222.

3 Vgl. Bruns WiStra 1983, 248 f.; Lüderssen WiStra 1983, 223 ff.; de Boor, Parteispendenproblematik; Bruns MDR 1987, 16 ff.

Schon vor dem gehäuften Bekanntwerden staatlicher Verbrechensprovokationen wurde der Verwirkungsgedanke in anderem Zusammenhang erörtert.

Nachdem **Baumann** die Frage stellte, ob nicht auch im Strafrecht eine Verwirkung des staatlichen Strafanspruchs denkbar sei, wenn es zu einer überlangen Prozeßdauer komme, wurde in der Literatur die Frage der Verwirkung infolge Zeitablaufs (überlange Verfahrensdauer) unter dem Gesichtspunkt diskutiert, ob die überlange Prozeßdauer nicht zu einem von Amts wegen zu beachtenden Verfahrenshindernis führen könne[1].

Die höchstrichterliche Rechtsprechung hat sich hier schwer getan, ein Verfahrenshindernis zu bejahen, sondern hat die überlange Verfahrensdauer in der Regel bei der Strafzumessung berücksichtigt[2].
Andere Gerichte haben jedenfalls grundsätzlich die Möglichkeit eines Prozeßhindernisses bejaht[3], ohne daß damit jedoch ausdrücklich gesagt worden wäre, daß sich dieses Prozeßhindernis aus dem aus dem Zivilrecht übernommenen Verwirkungsgedanken herleitete, was jedoch als naheliegend erscheint[4].

Das Bundesverfassungsgericht hat kürzlich das Recht auf ein beschleunigtes Verfahren aus dem Rechtsstaatsgebot und dem Grundsatz des fairen Verfahrens hergeleitet,

---

1 Baumann, FS f. Eb. Schmidt, S. 541; Hanack, JZ 1971, 707; Schwenk, ZStW 79 (1967), 721; Hillenkamp, JR 1975, 133; Peters, Strafprozeß, S. 210.
2 BGHSt 21, 81 ff.; BGH NStZ 1983, 135; OLG Karlsruhe NJW 1972, 1907.
3 OLG Koblenz NJW 1972, 404 mit dem Argument Rechtsverweigerung; LG Frankfurt JZ 1971, 234; OLG Karlsruhe NJW 1972, 1907; jetzt auch EGH Baden-Württemberg Strafverteidiger 1986, 377; krit. LG Krefeld JZ 1971, 733.
4 So auch Volk, Prozeßvoraussetzungen, S. 227; Ulsenheimer, WiStra 1983, 14; Baumann, a.a.O.

ohne explizit auf den Verwirkungsgedanken einzugehen[1].

Die Literatur ist uneinheitlich und bietet hier ähnliche Lösungen an wie im Falle der staatlichen Verbrechensprovokation. Dies sind die Berücksichtigung der überlangen Verfahrensdauer bei der Strafzumessung oder bei der Prüfung der Möglichkeit einer Einstellung nach §§ 153 ff. StPO[2] sowie die Annahme eines Verfahrenshindernisses[3].

Schließlich wurde auch im Zusammenhang mit sonstigen schwerwiegenden staatlichen Verstößen gegen Verfahrens- und sonstige Rechtsnormen die Frage der Verwirkung berührt - und ein Prozeßhindernis im Grundsatz bejaht, so bei bewußter Verletzung von Strafprozeßnormen, um eine sonst nicht mögliche Auslieferung eines Angeklagten zu erreichen[4]. In dieser Entscheidung wurde allerdings der Verwirkungsgedanke wiederum nicht explizit beim Namen genannt. Diese Fälle werden meist unter den Stichwörtern "Rechtsstaatswidrigkeit" und "faires Verfahren" abgehandelt, ohne daß es deshalb fernliegt, auch hier an die Verwirkung des staatlichen Strafanspruchs zu denken. Das Bundesverfassungsgericht hat denn auch kürzlich ausdrücklich in einem solchen Fall die Parallele zur Verwirkung des staatlichen Strafanspruchs gezogen, aber im Ergebnis ein Verfahrenshindernis verneint[5].

In einer anderen Entscheidung - die hier zur Verdeutlichung der Problematik ausreichen muß - ging es darum, daß die Staatsanwaltschaft durch rechtswidrige Beschlag-

---

1 BVerfG (Vorprüfungsausschuß) NJW 1984, 967.
2 Hanack, JZ 1971, 715; Löwe/Rosenberg-Schäfer, Einl. Kap. 12, Rdn. 93; Jescheck, JZ 1970, 204.
3 Vgl. Hillenkamp, JR 1975, 134; Peters, Strafprozeß, S. 210.
4 BGH NJW 1982, 1239.
5 BVerfG NStZ 1986, 179 = NJW 1986, 1427 ff.; ebenso OLG Karlsruhe Strafverteidiger 1986, 10 ff.

nahme möglicherweise Kenntnis vom Verteidigungskonzept des Angeklagten erlangt hatte. Es stellte sich die Frage, ob deshalb ein Verfahrenshindernis eingriff.

Der Bundesgerichtshof hat in dieser Entscheidung die Möglichkeit eines Verfahrenshindernisses bei einem Verstoß gegen das Recht auf ein faires Verfahren ebenfalls abgelehnt[1].

Die Diskussion in der Literatur über die sonstigen Fälle grob treu- oder rechtsstaatswidrigen staatlichen Verhaltens im Bereich des Strafverfahrens wurde nicht mit gleicher Intensität geführt wie in den krassen Fällen der staatlichen Verbrechensprovokation. Zum einen setzte sich erst dann die Erkenntnis durch, daß auch in sonstigen Fällen rechtsstaatswidrigen staatlichen Verhaltens ein Prozeßhindernis angenommen werden könnte, als dies ständige Rechtsprechung der BGH-Senate in den Provokationsfällen war. Zum anderen schien nach dem überraschend schnellen Wandel in der höchstrichterlichen Rechtsprechung auch die Frage der Beurteilung sonstigen rechtsstaatswidrigen staatlichen Verhaltens vorläufig beantwortet zu sein. Dennoch stellt sich auch hier die Frage, ob sich der Staat nicht sein eigenes Fehlverhalten "entgegenhalten" lassen muß[2], ob das Verfahren in Extremfällen weiter betrieben werden kann oder ob es eingestellt werden muß[3].

In allen angesprochenen Fällen ist ein Unbehagen zu spüren, den Angeklagten zu verurteilen, weil sich auch der

---

1 BGH Strafverteidiger 1984, 99 ff. = NStZ 1984, 419 = JR 1985, 75 ff.

2 So Seelmann, ZStW 95 (1983), 818.

3 Für ein Verfahrenshindernis Gössel, NStZ 1984, 421; vorsichtig bejahend auch Rieß, JR 1985, 48; Becker, Strafverteidiger 1985, 400; Arloth, NJW 1985, 418; dagegen Volk, Strafverteidiger 1986, 37.

Staat in einer nicht zu billigenden Weise gegenüber dem Beschuldigten verhalten hat. Die Verteidigung ist oftmals bemüht mit dem Einwand der Verwirkung des staatlichen Strafanspruch ein nicht mehr tragbares Verfahren zu beenden.
Obwohl - ausgehend von der Beurteilung der Provokationsfälle - die Möglichkeit der Verwirkung des staatlichen Strafanspruchs von der höchstrichterlichen Rechtsprechung jetzt nicht mehr vertreten wird, ist die Frage, ob es staatliches Handeln oder Unterlassen gibt, welches zur Verwirkung des staatlichen Strafanspruchs führt, nicht abschließend geklärt. In diesem Zusammenhang sind noch viele Fragen offen, eine rechtstheoretische Vertiefung nach wie vor geboten[1]. Gegenstand dieser Unterschung soll sein, ob das Institut der Verwirkung in seiner zivilrechtlichen Bedeutung auch im Bereich des Strafrechts, insbesondere des Strafverfahrensrechts, zur Anwendung kommen kann, wobei es zu untersuchen gilt, was sich hinter dem Begriff des Strafanspruchs verbirgt, wenn er im Zusammenhang mit dem Verwirkungsgedanken steht, da der Strafanspruchsbegriff einer eingehenden Kritik ausgesetzt ist[2] und ein allgemeingültiges dogmatisches Verständnis des Begriffs nicht mehr besteht[3].

---

1 Bruns, NStZ 1983, 50; Taschke, Strafverteidiger 1984, 181; Becker, Strafverteidiger 1985, 399.

2 Vgl. insbes. Kaufmann, Strafanspruch; Klose, ZStW 86 (1974), 42 ff.

3 Die Kritik des Strafanspruchsbegriffs führte zwar zu einer restriktiveren Verwendung des Begriffes, konnte aber bis heute seinen weiteren Gebrauch in Literatur und Rechtsprechung nicht verhindern, vgl. insbes. Zipf, GA 1969, 235; Baumann/Weber, S. 36; Sieg, Strafverteidiger 1981, 636 ff.; Krüger, NJW 1982, 857; Sonnen, JA 1982, 451 f.; Seelmann, ZStW 95 (1983), 829 ff.; Taschke, Strafverteidiger 1984, 180; Ulsenheimer, WiStra 1983, 14; Roxin, Strafverfahrensrecht, S. 5; Kühne, Strafprozeßlehre, S. 82; Arloth, NJW 1985, 417; BGH GA 1975, 334; BGH NStZ 1981, 71; BGH NJW 1981, 1628, hier spricht der BGH zwar von einem auf den angestifteten Täter beschränkten Strafverfolgungsverbot, aus der Entscheidung BGH

(Fortsetzung nächste Seite)

Dazu ist vorab zu klären, ob es eines Rückgriffs auf die Kategorie der Verwirkung des Strafanspruchs bedarf und ob sich die strafrechtlichen/strafprozessualen Fälle überhaupt unter Verwirkungskategorien einordnen lassen. Dann wird zu prüfen sein, ob der Verwirkungsgedanke auf den staatlichen Strafanspruch übertragbar ist, zu welchen Konsequenzen eine solche Übertragung führen würde und ob die Übertragung zu einem Verfahrenshindernis führen kann oder ob eine andere Konstruktion den Vorrang verdient.

Hieraus wird sich ergeben, bei welchen der drei angesprochenen Fallkonstellationen staatliche Verbrechensprovokation, überlange Verfahrensdauer und Verstöße gegen Verfahrens- und sonstige Rechtsnormen auf den Verwirkungsgedanken zurückgegriffen werden kann.

Strafverteidiger 1984, 4, geht aber hervor, daß auch hier von einer Verwirkung des Strafanspruches mit der Folge eines Verfahrenshindernisses ausgegangen wurde. Auf die Ähnlichkeit der Begründung weist bereits Seelmann, ZStW 95 (1983), 821, hin.

1. Kapitel

DER TOPOS VON DER VERWIRKUNG DES STAATLICHEN STRAFANSPRUCHS

Die Redewendung von der Verwirkung des staatlichen Strafanspruchs (infolge widersprüchlichen und arglistigen Verhaltens) hat sich in Rechtsprechung[1] und mehr noch in der Literatur[2] eingebürgert, ohne daß es dabei zu einer Klärung der Frage, was unter dem Begriff der Verwirkung und dem Begriff des Strafanspruchs genau zu verstehen ist, gekommen wäre[3]. Der Strafanspruchsbegriff, der sich trotz eingehender Kritik[4] auch bereits vor dessen aktueller Verknüpfung mit dem Verwirkungsgedanken immer im juristischen Sprachgebrauch finden ließ[5], obwohl ihm keine allgemein anerkannte Bedeutung zugeschrieben werden kann[6], wurde mit einem weiteren nicht klar umrissenen Begriff, nämlich dem der Verwirkung, in Zusammenhang gebracht, um staatliches Fehlverhalten zu sanktionieren, wenn strafrechtliche Kategorien offenbar nicht mehr ausreichen. Die Redewendung kommt immer dann zur Anwendung, wenn dem Staat das Recht der Bestrafung eines Beschuldigten abgesprochen werden soll, weil ein staatliches Verhalten des Staates vorliegt, welches es als unbillig erscheinen läßt, den Beschuldigten wegen seiner begangenen Straftat zu bestrafen.

---

1 BGH NStZ 1981, 70; BGH Strafverteidiger 1981, 276; BGH Strafverteidiger 1984, 406; LG Stuttgart Strafverteidiger 1984, 197.

2 Sieg, NJW 1981, 636; Dencker, FS f. Dünnebier, S. 454; Schoreit, NStZ 1982, 66; Taschke, Strafverteidiger 1984, 179 f.; Herzog, NStZ 1985, 157; Volk, Strafverteidiger 1986, 37, Schumann, JZ 1986, 86 ff.

3 Ansätze finden sich bei Seelmann, ZStW 95 (1983), 820 ff.; Schumann, JZ 1986, 68 ff.; Drywa, S. 63 ff.

4 Vgl. Kaufmann, Strafanspruch, Strafklagrecht.

5 Volk spricht von einer "schier unübersehbar weit verbreiteten Verwendung" des Begriffs, Prozeßvoraussetzungen, S. 175 Fn. 23.

6 Vgl. Klose, ZStW 86 (1974), 42 ff.; Kaufmann, a.a.O.; Tiedemann, FS f. Peters, S. 196 f.; Roxin, S. 62.

Wegen des staatlichen Fehlverhaltens wird nach einer Möglichkeit gesucht, Straffreiheit eintreten zu lassen. Die Lösung wird oftmals darin gesehen, daß erklärt wird, der staatliche Strafanspruch sei verwirkt. Offen bleibt dabei, wie diese Verwirkung eintreten soll.

Möglicherweise ist die Redewendung von der Verwirkung des staatlichen Strafanspruchs auch unbrauchbar im Zusammenhang mit den hier in Rede stehenden Phänomenen. Dieser Frage kann jetzt nicht abschließend nachgegangen werden; jedenfalls ist eine Verwirkung des Strafanspruchs bei Vorliegen eines staatlichen Fehlverhaltens mittels verschiedener Konstruktionen denkbar.

In Betracht zu ziehen ist zunächst, daß der Staat ein materielles (Be)Straf(ungs)Recht verwirkt, welches durch die Verwirklichung der allgemeinen Verbrechensmerkmale eines materiellen Straftatbestandes zur Entstehung gelangt.
Die Frage, die sich dann anschließt, lautet: Wirkt sich die Verwirkung des materiellen Rechts auch auf der prozessualen Ebene aus, und führt die materielle Verwirkung auch zu einer prozessualen Verwirkung, einer Verwirkung prozessualer Befugnisse des Staates.

Eine weitere Möglichkeit besteht darin, daß bereits von vornherein jedes prozessuale Verhalten des Staates als verwirkt anzusehen ist. Dem Staat würde dann die Möglichkeit genommen, mit Hilfe des Straf(Verfahrens)Rechts gegen einen Beschuldigten vorzugehen. Er verlöre von vornherein sein Verfolgungsrecht.
Schließlich ist auch denkbar, daß ausschließlich auf der Ebene des Strafprozesses im engeren Sinne Befugnisse des Staates verwirkt sind - denkbar ist eine Verwirkung z.B. der Prozeßführungsbefugnis oder des Strafklagrechts.

Wenn von der Verwirkung des Strafanspruchs die Rede ist, wird in der Regel nicht deutlich unterschieden, welche Konstruktion im Einzelfall gemeint sein soll. Dies soll im folgenden geklärt werden.

Unbestritten hat der Staat die Pflicht, bei Vorliegen von zureichenden tatsächlichen Anhaltspunkten Ermittlungen einzuleiten (§ 152 Abs. 2 StPO) und bei hinreichendem Tatverdacht Anklage zu erheben (§ 170 StPO). Dies ist Folge der unserem Strafverfahrensrecht zugrundeliegenden Verfahrensgrundsätze des Legalitätsprinzips und der Offizialmaxime. So unbestritten, wie der Staat die Pflicht zur Strafverfolgung hat, wird auch davon ausgegangen, daß der Staat das "Recht" hierzu hat[1], obwohl dies bei näherem Hinsehen keineswegs ohne weiteres aus der Strafprozeßordnung oder dem Strafgesetzbuch zu entnehmen ist. Anerkannt ist auch, daß heute allein der Staat die Strafhoheit ausübt[2], daß sozialwidriges Verhalten durch den Staat anstelle des Verletzten geahndet wird[3].

Wenn von der Verwirkung des staatlichen Strafanspruchs die Rede ist, geht es auch um dieses "Recht" des Staates, wobei weder gesagt sein soll, ob es sich dabei um das Recht der Strafverfolgung oder das allgemeine Recht, zu strafen, handelt, noch ob damit die Verwirkung eines materiellen Strafanspruchs im Sinne eines subjektiven Rechts gemeint ist.
An dieser Stelle soll nur festgestellt werden, daß ein staatliches Verhalten u.U. dazu führen kann, daß eine

---

1 Peters, S. 21; Henkel, S. 108; Eb. Schmidt, Lehrkommentar I, Rdn. 6; vgl. Roxin, Strafverfahrensrecht, S. 62.
2 Vgl. Maurach/Zipf, Allg. Teil, Teilband 1, S. 80; Wessels AT, S. 3; Schmidhäuser AT, S. 8; LK-Jescheck Einl. Rdn. 3.
3 Vgl. Otto, S. 21; Zipf, GA 1969, 238.

Strafe für ein strafwürdiges Verhalten eines Bürgers nicht verhängt werden darf. Es wird bereits hier deutlich, daß die Verwirkung des Strafanspruchs sowohl auf materieller Ebene als auch auf prozessualer Ebene Wirkung zeitigen kann, daß mithin auch die Frage der Abgrenzung von materiellem und prozessualem Recht angesprochen ist.

Zusammengefaßt läßt sich folgendes feststellen:

Der Topos von der Verwirkung des staatlichen Strafanspruchs ist die Umschreibung dafür, welche Folgen ein illoyales staatliches Verhalten haben kann: nämlich das Recht auf Bestrafung und/oder Verfolgung eines Beschuldigten zu verlieren. Ob die Verwendung des Begriffs des staatlichen Strafanspruchs in diesem Zusammenhang glücklich ist, wird zu prüfen sein.

Das staatliche Fehlverhalten wird mit dem aus dem Zivilrecht stammenden Begriff der Verwirkung in Zusammenhang gebracht, um ein offenbar wünschenswertes Ergebnis zu erzielen[1].

Es soll daher zunächst geklärt werden, was unter dem Begriff der Verwirkung im Bereich des materiellen Zivilrechts zu verstehen ist.

---

1 Dencker, FS f. Dünnebier, S. 453; ähnlich jetzt auch Drywa, S. 42.

2. Kapitel

DER BEGRIFF DER VERWIRKUNG IM MATERIELLEN ZIVILRECHT

I. Terminologie

Der Begriff der Verwirkung ist alt[1] und vielsinnig. Schon im Bereich des geltenden materiellen Zivilrechts wird der Begriff nicht einheitlich gebraucht. Gemäß § 654 BGB ist der Mäklerlohn als verwirkt anzusehen, wenn der Mäkler dem Inhalt des Vertrages zuwider auch für den anderen Teil tätig gewesen ist.
In § 1676 BGB wurde der Begriff der Verwirkung bis zur Neuregelung des Rechts der elterlichen Sorge im Jahre 1980 zur Kennzeichnung eines Rechtsverlustes infolge grober Pflichtverletzung verwendet. Ein Elternteil verwirkte die elterliche Gewalt, wenn es wegen eines an dem Kinde verübten Verbrechens oder wegen eines vorsätzlich verübten Vergehens zu einer bestimmten Freiheitsstrafe verurteilt wurde. Hier verwirkte der Elternteil folglich das Recht infolge eines rechtswidrigen Vorverhaltens.

Rechtsprechung und Literatur verwenden den Begriff der Verwirkung auch bei sonstigem treuwidrigen Verhalten eines Rechtsinhabers, so u.a. bei der Verwirkung von Versicherungsansprüchen wegen arglistiger Täuschung des Versicherungsnehmers[2], bei der Verwirkung von Provisionsansprüchen durch treuwidriges Verhalten eines Han-

---

1 Er läßt sich bis in den Sachsenspiegel zurückverfolgen, vgl. hierzu Überbl. bei Rösener, S. 3.
2 BGH VersR 1964, 154.

delsvertreters[1], bei der Verwirkung eines Anspruchs auf Ruhegehalt durch Treuverstoß[2], bei der Verwirkung von Rechtsanwaltsgebühren bei schwerwiegenden Treueverstößen[3].

So wird Verwirkung in der Literatur teilweise grundsätzlich bei einem Verstoß gegen Vertragspflichten und bei besonders schweren Verfehlungen angenommen[4].
Andere wollen ganz allgemein sämtliche Fälle widersprüchlichen Verhaltens (= Unvereinbarkeit der Geltendmachung eines Rechts mit früherem Verhalten) unter dem Begriff der Verwirkung subsumieren[5].

Überwiegend werden diese Fälle in der Literatur jedoch nicht unter dem Begriff der Verwirkung untergeordnet, sondern allgemein als ein Unterfall direkt dem Begriff der unzulässigen Rechtsausübung zugeordnet[6].

Diese Auffassung wird auch von der Rechtsprechung vertreten[7].

Schließlich wird der Fall der verspäteten Geltendmachung eines Anspruchs oder Rechts allgemein mit dem Begriff

---

1 OLG Hamm NJW 1959, 677.
2 BAG AP Nr. 8 zu § 242; BAG NJW 1956, 158.
3 BGH VersR 1969, 38; vgl. auch Baumgärtel, ZZP 67 (1954), 426.
4 MünchKomm-Roth, § 242 Rdn. 280.
5 Lehmann/Hübner, 16. Aufl., S. 340; wohl auch Siebenhaar, JR 1962, 89; Staudinger-Coing, Vorb. zu § 116 Rdn. 1, 9; MünchKomm-Roth, § 242 Rdn. 333; vgl. auch BGH NJW 1960, 2331.
6 Palandt-Heinrichs, § 242 Anm. 4 C b; RGRK-Alff, § 242 Rdn. 89 ff.; Larenz, AT, S. 223; Soergel-Knopp, § 242 Rdn. 193; Larenz, SchR, § 10 II;
a.A. MünchKomm-Roth, § 242 Rdn. 259, 334; ganz anders Staudinger-Schmidt,
7 BGH NJW 1960, 23, 31; wohl auch OLG München NJW 1971, 257 (258).

der Verwirkung bezeichnet[1].

Nach der Definition von Karakantas besteht hier die Verwirkung in der ausnahmsweise nach Treu und Glauben gegebenen zeitlichen Beschränkung der Rechtsausübung[2].

Es wird dabei allgemein angenommen, daß auch dieser Fall der Verwirkung einen Unterfall der unzulässigen Rechtsausübung darstellt[3]. Überwiegend wird er sogar als Unterfall dem Verbot widersprüchlichen Verhaltens (venire contra factum proprium) zugeordnet, welcher ebenfalls einen Unterfall der unzulässigen Rechtsausübung bildet[4]. Einigkeit besteht darin, daß alle Fälle der Verwirkung dem Bereich der unzulässigen Rechtsausübung zuzuordnen sind[5] und daß die unzulässige Rechtsausübung und damit auch die Fälle der Verwirkung sich aus dem Grundsatz aus Treu und Glauben herleiten[6].

---

1 Palandt-Heinrichs, § 242 Anm. 9; Soergel-Knopp, § 242 Rdn. 286; Fikentscher, S. 118; Esser/Schmidt, SchR I, S. 151; Griebeling, S. 24; Siebenhaar, JR 1962, 89; MünchKomm-Roth, § 242 Rdn. 333 ff.; RGRK-Alff, § 242 Rdn. 136; Larenz, AT, S. 223; Siebert, S. 184.

2 Karakantas, Die Verwirkung, S. 43.

3 Larenz, SchR I, S. 110; RGZ 155, 152; Palandt-Heinrichs, § 242 Anm. 9; Siebert, Treu und Glauben, S. 84 Rdn. 143; Hübner, Rdn. 243, 734; MünchKomm-Roth, § 242 Rdn. 333; Soergel-Knopp, § 242 Rdn. 281; Siebenhaar, S. 89; Köhler, S. 45; Medicus, SchR, S. 63.

4 Lehmann/Hübner, 16. Aufl., S. 112, 370; Enneccerus-Lehmann, § 4 II 5; Siebert, Treu und Glauben, Rdn. 173; Siebert, S. 183 f.; Hübner, Rdn. 735; MünchKomm-Roth, § 242 Rdn. 296; Soergel/Siebert-Knopp, § 242 Rdn. 281; Medicus, SchR I, S. 66; Esser/Schmidt, SchR I, S. 151; Larenz, SchR I, S. 124; Wieacker, S. 28; Griebeling, S. 24.

5 Köhler, S. 45; Soergel/Siebert-Knopp § 242 Rdn. 281; Hübner, Rdn. 734; Siebenhaar, S. 89; Baumgärtel, ZZP 67 (1954), 426.

6 Palandt-Heinrichs, § 242 Anm. 4 C; Larenz AT, S. 222; Karakantas, S. 49; Köhler, S. 44; Lehmann/Hübner, S. 112; Staudinger-Schmidt, § 242 Rdn. 640; Baumgärtel, ZZP 67 (1954), 426.

Die unzulässige Rechtsausübung wird im Bereich des BGB zwar auch ausdrücklich noch durch die §§ 226, 826 BGB konkretisiert, jedoch kommt den §§ 226, 826 BGB angesichts der Generalklausel des § 242 BGB nur wenig Bedeutung zu.
Festzuhalten ist, daß im materiellen Zivilrecht der Verwirkungsgedanke aus der Generalklausel von Treu und Glauben (§ 242 BGB) abgeleitet wird. Oberbegriff ist nach einhelliger Auffassung der Begriff der unzulässigen Rechtsausübung[1]. Unter den Begriff der unzulässigen Rechtsausübung fallen eine Vielzahl von der Literatur gebildeter Fallgruppen. Einer der Unterfälle ist der des grob treuwidrigen (vertragswidrigen) Verhaltens sowie derjenige der groben Pflichtverletzung. Teilweise werden diese Fallgruppen als Fälle der Verwirkung bezeichnet, teilweise wird auch allgemein widersprüchliches Verhalten als Fall der Verwirkung angesehen. Wegen der Verwechslungsmöglichkeiten dieser Fallgruppen mit dem Fall der Verwirkung infolge Zeitablaufs sollte hier jedoch besser von der Unzulässigkeit der Rechtsausübung gesprochen werden und der Begriff der Verwirkung auf den letztgenannten Fall beschränkt bleiben[2].

Wie die Rechtsprechung des Bundesgerichtshofs in Strafsachen zeigt, verwenden die Strafsenate des Bundesgerichtshofs den Begriff ebenfalls in einem umfassenderen Sinn, wenn sie davon sprechen, widersprüchliches oder arglistiges Verhalten des Staates führe zur Verwirkung des Strafanspruchs[3].

Da für den Begriff der Verwirkung der dazugehörige Oberbegriff der unzulässigen Rechtsausübung bzw. der

---

1 Krit. hierzu lediglich Fikentscher, S. 118.
2 So auch Griebeling, S. 26.
3 Z.B. BGH NStZ 1981, 71; BGH Strafverteidiger 1984, 4; Strafverteidiger 1981, 1276; BGH Strafverteidiger 1984, 59.

Begriff von Treu und Glauben gefunden worden ist, im Sprachgebrauch aber teilweise ein weiterer Verwendungsbereich des Verwirkungsbegriffs besteht[1], sollen nunmehr die Unterfälle der unzulässigen Rechtsausübung im einzelnen untersucht werden, wobei diese Unterfälle im folgenden nicht mehr als Fälle der Verwirkung bezeichnet werden, sondern nur noch als Fälle der unzulässigen Rechtsausübung, wobei aber festzuhalten bleibt, daß oftmals in diesem Zusammenhang auch von Verwirkung gesprochen wird.

II. Fallgruppen unzulässiger Rechtsausübung

Die unzulässige Rechtsausübung wird von der herrschenden Meinung zunächst unterschieden in unzulässige Rechtsausübung wegen eines gegenwärtigen mißbilligten Verhaltens (exceptio doli generalis) sowie in unzulässige Rechtsausübung wegen eines früheren mißbilligten Verhaltens (exceptio doli specialis oder praeteriti)[2].

Dabei ist davon auszugehen, daß die unzulässige Rechtsausübung wegen eines gegenwärtigen mißbilligten Verhaltens sich aus der früheren exceptio doli praesentis ableitet[3], die unzulässige Rechtsausübung wegen früheren mißbilligten Verhaltens ihren Ursprung in der exceptio doli praeteriti (specialis) hat[4].

Dem Einwand der gegenwärtigen Arglist (exceptio doli

1 Vgl. auch MünchKomm-Roth, § 242 Rdn. 333; OLG München NJW 1971, 2557 ff.

2 Larenz AT, S. 223; MünchKomm-Roth, § 242 Rdn. 255; Palandt-Heinrichs, § 242 Anm. 2 D.

3 MünchKomm-Roth, § 242 Rdn. 255; Larenz, SchR I, S. 119.

4 MünchKomm-Roth, Rdn. 259; Soergel/Siebert-Knopp, Rdn. 171, 193; Staudinger-Schmidt, Rdn. 581 - jew. zu § 242; für den Fall des venire contra factum proprium schon Riezler, S. 132; vgl. auch Wieacker, S. 226 ff.

praesentis) kommt dabei die geringere Bedeutung zu[1]. Zu nennen sind hier Fälle, in dem die Art oder die Begleitumstände der Rechtsausübung ungehörig sind oder bei denen kein schutzwürdiges Interesse des Ausübenden zugrundeliegen kann[2].

Keine einhellige Meinung besteht darüber, wie viele Fallgruppen insgesamt der unzulässigen Rechtsausübung zuzuordnen sind[3].

Teilweise werden Fallgruppen, die auch der unzulässigen Rechtsausübung zugeordnet werden, als selbständige Fallgruppen unmittelbar dem Grundsatz von Treu und Glauben untergeordnet. Dies gilt z.B. für den Fall der Nichtzumutbarkeit wegen Wegfalls oder Veränderung der Geschäftsgrundlage[4].

Überwiegend werden aber folgende Fallgruppen der unzulässigen Rechtsausübung zugeordnet:

1. Mißbräuchlich begründete Rechtsstellung[5]

Hierunter fallen unredliches (gesetzwidriges, sitten-

---

1 MünchKomm-Roth, § 242 Rdn. 255.
2 MünchKomm-Roth, § 242 Rdn. 255; z.B. Kündigung zur Unzeit: LAG München NJW 1950, 399; Kündigung eines Arbeitsverhältnisses in unwürdiger Form: BGH NJW 1977, 761; vgl. auch Riezler, S. 133: für den Fall des dolo petit.
3 Vgl. Staudinger-Schmidt, § 242 Rdn. 642.
4 Für die Unterordnung unter die unzulässige Rechtsausübung wohl: Larenz, SchR I, S. 124; Esser/Schmidt, S. 155; Köhler, S. 45; Diederichsen, Rdn. 176; Lehmann/Hübner, S. 112; für Unterordnung unter den Begriff von Treu und Glauben: Palandt-Heinrichs, § 242 Anm. 6; Hübner, Rdn. 143; Soergel/Siebert-Knopp, § 242 Rdn. 365 ff.; Siebert, Treu und Glauben, Rdn. 227; Larenz, SchR, S. 297; Köhler, S. 45; RGRK-Alff, § 242 Rdn. 52 ff.; Esser/Schmidt, S. 332 ff.
5 MünchKomm-Roth, Rdn. 253 ff.; Palandt-Heinrichs, Anm. 4 Ca - jew. zu § 242; Esser/Schmidt, S. 154; Larenz, SchR AT, S. 122; Köhler, S. 44; Soergel/Siebert-Knopp, § 242 Rdn. 145; Larenz, AT, S. 222; Staudinger-

widriges oder vertragswidriges) Verhalten des Erwerbers bei Begründung der Rechtsstellung. Demjenigen, der seine Rechtsposition unredlich erworben hat, soll sich auf die Rechtsposition nicht berufen können. Es genügt ein objektiv unredliches Verhalten. Voraussetzung ist, daß das unredliche Verhalten der einen Seite Vorteile oder der anderen Seite Nachteile gebracht hat.

2. Verletzung eigener Pflichten[1]

Derjenige, der sich selbst vertragswidrig verhalten hat, soll unter bestimmten Voraussetzungen von seinem Vertragspartner nicht Erfüllung verlangen können. Hierunter fällt der "tu quoque"-Einwand, wobei dieser Grundsatz nach herrschender Meinung allerdings nicht uneingeschränkt zu gelten hat und nach den Umständen des Einzelfalls zu entscheiden ist[2]. Einem allgemeinen Grundsatz, daß nur derjenige Rechte geltend machen kann, der sich selbst rechtstreu verhalten hat, gibt es nicht. Erforderlich ist ein besonderer, rechtlich relevanter Zusammenhang zwischen der beanspruchten und der selbst geübten Verhaltensweise, der den Rechtsanspruch angesichts des eigenen Verhaltens als rechtsmißbräuchlich erscheinen läßt[3].

Schmidt, § 242 Rdn. 282 ff.; Siebert, Treu und Glauben, Rdn. 128; RGRK-Alff, § 242 Rdn. 89; Diederichsen, Rdn. 177.

1 Esser/Schmidt, S. 155; Palandt-Heinrichs, Anm. 4 C b; Soergel/Siebert-Knopp, Rdn. 209; MünchKomm-Roth, Rdn. 289, 381; Staudinger-Schmidt, Rdn. 598, 604, 612 - jew. zu § 242; Siebert, Treu und Glauben, Rdn. 134.
2 Vgl. BGH NJW 1971, 1747; BGHZ 50, 250; Palandt-Heinrichs, Anm. 4 C b; Soergel/Siebert-Knopp, Rdn. 223; MünchKomm-Roth, Rdn. 381; vgl. auch Staudinger-Schmidt, Rdn. 612 - jew. zu § 242.
3 MünchKomm-Roth § 242 Rdn. 38.

3. Widersprüchliches Verhalten (venire contra factum proprium)[1]

Derjenige, der sich zu seinem früheren Verhalten in Widerspruch setzt, soll sein Recht nicht ausüben dürfen, wenn die Interessen des Anspruchsgegners im Hinblick hierauf vorrangig schutzwürdig erscheinen.
Hierunter fällt auch der Fall der Verwirkung infolge Zeitablaufs. Diese kommt in Betracht, wenn neben der bereits seit einem längeren Zeitraum bestehenden Möglichkeit der Geltendmachung eines Rechts ("Zeitmoment") auch noch gewisse Umstände hinzutreten, die die verspätete Geltendmachung des Rechts als unzulässige Rechtsausübung erscheinen lassen ("Umstandsmoment").

4. Fehlen eines schutzwürdigen Interesses[2]

Die Rechtsausübung ist unzulässig, wenn der Berechtigte keine schutzwürdigen Interessen verfolgt oder überwiegende Interessen des anderen Teils entgegenstehen. An diese Fallgruppe sind strenge Anforderungen zu stellen.

Die Grundsätze der unzulässigen Rechtsausübung sind nur dann anwendbar, wenn die Rechtsausübung zu einer groben, unerträglichen Unbilligkeit führte[3].

Vereinzelt werden auch noch besonders schwere Verfehlungen[4], der Wegfall der Geschäftsgrundlage[5] oder der Man-

---

1 Köhler, S. 45; Lehmann/Hübner, S. 112; Soergel/Siebert-Knopp, Rdn. 228; RGRK-Alff, Rdn. 93 - jew. zu § 242; Esser/Schmidt, S. 150; Larenz, SchR I, S. 222; Medicus, SchR I, S. 63; Staudinger-Schmidt, § 242 Rdn. 599; Siebert, Treu und Glauben, Rdn. 141; RGRK-Alff, § 242 Rdn. 89; Diederichsen, Rdn. 174.

2 Palandt-Heinrichs, § 242 Anm. 4 C d; Larenz, SchR I, S. 124; Köhler, S. 45; Soergel/Siebert-Knopp, § 242 Rdn. 249; Staudinger-Schmidt, § 242 Rdn. 598; Siebert, Treu und Glauben, Rdn. 153; Brox, Rdn- 86; RGRK-Alff, § 242 Rdn. 89.

3 MünchKomm-Roth § 242 Rdn. 398.

4 MünchKomm-Roth, § 242 Rdn. 280; Staudinger-Schmidt, § 242 Rdn. 588-601.

5 Lehmann/Hübner, S. 112.

gel korrespondieren Verhaltens[1] als besondere Fallgruppen der unzulässigen Rechtsausübung zugeordnet. Letzterer Fall wird üblicherweise der Fallgruppe 2) zugeordnet[2].

Ob diese Fälle ebenfalls unter die unzulässige Rechtsausübung zu subsumieren sind, braucht aber hier nicht abschließend entschieden zu werden. Zum einen soll nicht bis in alle Verästelungen das Zivilrecht durchleuchtet werden, zum anderen reicht hier die Feststellung, daß auch diese Unterfälle einen Verstoß gegen den Grundsatz von Treu und Glauben (§ 242 BGB) beinhalten, unmöglicherweise auch als Fälle der unzulässigen Rechtsausübung angesehen werden können.

III. Rechtsfolgen der unzulässigen Rechtsausübung im materiellen Zivilrecht

Umstritten ist, welche Rechtsfolgen an den Tatbestand der unzulässigen Rechtsausübung geknüpft werden. Teilweise wird angenommen, daß bei Vorliegen der Voraussetzungen der unzulässigen Rechtsausübung eine Beendigung des Rechts eintrete[3].

Schmidt versucht neuerdings gleichfalls unter Hinweis darauf, daß die unzulässige Rechtsausübung ein Produkt des überholten aktionenrechtlichen Denkens sei, zumindest teilweise ebenfalls zu einer Rechtsendigung im Einzelfall zu gelangen[4].

---

1 Staudinger-Schmidt, § 242 Rdn. 612; MünchKomm-Roth, § 242 Rdn. 381.
2 Vgl. Staudinger-Schmidt, § 242 Rdn. 612.
3 Früher: Dänzer/Vanotti, DRiZ 1932, 74; Manigk, DJZ 1936, Sp. 352; heute: Larenz, AT, S. 225, für den Fall der Verwirkung infolge Zeitablaufs; ebenso Lange/Köhler, 17. Aufl., S. 121; für den Fall der Verwirkung ebenso: Siebenhaar, S. 92 und Griebeling, S. 35.
4 Staudinger-Schmidt, § 242 Rdn. 603.

Schmidt unterscheidet danach, ob das Recht von Anfang an nicht entstanden ist[1], ob es zwar entstanden ist, aber nicht mit dem Inhalt, der geltend gemacht wird[2] oder ob es zwar entstanden ist, das Recht aber zwischenzeitlich dem scheinbar Berechtigten nicht mehr zusteht, weil es (voll oder teilweise) erloschen ist[3]. Unter dieser Prämisse gelangt er zu der These, daß "unzulässige Rechtsausübung" der Sache nach bedeute, daß dem Inhaber eines subjektiven Rechtes de facto beanspruchte Befugnisse de iure nicht zustehen[4].

Schmidt vertritt dann weiter die Auffassung, man müsse die Umstände, die eine "unzulässige Rechtsausübung" begründen, als Umstände ansehen, die den Bestand materieller Rechte beeinflussen, und versucht dann, diese Umstände dem äußeren System des BGB unterzuordnen. So kommt er im Ergebnis dazu, daß es einer Argumentation mit § 242 BGB nicht bedürfe, da das sonstige Instrumentarium des BGB ausreiche[5].

Überwiegend wird jedoch die Auffassung vertreten, daß die unzulässige Rechtsausübung keinen Rechtsendigungsgrund darstellt, sondern lediglich eine Begrenzung der materiellen Berechtigung[6]. Rechtsfolge soll sein, daß die dem Recht entsprechenden Rechtswirkungen oder Rechtsfolgen versagt werden.

---

1 Staudinger-Schmidt § 242 Rdn. 648.
2 A.a.O. Rdn. 649.
3 A.a.O. Rdn. 650.
4 A.a.O. Rdn. 663.
5 A.a.O. Rdn. 579, 594, 597, 603 ff., 634.
6 A.a.O. Rdn. 579, 594, 597, 603 ff., 634.
7 Palandt-Heinrichs, § 242 Anm. 9; Dahns, S. 6: für den Fall der Verwirkung; Siebert, Treu und Glauben, Rdn. 116; MünchKomm-Roth, § 242 Rdn. 242; Soergel/Siebert-Knopp, § 242 Rdn. 173; Enneccerus-Nipperdey, S. 1396; Siebert, Verwirkung, S. 139; Diederichsen, Rdn. 172; Brox, Rdn. 85.

Alle Ansichten führen aber in der Praxis zu dem gleichen Ergebnis. Der Rechtsinhaber kann sich im Prozeß nicht mit Erfolg auf seine Rechtsposition berufen, im Falle der Geltendmachung eines Anspruchs wird die Klage abgewiesen. Dies ist unabhängig davon, ob man sich auf den Standpunkt stellt, das Recht sei erloschen oder lediglich materiell beschränkt[1].

Dabei wird einhellig davon ausgegangen, daß es sich bei der unzulässigen Rechtsausübung um eine Einwendung handelt, die von Amts wegen zu berücksichtigen ist, wenn die Tatsachen der unzulässigen Rechtsausübung vorgetragen sind[2].

IV. Anwendbarkeit auf sonstige Rechtspositionen

Allgemein anerkannt ist für den Bereich des materiellen Zivilrechts schließlich, daß die unzulässige Rechtsausübung nicht nur bei Ansprüchen (subjektiven Rechten im engeren Sinne) zur Anwendung gelangt, sondern daß auch die Ausübung von sonstigen Rechtslagen und Gestaltungsrechten unzulässig sein kann[3].

V. Ergebnis

Der Begriff der Verwirkung wird im materiellen Zivilrecht nicht einheitlich gebraucht. Einigkeit besteht aber insofern, als eine illoyale Verspätung der Geltend-

---

1 Darauf weist zu Recht Hübner, Rdn. 737, hin; vgl. auch Dahns, S. 6.

2 Köhler, S. 43; Medicus, SchR, S. 68; Diederichsen, Rdn. 173; Brox, Rdn. 85; RGRK-Alff, § 242 Rdn. 90; Larenz, S. 132; Soergel/Siebert-Knopp, § 242 Rdn. 184; Siebert, Verwirkung, S. 148; Palandt-Heinrichs, § 242 Anm. 2 d; MünchKomm-Roth, § 242 Rdn. 48.

3 Palandt-Heinrichs, § 242 Anm. 4 C; Larenz, AT, S. 223: für den Fall der Verwirkung; Soergel/Siebert-Knopp, § 242 Rdn. 169; MünchKomm-Roth, § 242 Rdn. 229; Brox, Rdn. 85; Siebert, Treu und Glauben, Rdn. 110 ff.

machung eines Rechts mit dem Begriff der Verwirkung zu bezeichnen ist.
Alle anderen Fälle der Verwirkung werden überwiegend den Fallgruppen der unzulässigen Rechtsausübung zugeordnet, wenngleich aus Gründen sprachlicher Einfachheit auch hier teilweise am weiteren Verwirkungsbegriff festgehalten wird. Die Verwirkung infolge Zeitablaufs ist ebenfalls ein Unterfall der unzulässigen Rechtsausübung.

Die unzulässige Rechtsausübung leitet sich aus dem Grundsatz von Treu und Glauben (§ 242 BGB) ab.
Überwiegend wird angenommen, daß bei Vorliegen eines Tatbestandes der unzulässigen Rechtsausübung das materielle Recht nicht erlischt, sondern lediglich beschränkt wird. Im Prozeß - und darauf kommt es an - führen aber alle in diesem Zusammenhang geäußerten Auffassungen zu dem Ergebnis, daß die günstige Rechtsposition dem Inhaber versagt wird, daß mithin ggfls. ein Anspruch nicht zuerkannt, die Klage abgewiesen wird, weil der Inhaber zumindest die Grenzen seines Rechts überschritten hat, letztlich damit kein Recht hat[1]. Streitig ist, wie viele Fallgruppen der unzulässigen Rechtsausübung unterzuordnen sind.

---

1 So Siebert, Verwirkung, S. 139.

3. Kapitel

ERFORDERLICHKEIT DES RÜCKGRIFFS AUF ALLGEMEINE RECHTSGRUNDSÄTZE

Nachdem vorläufig geklärt wurde, um welche Phänomene es sich handelt, wenn mit dem Verwirkungsgedanken argumentiert wird und auch die Terminologie im Bereich des materiellen Zivilrechts untersucht ist, fragt es sich, ob ein Rückgriff auf die zivilrechtliche Kategorie der Verwirkung überhaupt erforderlich ist, oder ob nicht Strafrecht bzw. Strafverfahrensrecht über ausreichende Institute verfügen, die Fälle illoyalen staatlichen Verhaltens unmittelbar und ohne Ausweichen auf allgemeine Rechtsgrundsätze adäquat zu lösen.

Hierzu bedarf es zunächst der Klärung, welche Wertungsprobleme es zu lösen gilt, wenn von der Verwirkung des staatlichen Strafanspruchs die Rede ist.

I. Hauptanwendungsbereiche des Verwirkungsarguments

1. Staatliche Verbrechensprovokation

An dieser Stelle muß zunächst klargestellt werden, daß hier nicht alle Aspekte der V-Mann-Problematik erörtert werden sollen. Zu diesem Thema gibt es bereits eine Vielzahl von Veröffentlichungen - auch gewichtige Monographien - die das Thema von allen Seiten ausführlich beleuchten[1]. Hier geht es nur um den Bezug zum Verwir-

---

1 Vgl. insbes. Röhrich, Rechtsprobleme bei der Verwendung von V-Leuten für den Strafprozeß; Voller, Der Staat als Urheber von Straftaten; Mache, Die Zulässigkeit des Einsatzes von agents provocateurs ...; Lüdersen (Hrsg.), V-Leute, die Falle im Rechtsstaat; Studer, Die anonyme Gewährsperson im Strafprozeß.

kungsgedanken. Zu diesem Zweck muß aber betont werden, daß im folgenden von einer nur eingeschränkten Zulässigkeit des Einsatzes von V-Leuten im Falle einer Verbrechensprovokation ausgegangen wird. Eine Verbrechensprovokation ist nur dann zulässig, wenn sich die Tätigkeit des V-Mannes gegen einen bereits einer besonders schweren Straftat[1] Verdächtigen richtet und die Eingriffsvoraussetzungen des allgemeinen Polizeirechts vorliegen. Zum Zwecke der Gefahrenabwehr ist eine Verbrechensprovokation im Ausnahmefall zulässig, soweit die konkrete Gefahr der Begehung schwerer Straftaten - erhärtet durch einen gegen den Provozierten gerichteten Tatverdacht[2], droht.

Die staatliche Verbrechensprovokation im repressiven Bereich ist mangels entsprechender Ermächtigungsgrundlage nach der hier vertretenen Auffassung unzulässig[3] und auch nicht durch strafrechtliche Erlaubnisnormen gerechtfertigt.
§§ 161, 163 StPO stellen zum einen keine Ermächtigungsgrundlage dar[4]. Zum anderen lägen auch die Tatbestandsvoraussetzungen der §§ 161, 163 StPO zumindest bei einem einer früheren Tat unverdächtigen Bürger nicht vor.

---

1 Vgl. Katalog bei Berz, JuS 1982, 420; Herzog, NStZ 1985, 154.

2 Sieg, Strafverteidiger 1981, 637; Krüger, Die Polizei 1984, 238; ders. mit Zweifeln noch, NJW 1982, 857; Mache, Die Zulässigkeit, S. 151; Voller, S. 91; wohl auch Dencker, FS f. Dünnebier, S. 460, Fn. 69; Lüderssen, Jura 1985, 117, der allerdings davon ausgeht, daß es im Regelfall an einer unmittelbar bevorstehenden Gefahr fehle; a.A. Bruns, NStZ 1983, 53: Er meint, auf einen Tatverdacht gegen den Provozierten komme es nicht an; Fischer, S. 135.

3 Ebenso Krüger, NJW 1982, 857; Schünemann, Strafverteidiger 1985, 430; Voller, S. 105; vgl. auch Herzog, NStZ 1985, 155; Haas, S. 59 ff. (88).

4 Vgl. Fischer, S. 109 m.w.N.; Krüger, NJW 1982, 857; ders., Die Polizei 1984, 327; Herzog, NStZ 1985, 155; Seelmann, ZStW 95 (1983), 809; Voller, S. 90; a.A. Reebmann, NJW 1985, 1 ff; Sieg, Strafverteidiger 1981, 637; Mache, Die Zulässigkeit, S. 81.

§§ 161, 163 und 152 Abs. 1 StPO setzen den Anfangsverdacht voraus. Eine Verdachtsermittlung ist nicht zulässig[1].

§ 34 StGB scheitert - sofern man ihn im repressiven Bereich als Rechtsgrundlage für eine staatliche Verbrechensprovokation überhaupt zulassen will, weil zweifelhaft ist, ob er die hoheitlichen Eingriffsbefugnisse erweitert[2] - daran, daß, jedenfalls bei einem bislang unverdächtigen Bürger, eine gegenwärtige, nicht anders abwendbare Gefahr nicht besteht[3].

Alle anderen Fälle der Verbrechensprovokation, insbesondere die Provokation eines unbescholtenen, unverdächtigen Bürgers, ist daher unzulässig und rechtswidrig[4]. Die Verbrechensprovokation verstößt insbesondere gegen Verfassungsrecht[5]. Eine Verletzung der Art. 1, 2 GG und

---

1 So schon Lüderssen, FS f. Peters, S. 359; Mache, Strafverteidiger 1981, 600; Sieg, Strafverteidiger 1981, 637; Meyer, ZStW 95 (1983), 859; Walder, ZStW 95 (1983), 867; Lüderssen, Jura 1985, 117; Kreutzer, in Lüderssen, Die Falle im Rechtsstaat, S. 57; Krüger, Die Polizei 1984, 327; Mache, Die Zulässigkeit, S. 81; vgl. auch Drywa, S. 114 ff.

2 Dafür: Franzheim, NJW 1979, 2017; Schönke/Schröder-Lenckner, § 32 Rdn. 240 a, § 34 Rdn. 7; Dreher/Tröndle, § 34 Rdn. 24; Schwabe, NJW 1977, 1906; Roxin, JuS 1976, 510; dagegen: Amelung, NJW 1977, 838; Dencker, FS f. Dünnebier, S. 457; Seelmann, ZStW 95 (1983), 811; Meyer, ZStW 95 (1983), 859; Krüger, Die Polizei 1984, 327; Mache, Zulässigkeit, S. 128; Voller, S. 99; Ostendorf/Meyer-Seitz, Strafverteidiger 1985, 79.

3 So auch Franzheim, NJW 1979, 2017; Seelmann, ZStW 95 (1983), 812; Lüderssen, Jura 1985, 120; Ostendorf/Meyer-Seitz, Strafverteidiger 1985, 79; Stempel, S. 110 f.; ebenso jetzt Drywa, S. 147, 150.

4 Ebenso Voller, S. 92; Mache, Die Zulässigkeit, S. 151; Fischer, S. 156; Schumann, JZ 1986, 71.

5 Für Verstoß gegen § 136 a: Lüderssen, FS f. Peters, S. 362; ders., Jura 1985, 118; Mache, Die Zulässigkeit, S. 209, 218; ders., Strafverteidiger 1981, 600; Voller, S. 110; Gülzow, Die Polizei 1984, 334; Röhrich, S. 251; Fischer, S. 127; a.A. Berz, S. 417; Peters, Gutachten, S. 157; vgl. auch Puppe, GA 1978, 299.

des Rechtsstaatsgebots (Grundsatz des fair trial)[1] ist zu bejahen.

Problematisch sind also die Fälle, in denen der V-Mann "auf gut Glück"[2] einen entweder völlig unbescholtenen oder aber jedenfalls einer konkreten Tat unverdächtigen Bürger zu einer Straftat anstiftet, sowie Fälle, in denen zwar schon ein Tatverdacht hinsichtlich einer früher begangenen Tat besteht, die Provokation im repressiven Bereich somit zur Aufklärung der schon begangenen Tat erfolgt, ohne daß der Verdächtige aber einer weiteren Straftat verdächtig wäre.

Nur von diesen Fällen soll im folgenden die Rede sein, denn Fälle dieser Art lassen sich jedenfalls nicht über öffentlich-rechtliche Vorschriften des allgemeinen Polizeirechts rechtfertigen.

Das Problem, welches hier zu lösen gilt, liegt in einem mehrfach illoyalen Verhalten des Staates, wenn man nächst einmal davon ausgeht, daß das Verhalten des V-Mannes - auch wenn es sich dabei um eine Privatperson an der Leine der Polizei handelt - dem Staat zuzurechnen ist[3].
Für den Staat gilt, daß er selbst nicht handeln kann, sondern daß er durch die mit hoheitlichen Befugnissen ausgestatteten Verwaltungsbeamten und -angestellten

---

1 Vgl. hierzu die Untersuchungen von Lüderssen, FS f. Peters, S. 364; ders., in Denninger/Lüderssen, S. 269; Voller, S. 64 ff.; Mache, S. 76; Fischer, S. 143; Berz, JuS 1982, 418; Dencker, FS f. Dünnebier, S. 456; Rieß, JR 1985, 45 ff.; Seelmann, ZStW 95 (1983), 813; Arloth, NJW 1985, 417 ff.; a.A. Schumann, JZ 1986, 68; Puppe, NStZ 1986, 404 ff.
2 So Fall BGH NJW 1981, 1626.
3 So Voller, S. 4; Berz, JuS 1982, 417; Gülzow, Die Polizei 1984, 332; Krüger, NJW 1982, 856; Mache, Strafverteidiger 1981, 600; Studer, S. 38; Taschke, Strafverteidiger 1984, 180.

handelt. Hieraus ergibt sich, daß das Verhalten dieser Personengruppen als staatliches Verhalten zu qualifizieren ist. Bei einer Provokation durch eine Privatperson handelt es sich immer dann um dem Staat zurechenbares Verhalten, solange der V-Mann einen speziellen oder generellen Auftrag von einem Beamten in Ausübung eines öffentlichen Amtes erhalten hat[1]. Der agent provocateur wird dann auf dem Gebiet der hoheitlichen Verwaltung tätig, so daß sich der Staat sein Verhalten zurechnen lassen muß. Nur wenn der Lockspitzel völlig auf eigene Faust handelt, ist sein Verhalten dem Staat nicht zurechenbar[2].

Das Verhalten des Staates liegt dann zum einen in der Handlung des Anstiftens durch den V-Mann, d.h. in den Überredungskünsten des Lockspitzels. Der Staat produziert damit die Kriminalität, die er anschließend verfolgen will, selbst[3]. Der Provozierte muß zunächst vom Weg des Rechts abgebracht werden, damit er anschließend wegen seines Fehlverhaltens zur Rechenschaft gezogen werden kann. Hätte der agent provocateur den Täter nicht mitunter sogar hartnäckig überredet, wäre es zu der Straftat nicht gekommen. Bei der staatlichen Anstiftung handelt es sich um eine conditio sine qua non in bezug auf die provozierte Tat[4].

Aus der Sicht des Angestifteten stellt sich das staatliche Verhalten als Teilnahme des Staates an der Straftat dar. Dennoch wird der agent provocateur nach h.M. nicht wegen Anstiftung bestraft, sondern geht straffrei

---

1 Taschke, Strafverteidiger 1984, 180; Gülzow, Die Polizei 1984, 333; ähnlich schon Berz, JuS 1982, 417.
2 So ebenfalls Mache, Strafverteidiger 1981, 600.
3 So auch Schünemann, GA 1986, 319.
4 So auch Lüderssen, ZStW 95 (1983), 358; Mache, Strafverteidiger 1981, 600.

aus[1].
Aus der Sicht des Provozierten drängt sich der Eindruck auf, er sei durch die Strafverfolgungsbehörden hereingelegt und in strafbares Unrecht verstrickt worden, ohne daß dies Konsequenzen für den Anstifter hätte. Der Provozierte empfindet sich als Opfer staatlichen Handelns.

Der provozierte Bürger wird durch die Provokation kriminalisiert und durch die nachfolgende Verurteilung stigmatisiert, was zu einer sozialen Desintegration führen kann, zu der es ohne das staatliche Verhalten nicht gekommen wäre.
Der Staat wird von dem Provozierten hierfür verantwortlich gemacht. Der Angestiftete sucht die "Schuld" für sein Fehlverhalten nicht bei sich selbst, sondern bei staatlichen Stellen.

Andererseits kann das Verhalten des V-Mannes aber nicht isoliert betrachtet werden. Der Handlung des V-Mannes ging bereits ein anderes staatliches Verhalten voraus, nämlich der Akt der Gesetzgebung. Der Staat hat nämlich zuvor ein bestimmtes Verhalten selbst mittels des Strafgesetzbuches pönalisiert, bzw. ein bestimmtes Rechtsgut geschützt. Ihm ist es daher verwehrt, selbst einen mittelbaren Angriff auf das von ihm durch das Strafgesetzbuch geschützte Rechtsgut zu starten oder sich gar selbst an der Straftat unmittelbar zu beteiligen[2].

Mit einem solchen Verhalten rechnet der Bürger daher auch nicht; er verläßt sich im Gegenteil darauf, daß der Staat seiner Aufgabe, der Verhinderung von Straftaten, nachgeht und nicht selbst zu Straftaten provoziert oder

---

1 Vgl. Dreher/Tröndle, § 26 Rdn. 8; Sch/Sch-Cramer, § 26 Rdn. 16; Kohlrausch/Lange, § 48 Anm. III.

2 Vgl. den jüngst bekannt gewordenen Fall eines staatlich verübten Sprengstoffanschlags auf die Justizvollzugsanstalt Celle, Spiegel, Heft 19 (1986), S. 20 ff.; Kühne, JuS 1987, 188 ff. m.w.N.

sie gar selbst verübt. Schließlich scheint auch ein Vertrauensbruch insofern vorzuliegen, als der V-Mann zunächst das Vertrauen des Angestifteten zu erlangen trachtet, um schließlich das so erzielte Vertrauensverhältnis zur Überführung eines Straftäters auszunutzen.

2. Überlange Verfahrensdauer

Der zweite Komplex, in dem der Verwirkungsgedanke in Rechtsprechung und Literatur bereits erörtert wurde, ist derjenige der Verwirkung infolge überlanger Verfahrensdauer[1].

Hier besteht staatliches Verhalten aus einem Unterlassen, nämlich der Nichtbeendigung eines Ermittlungs- oder Strafverfahrens innerhalb angemessener Frist.
Der Staat verfolgt hier einen Beschuldigten, obwohl der Rechtsfriede bei einem langen Zeitraum zwischen Begehung der Tat und der Durchführung und/oder Fortsetzung des Verfahrens u.U. bereits wieder hergestellt ist.

Der Betroffene kann durch die lange Verfahrensdauer entweder bereits stark in Mitleidenschaft gezogen worden sein oder aber, sofern er vom Fortgang des Verfahrens nichts weiß, bereits davon ausgegangen sein, sein Verfahren werde nicht weiter verfolgt. Ferner kann, je nachdem ob die Verfahrensverzögerung vorsätzlich oder fahrlässig herbeigeführt wird, das Vertrauen des Beschuldigten und der Öffentlichkeit in die Rechtmäßigkeit und Angemessenheit der Strafverfolgung und in die Berechtigung, eine Strafe zu verhängen, mehr oder weniger Schaden leiden. Es stellt sich die Frage, ob die Verfahrensverzögerung einer Bestrafung entgegengehalten werden kann, weil auch der Staat sich bei der Strafverfolgung nicht korrekt verhält.

---

1 Vgl. LG Frankfurt JZ 1971, 236; Hanack, JZ 1972, 114 ff.; Hillenkamp, JR 1975, 133 ff.

3. Verstöße gegen Verfahrens- und sonstige Rechtsnormen

Der dritte Problemkreis, bei dem eine Übertragung des Verwirkungsgedankens auf das Straf- bzw. Strafprozeßrecht in Betracht kommt, ist gegeben, wenn der Staat gegen seine eigenen Verfahrensvorschriften oder sonstige Rechtsnormen verstößt. Das staatliche Verhalten liegt hier entweder in einer bewußten (zielgerichteten) oder unbewußten (fahrlässigen) Nichtbeachtung prozessualer oder sonstiger Vorschriften, welche zu Rechtsnachteilen für den Betroffenen führen können.

Im Einzelfall ist fraglich, ob die staatliche Berechtigung zur Durchführung des Verfahrens fortbesteht, wenn der Staat (bewußt) gegen seine eigenen Verfahrensvorschriften in massiver Weise verstößt. Es stellt sich die Frage, ob nicht der Staat sich sein eigenes Fehlverhalten entgegenhalten lassen muß, wenn er sich während der Strafverfolgung rechts- und/oder rechtsstaatswidrig verhalten hat. Dieser Gedankengang weist in Richtung Verwirkung des staatlichen Strafanspruches. Aus der Rechtsprechung sind eine Vielzahl von Entscheidungen bekannt, bei denen an eine Verwirkung des Strafanspruchs zu denken wäre, die jedoch mitunter - wie bereits angedeutet - das eigene staatliche Fehlverhalten unter einem anderen Gesichtspunkt prüfen.

Außer in den bereits erwähnten Fällen einer unter Gesetzesverstoß erzielten Auslieferung[1] und der Möglichkeit der Kenntnisnahme des Verteidigungskonzepts durch die Staatsanwaltschaft nach Durchführung einer rechtswidrigen Beschlagnahme[2] wurde der Verwirkungsgedanke

---

1 Hier wurde noch ein Verfahrenshindernis bei bewußter Verletzung einer StPO-Norm für möglich gehalten.
2 Vgl. oben S. 10

noch bei weiteren Entscheidungen bedeutsam. Es geht dabei jeweils um die Frage, ob das staatliche Fehlverhalten zu einem Verfahrenshindernis führt oder nicht, was unmittelbar auf die Verwirkung des staatlichen Strafanspruchs hindeutet.

So hat das Amtsgericht Mannheim einen schweren Verstoß gegen den Grundsatz des "fair trial" wegen einer angeblich "absichtlich" "rechtswidrig" und "trickreich" von der Staatsanwaltschaft durchgeführten Durchsuchung, die möglicherweise (auch) zur Kenntnis des Verteidigungskonzepts führte, als ausreichend zur Begründung eines Verfahrenshindernisses angenommen[1].

Die Entscheidung wurde aufgehoben, nachdem sich der Wandel der Auffassung in der Rechtsprechung des Bundesgerichtshof in den Fällen staatlicher Verbrechensprovokation anbahnte. Unter weitgehender Wiederholung der Argumente des 1. Strafsenats des Bundesgerichtshofes im Falle staatlicher Verbrechensprovokation, wurde grundsätzlich in Abrede gestellt, daß eine Verletzung des Rechtsstaatsprinzips das Verfahren als Ganzes beenden könne[2].

Mehrfach wurde bereits entschieden, daß die unter Verstoß gegen völkerrechtliche Normen herbeigeführte Festnahme eines Beschuldigten auf fremdem Territorium jedenfalls <u>nicht</u> zu einem Verfahrenshindernis führen könne[3].

Dies soll nach neuester Rechtsprechung sogar dann gelten, wenn es sich um einen bewußten Verstoß des betref-

---

1 Strafverteidiger 1985, 276 ff.
2 OLG Karlsruhe Strafverteidiger 1986, 10 ff.
3 OLG Düsseldorf NJW 1984, 2050; ebenso BVerfG NStZ 1986, 178 = NJW 1986, 1427 ff.; vgl. auch BGH NStZ 1984, 466 und die von Seelmann, ZStW 95 (1983), 818, angesprochenen Fälle von völkerrechtswidrigen Entführungen.

fenden Beamten gegen völkerrechtliche Normen handelt[1].

In einer anderen Entscheidung wurde ein Verfahrenshindernis bei bewußten Beweismanipulationen durch die Polizei zuungunsten der Beschuldigten deshalb bejaht, weil der Grundsatz des fairen Verhaltens in derart massiver Weise verletzt worden sei, daß ein rechtsstaatliches Verfahren nicht mehr möglich erscheine[2]. Die gegen die Entscheidung gerichtete Revision der Staatsanwaltschaft blieb erfolglos. Allerdings hat sich der 5. Senat in seiner bereits erwähnten Entscheidung vom 23. Juli 1985 in einem weiteren obiter dictum der neueren Rechtsprechung des Bundesgerichtshofes angeschlossen und das Vorliegen eines Verfahrenshindernisses bei rechtsstaatswidrigen Ermittlungsmethoden verneint[3].

Aus der rechtswidrigen Anordnung einer Telefonüberwachung soll ein Prozeßhindernis wegen Verletzung des Anspruchs auf ein faires Verfahren gleichfalls nicht herzuleiten sein[4].

Zumindest bei bewußten Verstößen gegen Verfahrensnormen durch die Strafverfolgungsbehörden wurde aber zunächst die Konstruktion eines Verfahrenshindernisses für möglich gehalten.

---

1 BGH NStZ 1985, 464: Der Beschuldigte wurde hier von einem Kriminalbeamten unter vorgehaltener Pistole auf niederländischem Staatsgebiet gezwungen, sich über die Grenze nach Deutschland zu begeben, wo ihm ein Haftbefehl eröffnet wurde. Die Entscheidung wurde vom Bundesverfassungsgericht für verfassungsgemäß erklärt, NJW 1986, 3021; vgl. hierzu Schubarth, Strafverteidiger 1987, 173 ff.

2 So LG Hannover Strafverteidiger 1985, 99, in einem obiter dictum. Das LG kam nach umfassender Beweiswürdigung im Ergebnis zum Freispruch, weil es sich von der Schuld der Angeklagten nicht überzeugen konnte.

3 Strafverteidiger 1985, 398 = MDR 1985, 952 = NJW 1985, 2838.

4 BGH Strafverteidiger 1984, 1 ff. = NStZ 1984, 275 f. = NJW 1984, 2772.

Bei unbewußten Verstößen - die naturgemäß weitaus häufiger vorkommen - ist es fraglich, ob von einem illoyalen Verhalten des Staates gesprochen werden kann. Diese Fälle brauchen deshalb auch nur am Rande im Zusammenhang zu dem Verwirkungsgedanken gebracht zu werden. Es kann zwar auch hier im Einzelfall noch ein Verstoß gegen den Grundsatz des fairen Verfahrens gegeben sein. Es fragt sich aber, ob der Staat hierdurch seinen staatlichen Strafanspruch verwirken kann. Der Bundesgerichtshof hat schon früh betont, daß bei fahrlässigen Verfahrensverstößen ein Verfahrenshindernis nicht in Betracht komme[1]. Im Falle eines bewußten, vorsätzlichen Verfahrensverstoßes erscheint die Frage jedenfalls berechtigt, ob dem Staat der Verfassungsverstoß nicht entgegengehalten werden kann, wenngleich die BGH-Rechtsprechung diese Möglichkeit neuerdings gänzlich verneint[2].

4. Ergebnis

Es sind bislang drei Fallkonstellationen aktuell geworden, bei denen ein Rückgriff auf den zivilrechtlichen Verwirkungsgedanken in Betracht zu ziehen war.

Die Intention derer, die mit dem Verwirkungsgedanken argumentieren, ist erkennbar darauf gerichtet, die Straflosigkeit des jeweils Betroffenen herbeizuführen.

Es stellt sich damit die Frage nach einer allgemeinen Begründung dieses Bedürfnisses nach Straflosigkeit.

In allen genannten Fallgruppen liegt ein möglicherweise illoyales Verhalten des Staates vor. In der Fallgruppe 1 ist das staatliche Verhalten stets vorsätzlich, wäh-

---

1 BGH NJW 1982, 1239.
2 BGH NStZ 1986, 179 = NJW 1986, 1427 ff.

rend in den Fallgruppen 2 und 3 auch ein unbewußtes, unvorsätzliches staatliches Verhalten vorliegen kann.

Im erstgenannten Fall scheint ein in mehrfacher Hinsicht illoyales Verhalten des Staates gegeben zu sein. In der Fallgruppe 2 scheint gleichfalls illoyales Verhalten vorzuliegen. Beschleunigt der Staat - obwohl er es könnte - das Strafverfahren nicht, so könnte bei einer bewußten Verzögerung des Verfahrens hierin ein unzulässiges Verhalten erblickt werden. Wird dem Verfahren - aus welchen Gründen auch immer - deshalb kein Fortgang gegeben, weil die Straftat in Vergessenheit geriet, oder weil die Personalsituation der Staatsanwaltschaft oder der Gerichte eine schnellere Verfolgung nicht zuläßt, dürfte ein illoyales Verhalten des Staates ausscheiden. Es verbliebe dann für den Beschuldigten nur noch das Vertrauen darauf, daß sein Verfahren schon längst abgeschlossen wurde, wenn er über einen größeren Zeitraum hinweg keine Nachricht von den Ermittlungsbehörden erhält.

Verzögert sich das Verfahren in unzumutbar langer Weise, so stellt sich im übrigen stets die Frage, ob angesichts der langen Verfahrensdauer selbst eine Straflosigkeit eintreten sollte.

Im Fall 3 schließlich liegt das Bedürfnis nach Straflosigkeit wiederum darin begründet, daß der Staat unter (bewußtem) Bruch seiner eigenen Verfahrens- oder sonstiger Rechtsnormen versucht, die Bestrafung des Beschuldigten herbeizuführen. Es stellt sich die Frage, ob der bewußte Verfahrensverstoß einer Bestrafung entgegengehalten werden kann. Ist der Verfahrensverstoß nicht vorsätzlich herbeigeführt worden, stellt sich dennoch im Einzelfall die Frage, ob nicht wegen eines schwerwiegenden Verstoßes gegen den Grundsatz des fairen Verfahrens von einer Verwirkung des staatlichen Strafanspruchs ausgegangen werden muß.

Der Grund für das Bedürfnis, die Straflosigkeit der Betroffenen herbeizuführen, scheint letztlich darin zu liegen, daß eine Strafe angesichts des staatlichen Verhaltens oder Unterlassens nicht als notwendig erachtet wird, weil sie im Einzelfall als inadäquat erscheint. Die Gründe für ein Entfallen des Strafbedürfnisses sollen im folgenden genauer untersucht werden.

II. Gründe für ein Entfallen des Strafbedürfnisses

Angesichts des vorhandenen Bedürfnisses, den Täter in Extremfällen straffrei ausgehen zu lassen, fragt es sich, ob es außerhalb des Verwirkungsgedankens anzusiedelnde übergeordnete zwingende Gesichtspunkte gibt, die hinter dem Wunsch nach Straflosigkeit stehen.

1. Staatliche Verbrechensprovokation

Zum ersten ist von Bedeutung, daß im Unterschied zu einer "normalen" Anstiftung bei Fällen staatlicher Verbrechensprovokation der Staat die Tat im eigenen staatlichen Interesse selbst inszeniert hat und es infolgedessen nicht auf "Distanz zum Täter"[1] gehen kann. Ob dies aber zur Begründung eines neuen Verfahrenshindernisses ausreichend ist, bleibt zweifelhaft, zeigt aber einen tragenden Grund für das Unbehagen an der Bestrafung des Angestifteten auf: Der Staat hat sich selbst an der Begehung der Tat beteiligt, und diese Beteiligung wird der Angestiftete dem Staat im Falle der Strafverfolgung entgegenhalten.
Dies weist in die richtige Richtung. Der Angestiftete würde im Falle der Verurteilung die staatliche Berechtigung, ihn zu bestrafen, aberkennen.

---

1 So Seelmann, ZStW 95 (1983), 827.

Ferner wird die Auffassung vertreten, daß auf materieller Ebene die Tatzurechnung und Schuldzuschreibung nicht funktioniere, weil der Täter sich objektiv nicht von der Rechtsordnung isoliere, da er in eine staatliche Aktion eingebunden werde[1].
Dem ist zwar entgegenzuhalten, daß der Angestiftete von der Einbindung in eine staatliche Aktion nichts weiß.

Wie beim untauglichen Versuch ist daher begründbar, daß das u.U. objektiv der Rechtsordnung unschädliche Verhalten nicht zu einer gänzlichen Straffreiheit führt; der gleiche Rechtsgedanke, der auch beim untauglichen Versuch eine Versuchsstrafe rechtfertigt, ließe auch hier eine völlige Straffreiheit ausscheiden. Dennoch erscheint es als ungerecht, einen Bürger dafür zu bestrafen, daß er Opfer einer geplanten staatlichen Aktion wurde.

Auch mit Hilfe einer Parallele zu victimodogmatischen Erwägungen unter dem Gesichtspunkt der eigenen staatlichen Tatbeteiligung wird versucht, die Notwendigkeit der Straflosigkeit des Provozierten zu begründen[2].

In der Tat ist es zweifelhaft, ob man die Straftat des Angestifteten noch als <u>seine</u> Tat ansehen kann, wenn dieser mitunter durch langandauernde intensive Überredung zur Begehung einer Straftat angestiftet wird. Da jedoch der Angestiftete letztlich frei entscheidet, ob er dem Ansinnen des agent provocateur folgt - insofern ist die Situation einer "normalen" Anstiftung gleichzusetzen -, wird jedenfalls im Regelfall auch eine staatliche Provokation nicht aus diesem Grund zur Straflosigkeit führen können[3]. Eine Straflosigkeit kommt letztlich nur im Falle der Bejahung der Voraussetzungen des § 20 StGB in Betracht.

Das Bedürfnis nach Straflosigkeit könnte ferner darauf

---

1 Seelmann, a.a.O., S. 828.
2 Seelmann, a.a.O., S. 829 f.
3 Zur Vorsicht bei einer eventuell aus diesem Grunde zu erwägenden Tatbestandsreduktion rät auch Seelmann, a.a.O.

zurückzuführen sein, daß in den hier relevanten Fällen die Strafe ihren Sinn und Zweck verfehlt.
Obwohl das geltende Recht in den §§ 46, 47 und 56 Abs. 3 StGB die Frage nach den Strafzwecken nicht eindeutig beantwortet, ist heute anerkannt, daß Strafgrund nicht lediglich sein kann, eine Vergeltung für eine schuldhafte Tat herbeizuführen (sog. absolute Straftheorie). Nach herrschender Meinung ist die Strafe nur dann gerechtfertigt und sinnvoll, wenn mit ihr auch gewisse Strafzwecke verfolgt werden (relative Straftheorie), wobei hier der Streit zwischen den beiden Theorien nicht entschieden werden muß, weil auch im Hinblick auf das geltende Recht heute überwiegend die Vereinigungstheorie in verschiedenen Spielarten herrschende Meinung ist[1].
Mit der herrschenden Meinung ist daher zu fordern, daß die Strafe auch unter präventiven Gesichtspunkten gerechtfertigt sein muß, wobei diesem Gedanken im Konfliktfall mit dem Vergeltungsprinzip (absolute Theorie) Vorrang einzuräumen ist[2].
Unter spezialpräventiven Gesichtspunkten stellt sich die Frage, ob die Besserung des Straftäters und seine (Re-)Sozialisierung erreichbar ist. Aus generalpräventivem Blickwinkel ist zu fragen, ob die Strafe geeignet ist, die Grundlagen eines gedeihlichen Zusammenlebens im staatlichen Gemeinwesen zu erhalten.

Eine Besserung des Täters kommt nur insoweit in Betracht, als es nicht unmöglich erscheint, daß durch das unmittelbare Erleben des Strafübels trotz der Provokation durch den V-Mann eine "positive" Wirkung der Strafe auf

---

1 Dreher, § 46 Rdn. 3; Stratenwerth, AT, Rdn. 114 ff.; Welzel, § 32; Baumann, AT, S. 12; Maurach/Zipf, S. 80 f.; Naucke, S. 48; BVerfGE 45, 253 ff..

2 Maunz/Dürig, Art. 102 Rdn. 11; Dreher, a.a.O.; Maurach/Gössel/Zipf, S. 525; Maurauch/Zipf, S. 86; BGHSt 24, 42; Lackner, § 46 Anm. 1 a.

den Verurteilten erzielt wird[1].

Es fragt sich aber, ob diese rein repressive Besserung tatsächlich von Gewicht ist und ob sie überhaupt einkalkuliert werden darf.
So wird denn auch im Fall staatlicher Verbrechensprovokation betont, daß der vorher unbescholtene Bürger wohl kaum von dem Staat wieder auf den Weg des Rechts zurückgebracht werden könne, wenn der Staat selbst ihn vorher von diesem Wege gerade abgebracht hat[2].
Es ist schwer vorstellbar, daß der Staat positiv im Sinne der Resozialisierung auf den Täter einwirken kann, wenn er sich selbst an dem Angriff auf das von ihm selbst geschützte Rechtsgut beteiligt, indem er zur Tat anstiftet. Für den Betroffenen ist es nicht einsichtig, für eine Tat geradestehen zu müssen, die er ohne die staatliche Beteiligung nicht begangen hätte. Eine Bestrafung führte lediglich zu einer Verbitterung des Verurteilten, welche die "positive" Wirkung des Erlebens des Strafübels wieder aufhebt und einer künftigen Straffreiheit entgegensteht.
Hinzu kommt, daß es einer Resozialisierung u.U. gar nicht bedarf, da der Provozierte in den hier relevanten Fällen die Straftat ohne Provokation nicht begangen hätte und sich auch ohne Bestrafung zukünftig straffrei verhalten würde, weil er sich den Vorfall zur Lehre gereichen ließe. Der Verzicht auf Bestrafung bewirkt bei dem Provozierten jedenfalls eher ein zukünftig rechtstreues Verhalten als eine fragwürdige Verurteilung, die dem Betroffenen u.U. erst recht in Kriminalität verstrickt. Die

---

1 So schon für den Fall der rechtswidrigen Beweiserhebung Dencker, Verwertungsverbote, S. 59; die verschiedenen Theorien zum Zweck und zur Aufgabe der Verwertungsverbote lassen sich weitgehend auch auf die hier zu erörternden Fälle illoyalen staatlichen Verhaltens übertragen, vgl. Dencker, a.a.O., S. 33 ff.; Rogall, ZStW 91 (1979), 10 ff.

2 So die BGH-Argumentation NJW 1981, 1626; BGH NStZ 1982, 156; BGH NStZ 1984, 519.

Bestrafung des Angestifteten läßt sich mit dem Strafzweck der Spezialprävention daher nicht vereinbaren. Dieser Gedanke entspricht der Kehrseite des Arguments, der Staat könne nicht auf Distanz zum Täter gehen, denn läßt sich diese Distanz von Seiten des Staates wegen der Tatbeteiligung nicht herstellen, entfällt die Einwirkungsmöglichkeit auf und die Akzeptanz der Strafe durch den Täter.

Fraglich ist auch, ob der generalpräventive Zweck der Strafe bei einer Verurteilung des Provozierten zum Tragen kommen kann. Auch hier liegt die Parallele zu der Diskussion um Sinn und Zweck der Beweisverwertungsverbote auf der Hand[1]. Nicht bestritten werden soll, daß eine Verurteilung des Provozierten auf die Allgemeinheit zunächst abschreckend wirken würde. Mit der von der Dencker weiter entwickelten Funktion der Generalprävention als der Erhaltung und Schaffung des Bewußtseins sozialethischer Werte ist es allerdings zweifelhaft, ob dieser Gedanke der Generalprävention eine Bestrafung des Provozierten rechtfertigt. Die von Dencker auf die Verwertungsverbote zugeschnittene Theorie der Generalprävention bezieht sich allerdings nicht auf die Strafe selbst, sondern auch auf den Vorgang des Strafens, den Strafprozeß. Nach Dencker soll die werterhaltende Kraft der Gerichtssprüche - damit ein generalpräventiver Aspekt - Schaden leiden, wenn der Gerichtsspruch auf der Verletzung eines Beweiserhebungsverbotes beruht. Dadurch kann nach Dencker der Kredit der Strafjustiz verspielt werden[1].

Dem gegenüber werde bei einem möglichen Freispruch wegen des Eingreifens eines Verwertungsverbotes ein größerer "Werbeeffekt" für die Sache des Rechts erreicht als bei

---

1 Vgl. hierzu Dencker, a.a.O., 59 ff.; Rogall, a.a.O., S. 13 ff.
2 A.a.O., S. 65.

einer Verurteilung[1]. Diese Aspekte kommen auch bei dem hier interessierenden Fall zum Tragen. Auch bei der unzulässigen Verbrechenprovokation stellt sich die Frage noch eindringlicher, als im Fall des Verstoßes gegen ein Beweisverbot, ob nicht die werterhaltende Kraft eines Urteils Schaden leidet, wenn das Urteil selbst - die rechtswidrige Herbeiführung der Tat ausnutzend - die staatliche Rechtsverletzung perpetuiert und bestätigt[2]. Der Einsatz von V-Leuten zur Überführung unbescholtener oder unverdächtiger Bürger untergräbt letztlich den Rechtsfrieden in unerträglichem Maße, gleiches gilt erst recht für die Verhängung oder Vollstreckung einer Strafe wegen der provozierten Tat.

Die vorangegangene Provokation läßt auch aus der Sicht der Allgemeinheit das Urteil als ungerecht erscheinen. Dies führt zu dem Bedürfnis, den Provozierten nicht zu bestrafen. Ihre general- und spezialpräventiven Zwecke vermag die Strafe aber nur zu erfüllen, wenn sie gerecht ist[3].
Mit einer dem rechtsstaatlichen Gedanken der Gerechtigkeit widersprechenden Strafe läßt sich die zwar vorhandene Abschreckungswirkung jedenfalls nicht zulässig rechtfertigen. Damit entfällt auch der generalpräventive Zweck der Strafe, so daß sich die Rechtfertigung der Strafe nur noch einseitig aus dem absoluten Strafgrund der Vergeltung und Sühne herleiten ließe[4].

Dieser stünde aber dem anerkannten Verfassungsgrundsatz des sinn- und maßvolen Strafens[5] entgegen. Der Staat geriete mit dem Schutz der Menschenwürde gemäß Art. 1

---

1 A.a.O., S. 68.
2 Ein Argument, welches ebenfalls bei der Verwertung rechtswidrig erlangter Beweismittel auftaucht, vgl. Rogall, a.a.O., S. 20.
3 Sch/Sch-Stree, vor §§ 38 ff. Rdn. 3.
4 So auch Drywa, S. 77.
5 BVerfGE 28, 391.

Abs. 1 GG in Konflikt, wäre die Strafe lediglich durch absolute Strafgründe gerechtfertigt[1]. Mit dem Entfallen der Strafzwecke entfällt daher auch das Strafbedürfnis.

Dem steht auch nicht das Schuldprinzip entgegen. Das Schuldprinzip stellt selbst keinen weiteren Strafzweck dar, sondern hat ausschließlich eine strafbegrenzende Funktion[2].

Das Schuldprinzip ist auch nicht mit dem Strafgrund der Vergeltung gleichzusetzen[3]. Jedenfalls läßt sich aus dem Schuldprinzip die Bestrafung nicht rechtfertigen, wenn die Strafe nicht durch die eigentlichen Strafzwecke zu rechtfertigen ist.

Damit kann hier - im Gegensatz zum Fall des Verstoßes gegen ein Beweisverbot - nicht lediglich von einer Störung der präventiven Funktion der Strafe ausgegangen werden, sondern es muß ein Entfallen der eine Strafe rechtfertigenden Strafzwecke bejaht werden. Im Gegensatz zu Dencker[4] und Rogall[5], die im Falle des Verstoßes gegen ein Beweisverbot eine Bestrafung des Täters trotz des Verfahrensverstoßes rechtfertigen, ist hier eine Bestrafung des Täters nicht mehr sinnvoll zu begründen.

Es fragt sich, ob die unterschiedlichen Ergebnisses gerechtfertigt sind. Dies wäre denkbar, wenn zwischen dem Fall des Verstoßes gegen ein Beweisverbot und dem Fall der unzulässigen staatlichen Verbrechensprovokation ein qualitativer Unterschied besteht. Dies wird später zu untersuchen sein.

Es bleibt festzuhalten, daß das Entfallen der tragenden Strafzwecke letztlich hinter dem Bedürfnis nach Straflosigkeit steht.

---

1 Maunz/Dürig/Herzog, Art. 102 Rdn. 11.
2 Maurach/Zipf, S. 84 f.
3 So aber offenbar Drywa, a.a.O.
4 A.a.O., S. 59.
5 A.a.O., S. 14.

2. Überlange Verfahrensdauer

Auch hier stehen bei den Befürwortern einer Straffreiheitslösung Strafzweck- und Gerechtigkeitserwägungen im Vordergrund. Es ist nach verschiedenen Fallvarianten zu unterscheiden.

a) Variante 1

Der Beschuldigte hat von dem Fortgang des Verfahrens Kenntnis. Es gibt zwar keine vorsätzliche Prozeßverschleppung, das Verfahren wird jedoch nicht innerhalb angemessener Zeit beendet.

Es stellt sich hier die Frage, ob wegen der langen Verfahrensdauer im Extremfall überhaupt noch eine Strafe einen Ausgleich für die schuldhafte Tat darstellen kann. Mit dem Zeitablauf könnte das Strafbedürfnis, eine "Vergeltungs-"Notwendigkeit im Sinne der absoluten Straftheorie, möglicherweise verringert sein[1]. Hieran ist deshalb zu denken, weil das lange Verfahren bereits zu einem Leidensdruck bei dem Beschuldigten führen kann. Dies bedeutet freilich noch nicht, daß damit der absolute Strafgrund der Vergeltung ganz entfiele. Insbesondere bei schwereren Straftaten ist dies nicht vorstellbar. Mit Vergeltungsgesichtspunkten ist die Strafe innerhalb der Grenzen der Verjährung zumindest bei schweren Straftaten immer zu rechtfertigen.

Auch die eigentlichen Strafzwecke werden bei überlanger Verfahrensdauer in Mitleidenschaft gezogen. Aus der Sicht des Beschuldigten führt die unangemessen lange Verzögerung des Verfahrens dazu, daß die Einsichtsfähigkeit in Notwendigkeit und Angemessenheit der Strafe abnimmt[2].

---

1 V.Stackelberg, S. 768; Hillenkamp, S. 135; Peters, S. 248.

2 Hillenkamp, a.a.O.; ähnlich auch v.Stackelberg, a.a.O., er spricht von einer gewandelten Täterpersönlichkeit.

Hiervon ist insbesondere dann auszugehen, wenn sich der Täter seit der Begehung der Tat rechtstreu verhalten hat.

Aus diesem Grunde wird auch die Auffassung vertreten, daß eine Bestrafung dem Rechtsstaatsgebot entgegenstehe, weil sich die Bestrafung als ungerecht erweise[1].

Andererseits weiß der Beschuldigte aber, daß er für die Folgen seines Handelns grundsätzlich innerhalb der Grenzen der Verjährung einzutreten hat und daß der Zeitablauf ihn nicht vor Bestrafung schützt. Insoweit ist nicht ausgeschlossen, daß der Betroffene die Strafe dennoch als gerechten Ausgleich für seine Tat akzeptiert und sich durch sie von der Begehung weiterer Straftaten abschrecken läßt.
Eine weitere Beeinträchtigung des Strafzwecks der Spezialprävention ist insofern denkbar, als der Beschuldigte erkennt, daß der Staat gegen eigene Prozeßgrundsätze (Beschleunigungsmaxime) verstößt. Auch hier ist aber zweifelhaft, ob der Verstoß geeignet ist, die spezialpräventive Wirkung der Strafe ganz auszuhebeln, denn der Beschuldigte muß sich sagen lassen, daß der staatliche Verfahrensverstoß mit seiner Tat nicht in Zusammenhang gebracht werden kann.

Generalpräventive Aspekte der Strafe werden dadurch tangiert, daß der Rechtsfriede im Falle eines langen Zeitraumes zwischen Tat und Beendigung des Ermittlungsverfahrens schon längst wieder hergestellt sein kann, so daß die verstpätete Hauptverhandlung das gedeihliche Zusammenleben eher stört als fördert[2].

Eine weitere Störung der generalpräventiven Funktion der Strafe liegt darin, daß ein Urteil, welches in einem Zeitpunkt ergeht, in dem bereits ein Verstoß gegen die Beschleunigungsmaxime gegeben ist, selbst die Rechtsver-

---

1 V.Stackelberg, a.a.O.
2 Hillenkamp, S. 134.

letzung perpetuiert, so daß auch aus diesem Grunde in den Augen der Allgemeinheit das Urteil Schaden nimmt.

Fraglich ist, ob die Störung der generalpräventiven Funktion der Strafe diesen Strafzweck ganz entfallen läßt. Dem ist entgegenzuhalten, daß andererseits die Rechtsgemeinschaft verlangt, daß der Straftäter innerhalb der Verjährungsgrenzen grundsätzlich seiner schuldangemessenen Strafe zugeführt wird. Dies gilt um so mehr, je schwerer der Schuldvorwurf wiegt. Ein Urteil wird daher trotz überlanger Verfahrensdauer auch von der Rechtsgemeinschaft nicht grundsätzlich als ungerecht empfunden.

Es zeigt sich hier, daß zwar die Strafzwecke gefährdet sind, daß aber das gänzliche Enfallen des Strafbedürfnisses nicht zwingend zu begründen ist.
Die Störung der spezial- und generalpräventiven Funktion der Strafe und des absoluten Strafgrundes der Vergeltung machte aber eine Straflosigkeit, sofern sie anders zu begründen ist, verständlich und rechtspolitisch möglicherweise durchsetzbar[1].

b) Variante 2)

Der Beschuldigte hat nur Kenntnis von der Eröffnung des Verfahrens. Er hört über einen unangemessen langen Zeitraum nichts von den Ermittlungsbehörden, es gibt keine vorsätzliche Prozeßverschleppung.

Hier liegt nicht lediglich der Tatbstand vor, daß der Zeitablauf Zweifel an dem Fortbestehen des Strafbedürfnisses aufkommen läßt, hinzu kommt, daß der Beschuldigte unter Umständen auch darauf vertraut hat, daß das Verfahren gegen ihn längst eingestellt worden ist. Hierdurch erscheint auch der Verstoß gegen den Beschleuni-

---

1 Vgl. Dencker, a.a.O., S. 59, der mit diesem Argument ein Beweisverwertungsverbot aus spezialpräventiven Gründen rechtfertigt.

gungsgrundsatz noch eklatanter. Die Sühnebereitschaft im Falle der Verhängung einer Strafe ist hier erst recht im Extremfall zweifelhaft. Damit ist auch in erhöhtem Maße fraglich, ob spezial- und generalpräventive Strafzwecke die Strafe noch rechtfertigen können.
Es fragt sich aber auch hier, ob ein eventuell bei dem Beschuldigten vorhandenes Vertrauen dahin, daß das Ermittlungsverfahren gegen ihn bereits eingestellt wurde, die Straflosigkeit oder das Entfallen der Strafzwecke zwingend begründen kann. Dem ist entgegenzuhalten, daß der alleinige Zeitablauf bei dem Beschuldigten zwar möglicherweise die Hoffnung geweckt haben kann, das Verfahren gegen ihn sei eingestellt, daß jedoch ein echter Vertrauenstatbestand nicht gegeben ist, weil der Beschuldigte entweder weiß oder sich jedenfalls sagen muß, daß ohne eine definitive Einstellung das Verfahren in den Grenzen der Verjährung fortgesetzt werden kann. Die Kenntnis von der Fortsetzung des Verfahrens kann einen längeren Zeitraum der Untätigkeit der Strafverfolgungsorgane zwar zu einer Enttäuschung des Beschuldigten führen, reduziert die spezial- und generalpräventiven Strafzwecke jedoch damit noch nicht auf Null. Wie in der Fallvariante 1) führt die Beeinträchtigung der Strafzwecke hier nicht zwingend zur Straflosigkeit.

c) Variante 3)

Zusätzlich zu dem Sachverhalt der Varianten 1) und 2) geschieht die Verfahrensverschleppung durch die Strafverfolgungsorgane vorsätzlich.

Die bewußte Verfahrensverzögerung gefährdet in erhöhtem Maße die spezialpräventive Funktion der Strafe, weil die Akzeptanz der Strafe darunter leidet, daß auch staatliche Organe vorsätzlich rechtswidrig handeln.

Auch hier muß sich der Beschuldigte aber letztlich entgegenhalten lassen, daß die Gesetzesverletzung eines Strafverfolgungsorgans nicht in Zusammenhang mit seiner

Tat gebracht werden kann, so daß die spezialpräventive Funktion der Strafe nicht völlig ausgehebelt wird.

Zur generalpräventiven Funktion der Strafe gilt das zu Fallvariante 1) Gesagte, wenn auch hier die Störungen des generalpräventiven Strafzwecks infolge einer vorsätzlichen Verfahrensverschleppung schwerer wiegt.

d) Ergebnis

In den Fällen der überlangen Verfahrensdauer sind zwar alle Strafzwecke in Mitleidenschaft gezogen. Die Störungen der Strafzwecke sind jedoch nicht geeignet, das Strafbedürfnis insgesamt zu verneinen. Allerdings machte die Störung der Strafzwecke eine Straffreiheitslösung, sofern sie rechtlich zu begründen wäre, zumindest verständlich.

3. Verstöße gegen Verfahrens- und sonstige Rechtsnormen

Zu unterscheiden sind fahrlässige und vorsätzliche Verstöße.

a) Fahrlässige Verstöße

hier tritt allenfalls eine äußerst schwache Beeinträchtigung spezial- und generalpräventiver Strafzweckgesichtspunkte ein. Bei einem fahrlässigen Rechtsbruch - mag dieser auch zu einer Verschlechterung der Position des Beschuldigten führen - ist die Akzeptanz der Berechtigung staatlicher Strafe aus Sicht des Beschuldigten kaum gefährdet.
Auch aus der Sicht der Allgemeinheit leidet das Urteil nur geringen Schaden, wenn es auf einer fahrlässigen Rechtsverletzung beruht.

Eine Beeinträchtigung der absoluten Strafgründe der Vergeltung oder Sühne ist nicht erkennbar.

b) Vorsätzliche Verstöße

Bei bewußten vorsätzlichen oder arglistigen Verstößen der Strafverfolgungsbehörden gegen StPO- oder sonstige Rechtsnormen tritt wie im Fall einer vorsätzlichen Verfahrensverschleppung eine erhebliche Beeinträchtigung der spezial- und generalpräventiven Strafzwecke ein, die jedoch gleichfalls nicht zwingend das Strafbedürfnis gänzlich entfallen lassen. Die absoluten Strafgründe sind nicht tangiert. Hat der Verfahrensverstoß erhebliches Gewicht, macht die Beeinträchtigung der Strafzwecke aber auch hier eine Straffreiheitslösung akzeptabel, wenn ansonsten das Urteil auf dem Normverstoß beruhen würde.

4. Ergebnis

Festzuhalten ist, daß in allen Fallgruppen eine Beeinträchtigung der Strafzwecke durch das staatliche Verhalten zu bejahen ist. Dies macht den Wunsch, die Straflosigkeit der Täter zu erreichen, verständlich, führt aber nur im Fall der staatlichen Verbrechensprovokation dazu, daß das Strafbedürfnis völlig entfällt, weil eine Strafe nicht mehr sinnvoll zu begründen ist, da die Strafzwecke ganz entfallen und sich die Strafe als ungerecht erweisen würde.

Es fragt sich, ob de lega lata die im Fall der staatlichen Verbrechensprovokation erforderliche, in den sonstigen Fällen allenfalls verständliche und erwünschte Straflosigkeit ohne Rückgriff auf allgemeine Grundsätze ohne weiteres mit Hilfe des Straf-/Strafprozeßrechts zu erzielen ist.

III. Straflosigkeit de lege lata ohne weiteres zu konstruieren?

Die im Falle staatlicher Verbrechensprovokation erforderliche, ansonsten erwünschte Straflosigkeit steht im Widerspruch zu dem unserem Strafverfahrensrecht zugrundeliegenden Legalitätsprinzip. Wenn der Staat grundsätzlich verpflichtet ist, wegen aller Verstöße gegen das Strafgesetzbuch die Strafverfolgung einzuleiten und ggfls. den Beschuldigten anzuklagen, liegt ein Verstoß gegen dieses Prinzip lediglich dann nicht vor, wenn entweder eines der allgemeinen Verbrechensmerkmale in den einschlägigen Fällen als nicht gegeben erachtet wird oder bereits anerkannte Strafausschließungs- oder Strafaufhebungsgründe vorliegen, oder wenn - bei Vorliegen aller Verbrechensmerkmale - eine anerkannte Ausnahme vom Legalitätsprinzip vorliegt, namentlich die Voraussetzungen der §§ 153 ff. StPO gegeben sind. Schließlich kommt eine Straflosigkeit auch dann in Betracht, wenn ein anerkanntes Prozeßhindernis vorliegt. Auch hier muß der Staat zwar bei Vorliegen eines Verdachts ermitteln, stellt sich aber ein Prozeßhindernis heraus, ist im Ermittlungsverfahren gemäß § 170 Abs. 2 StPO, inzwischen Verfahren nach § 206 a StPO, und im Hauptverfahren durch Urteil gemäß § 260 Abs. 3 StPO einzustellen. Ferner scheidet auf prozessualem Wege eine Bestrafung u.U. aus, wenn die Beweisführung wegen eines anerkannten Beweisverbotes erschwert ist. Ein Rückgriff auf den Verwirkungsgedanken würde sich erübrigen, wenn das geltende Recht ausreichende Lösungsmöglichkeiten bietet, bei den verschiedenen Fallkonstellationen zu befriedigenden Ergebnissen zu gelangen.

1. Staatliche Verbrechensprovokation

a) Entfallen des Tatbestandes

Ein Rückgriff auf den Verwirkungsgedanken wäre zunächst dann nicht erforderlich, wenn in den problematischen Fällen infolge des illoyalen staatlichen Verhaltens der objektive Tatbestand entfiele. Bei den bislang von der Rechtsprechung entschiedenen Fällen, bei denen eine Verwirkung des Strafanspruchs zumindest angesprochen wurde, ging es überwiegend um Rauschgifthandel[1], aber auch um Brandstiftung[2] und Waffenhandel[3] sowie um Falschgoldverkauf und schwere Sexualdelikte[4].

Daß der objektive Tatbestand bei diesen typischen Delikten infolge der Provokation eines V-Mannes entfallen könnte, kann nur ausnahmsweise begründet werden. Zwar geschieht die Straftat in der Regel vor den Augen des polizeilichen V-Mannes oder der Polizei selbst, und die Täter werden entweder bereits vor der Vollendung des Delikts[5] oder kurz nach der Vollendung an Ort und Stelle festgenommen[6]. Dies hat jedoch zum einen nichts mit der Provokation als solcher zu tun, sondern liegt an der polizeilichen Überwachung der Straftat, die sich der Provokation anschließt. Die Überwachung kann allenfalls in Ausnahmefällen zum Entfallen des Tatbestandes eines vollendeten Delikts führen.

---

1 BGH NJW 1981, 1626 f.; BGH Strafverteidiger 1981, 276 f.; BGH NStZ 1982, 126 f.; BGH NStZ 1982, 156 f.; BGH Strafverteidiger 1983, 2; BGH Strafverteidiger 1984, 4 f.; BGH Strafverteidiger 1984, 58 f.; BGH Strafverteidiger 1984, 321 f.; BGH Strafverteidiger 1984, 406 f. u.a.

2 BGH NStZ 1981, 70 f.

3 BGH Strafverteidiger 1981, 163.

4 Vgl. Nachw. bei Voller, S. 10.

5 Vgl. BGH NStZ 1981, 70 - Brandstiftungsfall.

6 So i.d.R. bei den Betäubungsmittel-Geschäften, vgl. BGH NJW 1980, 1761; BGH NJW 1981, 1626; BGH NStZ 1982, 126.

Der Bundesgerichtshof hat bei den Betäubungsmitteldelikten festgestellt, daß ein einmaliger Verkauf von Rauschmitteln an den agent provocateur kein "Handeltreiben" mit Betäubungsmitteln sei[1]. Es bleibt aber bei der Versuchsstrafe[2].

Eine generelle Aussage dahin, daß immer in Fällen einer polizeilich überwachten Tatausführung der Tatbestand entfallen könne, kann nicht getroffen werden[3].

Zwar wird versucht, zumindest bei den abstrakten Gefährdungsdelikten - hier insbesondere bei den häufig vorkommenden Provokationen auf dem Betäubungsmittelsektor - eine generelle teleologische Tatbestandsreduktion wegen der fehlenden Gefährdung durch den Täter bei polizeilicher Überwachung des Tatgeschehens zu begründen[4], auf alle anderen Delikte ließe sich diese Konstruktion jedoch nicht übertragen. Im übrigen bliebe es auch in den Fällen, in denen man mit einer teleologischen Tatbestandsreduktion arbeitete, bei der Versuchsstrafe, weil der von dem Lockspitzel Angestiftete von seiner Überwachung ja nichts weiß[5].

Auf der Ebene des Tatbestandes läßt sich das Problem staatlicher Verbrechensprovokation daher nicht allgemein lösen.

---

1 BGH Strafverteidiger 1981, 549.
2 So schon Seelmann, ZStW 95 (1983), 819.
3 Eine weitere Ausnahme bildet der Fall des beobachteten Diebstahls. Hier wird vertreten, daß keine Vollendung vorliege, vgl. z.B. Sch/Sch-Eser § 242 Rdn. 35; OLG Düsseldorf NJW 1986, 2266; auch hier bleibt es aber bei der Versuchsstrafe.
4 Schünemann, Strafverteidiger 1985, 429.
5 So auch im Ergebnis Seelmann ZStW 95 (1983), 827; a.A. Schünemann, a.a.O.: Er meint, daß es bei einem kontrollierten Legalitätstest am "Strafbedürfnis" fehle, so daß auch die Versuchsstrafe ausscheide.

b) Anerkannter Rechtfertigungsgrund?

Einem anerkannten Rechtfertigungsgrund der unzulässigen Verbrechensprovokation gibt es derzeit nicht. Ein solcher wurde bislang in den entschiedenen Fällen auch nicht unter der Fragestellung erörtert, ob ein solcher neuerdings zu bejahen sei[1].
Zwar sind die allgemein anerkannten Rechtfertigungsgründe nicht abschließend; es wird aber schon deshalb nicht erwogen, einen neuen Rechtfertigungsgrund zu schaffen, weil damit die unerwünschte Nebenfolge der Straffreiheit von Beteiligten, die der staatlichen Beeinflussung nicht unterliegen, eintreten würde. Unabhängig davon fällt es schwer, einen Rechtfertigungsgrund zu bejahen, wenn derjenige, der sich auf die rechtfertigenden Umstände beruft, bei Begehung der Tat von eben diesen Umständen gar nichts weiß.

c) Anerkannter Schuldausschließungsgrund?

Auch ein anerkannter Schuldausschließungsgrund oder Entschuldigungsgrund liegt nicht vor. Eine noch so starke Beeinflussung oder Überredung des Täters durch den Anstifter kann den Schuldvorwurf zwar mindern, ihn jedoch nicht vollständig entfallen lassen, wenn man davon ausgeht, daß der Täter letztlich doch frei entscheidet, ob er gegen den Straftatbestand verstoßen will oder nicht, man folglich von einem undeterministischen Weltbild ausgeht[2].

Anders wäre es nur, wenn im Ausnahmefall die Voraussetzungen der §§ 20, 35 StGB gegeben sind[3].

---

1 Vgl. Drywa, S. 19.
2 Hiervon geht zu Recht BGHSt 2, 200 f. aus.
3 So auch BGH, 2. Senat, Strafverteidiger 1986, 101; ebenso Schünemann, Strafverteidiger 1985, 426.

Geht man davon aus, daß der Täter trotz Anstiftung verschuldetes Unrecht verübt, so handelt es sich bei dem Umstand der staatlichen Provokation um einen schuldunabhängigen Umstand, der auf andere Weise Berücksichtigung finden muß.
Daß es sich um einen schuldunabhängigen Umstand handelt, wird neuerdings auch von der Rechtsprechung betont, wenngleich diese Tatsache bei der Strafzumessung berücksichtigt werden soll[1].
Der 2. Senat will deshalb die Strafe innerhalb des gesetzlichen Strafrahmens unterhalb der sonst schuldangemessenen Strafe ansiedeln[2]. Bruns hält dem entgegen, daß ein Unterschreiten der Strafe unter das durch den Schuldgehalt bestimmte Niveau nicht zu rechtfertigen sei, wenngleich er einräumt, daß die Tatprovokation - isoliert betrachtet - schuldunabhängig sei[3].

Zwar braucht der Streit, ob hier die Grenzen des Schuldprinzips gesprengt werden sollen oder nicht, nicht entschieden zu werden, weil beide Ansätze jedenfalls nicht zur Straffreiheit gelangen, so zeigt die Kontroverse dennoch, daß der Umstand der Provokation nicht innerhalb der Schuld Berücksichtigung - mit dem Ergebnis Straffreiheit - finden kann, weil sich dieser Umstand hier nicht einordnen läßt.

d) Anerkannter Strafaufhebungs- oder Strafausschließungsgrund?

Schließlich kommen auch die bisher bekannten Strafausschließungs- und Strafaufhebungsgründe nicht in Betracht[4].

---

1 BGH, 2. Senat, NStZ 1986, 262 = NJW 1986, 1764 = Strafverteidiger 1986, 101 f.; ähnlich SK-Horn, § 46 Rdn. 136.
2 BGH a.a.O.
3 MDR 1987, 181.
4 Ebenso Seelmann, ZStW 95 (1983), 827; Voller, S. 108.

Zwar wurde vom Bundesgerichtshof erwogen, in den V-Mann-Fällen einen aus dem Rechtsstaatsprinzip herzuleitenden Strafausschließungsgrund anzunehmen[1].
Die Auffassung des 5. Senats des Bundesgerichtshofs ist jedoch lediglich eine Reaktion auf das möglicherweise illoyale staatliche Vorverhalten. Es handelt sich hierbei gerade um einen neu konstruierten Strafausschließungsgrund, der möglicherweise eine Ursache in der Verwirkung des staatlichen Strafanspruchs hat. Die Möglichkeit der Konstruktion eines neuen Strafausschließungsgrundes wird daher später in anderem Zusammenhang zu erörtern sein. Alle sonstigen bekannten Strafausschließungsgründe kommen jedenfalls hier nicht in Betracht.

e) <u>§§ 153 ff. StPO anwendbar?</u>

Ferner bleibt zu erwägen, ob nicht die Existenz der normierten Ausnahmen vom Legalitätsprinzip (§§ 153 ff. StPO) den Rückgriff auf die zivilrechtliche Kategorie der Verwirkung erübrigen. Dieser Gedanke wurde bereits von Rechtsprechung[2] und in der Literatur[3] in Betracht gezogen.

Gleichwohl erscheint auch dieser Weg allenfalls in Ausnahmefällen gangbar. Die §§ 153, 153 a StPO, die hier überwiegend in Frage kommen, passen nicht auf die hier in der Regel vorliegenden Fälle schwerer und mittlerer Kriminalität. Nur in diesen Fällen wird überhaupt von der Rechtsprechung eine staatliche Verbrechensprovokation für zulässig gehalten[4].
Bei Vorliegen eines (versuchten) Tötungsdelikts käme

---

1 BGH, 5. Senat, Strafverteidiger 1984, 59; für einen neu zu konstruierenden Strafausschließungsgrund auch Seelmann, ZStW 95 (1983), 831; Teske, JA 1986, 109; vgl. hierzu jetzt auch Drywa, S. 69 ff.
2 BGHSt 32, 355; BGH Strafverteidiger 1984, 407.
3 Seelmann, ZStW 95 (1983), 830; Schünemann, Strafverteidiger 1985, 430.
4 BGHSt 32, 346.

niemand auf die Idee, gemäß §§ 153 ff. StPO einzustellen, wenn ein tatprovozierendes Verhalten eines V-Mannes gegeben ist[1]. Eine in allen Fällen allgemein befriedigende Lösung läßt sich jedenfalls über die §§ 153 ff. StPO nicht finden.

f) Verfahrenshindernis

Eine staatliche Verbrechensprovokation wurde zwar bis zur Entscheidung des 1. Senats in Extremfällen von den BGH-Senaten mehrheitlich als Verfahrenshindernis angesehen[2]. Hierbei handelte es sich aber um ein neues Verfahrenshindernis, welches weder vom Gesetz ausdrücklich vorgesehen noch sonst allgemein anerkannt ist.

Das Verfahrenshindernis muß hierbei entweder aus der Verletzung des Rechtsstaatsprinzips[3] des fair trial-Grundsatzes[4] oder anders abgeleitet werden, wobei die Begründung für das Verfahrenshindernis letztlich in dem staatlichen Verhalten zu suchen ist, welches möglicherweise eine unzulässige Rechtsausübung herbeiführt.

Daß ein Verstoß gegen das Rechtsstaatsgebot oder den fair-trial-Grundsatz stets zu einem Verfahrenshindernis führt, ist - sofern man derartige Verstöße bejaht - jedenfalls nicht allgemein anerkannt.
Ob solche neuen verfassungsrechtlichen Verfahrenshindernisse vorzuziehen sind, wird später zu untersuchen sein, da es sich hierbei um neue Alternativen neben der Verwirkungslösung handelt.

---

1 Insofern richtig das Beispiel von Foth, NJW 1984, 222.
2 Vgl. S. 3 Fn. 1, 2.
3 Ulsenheimer, WiStra 1983, 14; Becker, Strafverteidiger 1985, 400; Arloth, NJW 1985, 417; für Verfolgungshindernis außerhalb des Instituts des Verfahrenshindernisses: Rieß, JR 1985, 48.
4 Einen Verstoß gegen das fair-trial-Prinzip bejahen Berz, JuS 1982, 420; Bruns, Strafverteidiger 1984, 393; Voller, S. 73; Herzog, NStZ 1985, 153; Teske, JA 1986, 108.

g) Beweisverwertungsverbot

Als weitere Möglichkeit, de lege lata zu einer Straflosigkeit des Provozierten zu gelangen, bliebe noch die Bejahung eines Beweisverwertungsverbotes bezüglich des über die provozierte Tat erlangten Beweismaterials.

Erörtert werden in diesem Zusammenhang die analoge Anwendung des § 136 a Abs. 3 StPO[1] sowie die Konstruktion eines aus der Verfassung abgeleiteten Beweisverwertungsverbotes[2].
Hier würde eine Straffreiheit nur mittelbar im Einzelfall möglich sein, wenn das Beweisverwertungsverbot dazu führt, daß dem Beschuldigten die Tat nicht nachzuweisen ist.

Zwar würde ein Beweisverwertungsverbot analog § 136 a Abs. 3 StPO u.U. einen Rückgriff auf allgemeine Grundsätze entbehrlich machen. Jedoch liegt eine solche Lösung nicht offenkundig auf der Hand. Es wäre allenfalls an eine analoge Anwendung dieser Vorschrift zu denken, oder es wäre ein Ausweichen auf Verfassungsgrundsätze erforderlich. Beide Möglichkeiten sollen daher später im Rahmen der verschiedenen Lösungsmöglichkeiten, die zu einer Straflosigkeit führen können, näher erörtert werden, zumal diese Lösungen ihre Begründung letztlich gleichfalls in dem illoyalen staatlichen Verhalten finden, so daß es nicht gerechtfertigt erscheint, diese Lösungsvorschläge von vornherein der Anwendung des Verwirkungsgedankens vorzuziehen.

---

1 So Lüderssen, FS f. Peters, S. 361 ff.; ders., Jura 1985, 118; Mache, Die Zulässigkeit, S. 219; Gülzow, Die Polizei 1984, 334; Voller, S. 110.

2 So Franzheim, NJW 1979, 2014; Berz, JuS 1982, 418; Mache, a.a.O.

h) Ergebnis

Es verbleibt somit im Bereich der V-Leute-Problematik allenfalls noch die Möglichkeit der Berücksichtigung des illoyalen staatlichen Verhaltens bei der Strafzumessung. Dieses Ergebnis erscheint aber unbefriedigend, weil im Einzelfall die Straflosigkeit geboten ist. Es bleibt deshalb zu untersuchen, ob nicht für diese Fallgruppe der Rückgriff auf den Verwirkungsgedanken angezeigt ist.

2. Überlange Verfahrensdauer

a) Entfallen der allgemeinen Verbrechensmerkmale?

Eine Lösung des Problems auf der Ebene der allgemeinen Verbrechensmerkmale scheidet aus, da hier unterstellt werden kann, daß sie in den Fällen der überlangen Verfahrensdauer zweifelsfrei gegeben sind.

b) Strafaufhebungs- oder Strafausschließungsgrund?

Auch die anerkannten Strafaufhebungs- und Strafausschließungsgründe kommen nicht in Betracht.

c) §§ 153 ff. StPO anwendbar?

Eine Einstellung nach §§ 153 ff. StPO mag im Einzelfall möglich sein, kommt aber bei schwerer Kriminalität nicht in Betracht[1].

d) Ergebnis

Auch hier verbliebe folglich nur die Möglichkeit der

---

1 S. oben S. 61 f.

Berücksichtigung der überlangen Verfahrensdauer bei der Strafzumessung. Dies mag in Extremfällen als unbefriedigend erscheinen. Es sollte daher ebenfalls untersucht werden, ob der Rückgriff auf den Verwirkungsgedanken angebracht ist.

3. Verstöße gegen Verfahrens- und sonstige Rechtsnormen

In dieser Fallgruppe scheidet eine Lösung auf der Ebene der allgemeinen Verbrechensmerkmale sowie der Strafaufhebungs- oder Strafausschließungsgründe ebenfalls aus, da es sich bei dem staatlichen Fehlverhalten um Gesichtspunkte handelt, die völlig außerhalb des Täterverhaltens liegen. Einer Einstellung des Verfahrens nach den §§ 153 ff. StPO kommt hier aus den genannten Gründen gleichfalls nicht in Betracht.

4. Ergebnis

De lege lata ist es mithin nicht immer möglich, die zumindest in Extremfällen gewünschte Straflosigkeit mit den allgemein anerkannten Instituten zu erreichen. Dies liegt darin begründet, daß es hier ein Verhalten zu würdigen gilt, welches außerhalb der Tat und der Person des Täters liegt.
Es handelt sich eben um ein staatliches Verhalten, welches aber u.U. einen Einfluß auf die Strafbarkeit des vorsätzlich, rechtswidrig und schuldhaft handelnden Täters haben könnte.

IV. Ergebnis

Es hat sich gezeigt, daß sich die Fälle illoyalen staatlichen Verhaltens mit den allgemein anerkannten Instituten des Straf- und Strafprozeßrechts nicht ohne weiteres unmittelbar adäquat lösen lassen.

Es bietet sich an, die gewünschte Straflosigkeit mittels einer Übertragung des zivilrechtlichen Verwirkungsgedankens auf den staatlichen Strafanspruch zu erreichen. Die Übertragung dieser zivilistischen Kategorie auf das Straf(verfahrens)recht müßte dann zulässig sein.

4. Kapitel

DIE ZULÄSSIGKEIT DER ÜBERTRAGUNG DER ZIVILISTISCHEN KATEGORIE DER VERWIRKUNG AUF DAS STRAF(VERFAHRENS)RECHT

Die Fälle der Verwirkung sind Ausprägungen des Grundsatzes von Treu und Glauben[1]. Damit stellt sich zunächst die Frage, ob der Grundsatz von Treu und Glauben im Strafrecht und im Strafprozeßrecht generell anwendbar ist.

I. Übertragbarkeit des Grundsatzes von Treu und Glauben auf das öffentliche Recht

Daß der Grundsatz von Treu und Glauben im öffentlichen Recht zur Anwendung kommt, wird allgemein von Rechtsprechung und Literatur anerkannt[2].

Allerdings wird betont, daß bei der Anwendung dieses Grundsatzes der Eigenart des öffentlichen Rechts, vor allem wegen des Vorrangs der öffentlichen Interessen, Rechnung getragen werden müsse[3].

Die Rechtsprechung des Reichsgerichts ging davon aus, daß es sich bei dem Grundsatz von Treu und Glauben um einen allgemeinen Rechtsgedanken handele[4], der Bundes-

---

1 Vgl. oben S. 19 ff.

2 RGRK-Alff, § 242 Rdn. 16 ff.; MünchKomm-Roth (1), § 242 Rdn. 75; Soergel/Siebert-Knopp, § 242 Rdn. 75; Staudinger-Schmidt, Rdn. 162; Palandt-Heinrichs, Anm. 3 b; RGZ 113, 24; BGH WM 1966, 1019.

3 Soergel/Siebert-Knopp, Rdn. 75; Staudinger-Weber, Rdn. A 64; RGRK-Alff, Rdn. 16; MünchKomm-Roth (1), Rdn. 79, 80, jeweils zu § 242.

4 Vgl. hierzu Schmitt, Treu und Glauben im Verwaltungsrecht, S. 44-46.

gerichtshof spricht nunmehr davon, daß öffentlich-rechtliche Ansprüche "unter der Herrschaft des den § 242 BGB zugrundeliegenden Rechtsgedankens stehen"[1].

II. Übertragbarkeit des Grundsatzes von Treu und Glauben auf das Straf(verfahrens)recht

Konsequent gehen Rechtsprechung und Literatur daher auch davon aus, daß der Grundsatz von Treu und Glauben auch im Verfahrensrecht als einem Teilbereich des öffentlichen Rechts Geltung finde[2].
Allerdings wird überwiegend die Betonung auf die Geltung für den Zivilprozeß gelegt. Es verwundert, wenn es bezüglich der Geltung des Grundsatzes von Treu und Glauben im Strafprozeßrecht nur verhältnismäßig wenige Hinweise gibt[3].

Bei der allgemeinen Bejahung der Anwendbarkeit des Grundsatzes für den Bereich des öffentlichen Rechts und des Zivilprozeßrechts müßte die herrschende Meinung selbstverständlich auch von der Geltung des Grundsatzes im Strafprozeßrecht ausgehen. Diese Frage wird in Rechtsprechung und Literatur nur wenig behandelt[4].

1. Literatur

Schon früh wurde von Mattil festgestellt, daß die Recht-

---

1 BGH WM 1966, 1019; vgl. zur Entwicklung auch Soergel/Siebert-Knopp, § 242 Rdn. 75, für den schweizerischen Rechtskreis Ruck, FS f. Simonius, S. 343.

2 Palandt-Heinrichs, Anm. 3 b; MünchKomm-Roth, Rdn. 72; Soergel/Siebert-Knopp, Rdn. 70; Staudinger-Weber, Rdn. 658; RGRK-Alff, Rdn. 14, jeweils zu § 242; BGHZ 20, 206; 31, 83; 40, 203; 43, 292.

3 Vgl. hierzu schon Beling, Reichsstrafprozeßordnung 1928, 142; ders., JW 1953, 321.

4 Außer in den hier bereits angesprochenen Fällen staatlicher Verbrechensprovokation wurde immerhin schon verschiedentlich der Mißbrauchsgedanke erwähnt, z.B. BGHSt 29, 112; BGH Strafverteidiger 1985, 6.

sprechung im Bereich des Strafprozesses den Grundsatz nur "ganz verschwindend" und der Sache nach nur mit größter Vorsicht gebraucht hat. Mattil vermutete, daß Grund hierfür das Bestreben sei, strafprozessuale Probleme unabhängig von sog. "zivilistischen Grundsätzen" zu lösen[1]. Diese Tendenz findet sich nunmehr gleichfalls in der wegweisenden Entscheidung des 1. Senats wieder, wenn davon die Rede ist, die Annahme der Verwirkung des staatlichen Strafanspruchs stelle eine unzulässige Übertragung einer zivilrechtlichen Kategorie auf das Strafrecht dar[2].
Dennoch ging Mattil von einer bedeutenden praktischen Anwendung des Grundsatzes durch die strafprozessuale Rechtsprechung aus und hat diverse Entscheidungen des Reichsgerichts nachgewiesen, die auf den Grundsatz von Treu und Glauben zurückzuführen sind.

Auf materiellrechtlicher Ebene wurde in jüngerer Zeit diskutiert, ob nicht bei einer Notwehrprovokation das Notwehrrecht gemäß § 32 StGB entfallen müsse, wobei der Rechtsmißbrauchsgedanke ins Feld geführt wird. Die Einzelheiten sind umstritten. Anerkannt ist jedoch weitgehend, daß das Notwehrrecht im Falle eines absichtlich provozierten Angriffs beschränkt wird. Allerdings soll dies nicht gelten, wenn der Provozierende selbst in die Gefahr erheblicher Verletzungen oder gar in die Gefahr des Todes gerät[3].
Auf prozessualer Ebene hat Bruns neuerdings versucht, die Übertragbarkeit des Grundsatzes von Treu und Glauben auf das Strafprozeßrecht zu begründen[4].

---

1 GA 77 (1933), 1 ff.
2 BGHSt 32, 353 = Strafverteidiger 1984, 323.
3 Vgl. hierzu Sch/Sch-Lenckner, § 32 Rdn. 54 ff.; Wessels, § 8 V 3; Seelmann, ZStW 95 (1983), 824; Drywa, S. 25.
4 NStZ 1981, 85; ders., Neue Wege, S. 65 ff.; ders., NStZ 1983, 53; ders., Strafverteidiger 1984, 388 ff.

2. Jüngere Rechtsprechung

Auch in jüngster Zeit ist der Grundsatz von Treu und Glauben verschiedentlich in die Strafrechtsprechung eingeflossen, ohne daß dabei freilich immer ausdrücklich auf die zivilistische Grundlage hingewiesen worden wäre[1]. So wurde bei einer nicht von einem approbierten Arzt durchgeführten Blutprobe ein Beweisverwertungsverbot für den Fall erwogen, daß die Blutprobe unter bewußtem Mißbrauch staatlicher Zwangsbefugnisse angeordnet wird[2]. Der Mißbrauchsgedanke sollte hier also zum Verlust der Beweismöglichkeit führen können.
Bei einer Einstellung eines Nebendelikts gemäß § 154 a StPO nimmt der Bundesgerichtshof an, daß das dem eingestellten Delikt zugrundeliegende Verhalten nicht mehr bei der Strafzumessung Berücksichtigung finden könne. Der Bundesgerichtshof argumentiert hier mit dem Gedanken des Vertrauensschutzes, welcher im Zusammenhang mit widersprüchlichem Verhalten eine Rolle spielt[3]. Zu Recht wird deshalb auch hier angenommen, daß es sich um einen Fall des venire contra factum proprium handelt, damit um einen Rechtsgedanken aus dem Grundsatz von Treu und Glauben[4].

Auch im Fall der "Sperrung" eines Tatzeugen durch die Ermittlungsbehörde wurde von der Rechtsprechung die Möglichkeit ins Auge gefaßt, zumindest bei einem willkürlichen oder mißbräuchlichen Verhalten der Behörde zu einem Verwertungsverbot bezüglich der hilfsweise in den Prozeß eingeführten polizeilichen Vernehmungsprotokolle

---

1 BGH JR 1984, 171 ff., handelt z.B. widersprüchliches Verhalten und Vertrauensschutz unter dem Stichwort "fair trial" ab.
2 BGHSt 24, 125. Im konkreten Fall wurde der Mißbrauch verneint.
3 BGHSt 30, 147; BGH GA 1980, 311.
4 Bruns, NStZ 1983, 53; vgl. auch Rieß, GA 1980, 312 ff.

zu gelangen[1]. Auch hier kommen erkennbar Kriterien zum Tragen, die aus dem Gedanken von Treu und Glauben hergeleitet werden[2].
Die weitergehende Forderung eines Teils der Literatur[3] jeden Fall - nicht nur die mißbräuchlichen - einer "Sperrung" eines Zeugen zu einem Beweisverwertungsverbot hinsichtlich der Beweissurrogate unter dem Gesichtspunkt des widersprüchlichen Verhaltens führen zu lassen, hat die höchstrichterliche Rechtsprechung zunächst weitgehend gar nicht zur Kenntnis genommen[4], kürzlich immerhin erwähnt, jedoch zurückgewiesen[5].

Die neueren Entscheidungen verdeutlichen aber, auch wenn es hierbei nicht immer um die Verwirkung des Strafanspruchs ging - allenfalls im Beispiel der Einstellung gemäß § 154 a StPO könnte hiervon gesprochen werden -, sondern nur um die Verwirkung von Beweispositionen, daß der Bundesgerichtshof jedenfalls keine grundsätzlichen Bedenken hat, auch zivilrechtliches Gedankengut bei seinen Entscheidungen zu berücksichtigen[6].

Es war daher auch nicht überraschend, als mit der Entscheidung des 2. Senats vom 6. Februar 1981[7] der Verwir-

---

1 BGHSt 29, 112.
2 Fezer spricht von rechtsmißbräuchlichem Verhalten und ordnet diese als Verstoß gegen den Grundsatz des "fairen Verfahrens" ein, Strafprozeßrecht II, S. 107.
3 Arndt, NJW 1963, 432; Bruns, NStZ 1983, 53 f. m.w.N.; ders., MDR 1984, 183; Grünwald, FS f. Dünnebier, S. 362; ders., Strafverteidiger 1984, 58; Taschke, Strafverteidiger 1985, 271; Seelmann: zumindest de lege ferenda, Strafverteidiger 1984, 481; krit. hierzu Löhr, S. 187; Fezer, Strafprozeßrecht II, S. 107; dagegen: Rebmann, NStZ 1982, 318.
4 Die Entscheidung BGHSt 32, 115 ff., die mit der Praxis der Paravents und Kabinen bei Zeugenbefragungen in der Hauptverhandlung Schluß machte, nahm zu der weiterführenden Frage, was bei einer zu erwartenden Zunahme behördlicher Sperrerklärungen zu geschehen habe, keine Stellung, vgl. hierzu auch Fezer, JZ 1984, 434 f.
5 BGH Strafverteidiger 1985, 6 ff.
6 Auf die Parallele zwischen staatlicher Verbrechensprovokation und Sperrung des Tatzeugen weisen hin Seelmann, StV 84, 480 f.; Bruns, NStZ 1983, 53 f.
7 BGH NJW 1981, 1626.

kungsgedanke und damit der Grundsatz von Treu und Glauben auch in den Fällen staatlicher Verbrechensprovokation ausdrücklich ins Straf(prozeß)recht übernommen wurde, ohne daß dies auch nur ansatzweise begründet worden wäre.

3. Würdigung

Offenbar geht auch der Bundesgerichtshof heute allgemein davon aus, daß der Grundsatz von Treu und Glauben im Strafprozeß Beachtung finden müsse. Selbst die neuere Rechtsprechung des Bundesgerichtshofs betont, daß der Rechtsgedanke der Verwirkung durch treuwidriges Verhalten auch im öffentlichen Recht gelte[1].

So wird das Gebot von Treu und Glauben denn auch in der Literatur als oberster Grundsatz des gesamten Strafprozeßrechts bezeichnet[2].

Schließlich wird sogar betont, daß der Grundsatz von Treu und Glauben und das darauf begründete Mißbrauchsverbot "fast möchte man sagen: selbstverständlich" im Strafprozeßrecht gelte[3].

Auch in der Schweiz findet Treu und Glauben als einer der obersten Grundsätze der Rechtsordnung selbstverständlich Beachtung im Strafprozeßrecht[4].

Um so mehr verwundert es, wenn die neuere Rechtsprechung des Bundesgerichtshofs nunmehr, zumindest im Fall der staatlichen Verbrechensprovokation, die Übertragung des Verwirkungsgedankens auf den staatlichen Strafanspruch als eine unzulässige Übertragung zivilrechtlicher Grund-

---

1 BGHSt 32, 353 = Strafverteidiger 1984, 323.
2 Ulsenheimer, WiStra 1983, 14; so auch schon früher: Beling, JW 1924, 321; ders., Lehrbuch, S. 142; Gerland, ZStW 54 (1935), 296; Bohne, JZ 1957, 589; Fuhrmann, NJW 1963, 1232.
3 So Schmidt, Die Verwirkung, S. 303.
4 Vgl. Hauser, S. 154.

sätze ablehnt. Bislang sind auf den ersten Blick keine einleuchtenden Gründe ersichtlich, wieso die Übertragung - wie auch im übrigen öffentlichen Recht - unzulässig sein sollte[1]. Allerdings wäre im Einzelfall zu prüfen, ob nicht die Besonderheiten des Strafprozesses hier eine restriktive Anwendung des Grundsatzes geboten erscheinen lassen. So argumentiert aber auch die neuere Rechtsprechung des Bundesgerichtshofs nicht.

Ob der Grundsatz von Treu und Glauben auch im Bereich des materiellen Strafrechts gelten kann, ist bislang ebenfalls kaum erörtert worden[2].
Dies muß jedoch grundsätzlich ebenfalls bejaht werden, lediglich eine Anwendung des Grundsatzes zulasten des Angeklagten erscheint wegen des Grundsatzes des Analogieverbotes als problematisch[3].

III. Ergebnis

Es bleibt festzuhalten, daß der Grundsatz von Treu und Glauben auch im Straf(verfahrens)recht jedenfalls grundsätzlich zur Anwendung kommt. Etwas anderes will auch die neuere Rechtsprechung des Bundesgerichtshofs offenbar nicht ernstlich behaupten, wenn von einer unzulässigen Übertragung einer zivilrechtlichen Kategorie auf das Strafprozeßrecht die Rede ist. Nur die Übertragung der Kategorie auf den Strafanspruch wird kritisiert[4].

---

1 So auch Bruns, Strafverteidiger 1984, 391.
2 So aber Bruns, JZ 1956, 147 ff.
3 MünchKomm-Roth, § 242 Rdn. 43; Bruns, NStZ 1983, 53. Dies übersieht Drywa, wenn er ausführt, die Übertragung des Verwirkungsgedankens auf Fälle staatlicher Verbrechensprovokation sei wegen des Verstoßes gegen das Analogieverbot unzulässig, da es sich - wenn überhaupt - um eine Analogie zugunsten des Beschuldigten handelt, S. 64.
4 BGHSt 32, 353.

Es fragt sich, ob die erörterten strafrechtlichen/strafprozessualen Probleme sich unter die zivilrechtlichen Fallgruppen des Grundsatzes von Treu und Glauben (der unzulässigen Rechtsausübung) einordnen lassen.

5. Kapitel

DIE EINORDNUNG DER STRAFRECHTLICHEN/ STRAFPROZESSUALEN PROBLEME UNTER DIE FALLGRUPPEN DER UNZULÄSSIGEN RECHTSAUSÜBUNG

Es ist hier wieder zwischen den drei bislang aufgetretenen Problemkreisen zu unterscheiden.

I. Staatliche Verbrechensprovokation

1. Mißbräuchlicher Rechtserwerb

Dieser Fall gehört zur Gruppe der exceptio doli praeteriti, zur unzulässigen Rechtsausübung wegen eines früheren mißbilligten Verhaltens. Insbesondere kann er eingeordnet werden unter die Fallgruppe der mißbräuchlich begründeten Rechtsstellung durch unredliches Verhalten. Die mißbräuchlich begründete Rechtsstellung läßt sich in mehrfacher Weise begründen.

a) Sittenwidriger Rechtserwerb

Das Verhalten des Staates (V-Mannes) erscheint zum einen deshalb mißbräuchlich, weil das "Strafverfolgungsrecht"[1] oder der "Strafanspruch" des Staates nur aufgrund der Überredung des polizeilichen V-Mannes zur Entstehung gelangt ist, wobei diese Überredung nur den Zweck hatte, den Täter anschließend zu verfolgen und zu bestrafen. Das Rechtsgefühl signalisiert hier einen Mißbrauch bei der Begründung staatlicher Befugnisse.

---

1 Zur Existenz dieses Rechts und zur Frage, woraus es sich herleitet, s. unten S. 108 ff.

Das staatliche Verhalten ist sittlich zu mißbilligen, so daß die Begründung der Rechtsstellung des Staates auch als sittenwidrig bezeichnet werden kann[1]. Dies galt jedenfalls bis in die jüngste Vergangenheit und würde sich nur dann ändern, falls sich auch infolge der neuen Rechtsprechung des Bundesgerichtshofes in der Rechtsgemeinschaft die Einsicht durchsetzte, daß etwa die staatliche Provokation eines unbescholtenen Bürgers nicht als sittlich mißbilligenswert anzusehen sei.

b) Gesetz- und verfassungswidriger Rechtserwerb

Die Rechtsstellung des Staates würde auch deshalb durch unredliches Verhalten begründet, weil in den hier interessierenden Fällen staatlicher Verbrechensprovokation die Provokation rechts- und verfassungswidrig ist. Dies wurde bereits ausgeführt[2]. Das mißbräuchliche staatliche Verhalten bringt den Strafverfolgungsbehörden Vor- und dem Betroffenen Nachteile.

2. Tu-quoque-Einwand

Auch die Verletzung eigener Pflichten bei der Begründung der Rechtsstellung kommt in Betracht. Indem der Staat seine ureigenste Pflicht, Verbrechen zu verhindern, vernachlässigt, erwirbt er erst das "Strafverfolgungsrecht"[3].

Zudem startet der Staat aus der Sicht des Angestifteten auch selbst einen mittelbaren Angriff auf das von ihm geschützte Rechtsgut. Der Angestiftete muß dem Staat den "Tu-quoque-Einwand" entgegenhalten. Der Staat verhält sich selbst nicht so, wie es ihm obliegt, er verletzt auch eigene Pflichten. Dieser Einwand überschneidet sich mit dem vorgenannten der unzulässig begründeten Rechts-

---

1 So auch RG ZStW 33, 694; BGHZ 8, 83 ff.; Dencker, S. 450; Stempel, S. 3.

2 Vgl. oben S. 32 ff.

3 So ausdrücklich Gössel, NStZ 1984, 421.

position. Er würde jedoch nur dann durchgreifen, wenn der Erwerb der staatlichen Rechtsposition zunächst rechtmäßig gewesen wäre, die Ausübung der Rechtsposition aber angesichts eines sonstigen vor oder nach Erwerb der Rechtsposition begangenen eigenen Fehlverhaltens als rechtsmißbräuchlich erschiene. Diese Fallkonstellation setzt also voraus, daß der Rechtsinhaber die Position im Zeitpunkt der Ausübung des Rechts an sich zusteht. Hier ist es aber so, daß die Verletzung eigener Pflichten mit dem unredlichen Rechtserwerb zusammentrifft, so daß nicht mehr gefragt werden kann, ob eigenes (sonstiges) Fehlverhalten möglicherweise der Ausübung der Rechtsposition entgegensteht.

Da die Fallgruppe "tu-quoque" von derjenigen der mißbräuchlich begründeten Rechtsstellung zu unterscheiden ist, paßt die Verletzung eigener Pflichten hier nicht[1].

3. Venire contra factum proprium

Schließlich läßt sich das staatliche Handeln auch unter die Fallgruppe des venire contra factum proprium einordnen. Der Staat verhält sich widersprüchlich, wenn er den Täter zunächst selbst zur Straftat überredet, um ihn gleich anschließend gerade wegen dieser Tat zu bestrafen.

In der Literatur wird zwar teilweise die Auffassung vertreten, daß ein widersprüchliches Verhalten (venire contra factum proprium) im Falle staatlicher Verbrechensprovokation nicht vorliege, weil auf Seiten des Angestifteten kein Vertrauenstatbestand entstehe[2]. Dem hat sich der 1. Strafsenat und danach die neuere Rechtsprechung des Bundesgerichtshofs mit der Begründung angeschlossen, daß sich der Anstifter gerade nicht als Ver-

---

1 Dies verkennt Schumann, JZ 1986, 69, der den tu-quoque-Einwand der Fallgruppe der rechtsmißbräuchlich begründeten Rechtsstellung gleichsetzt.

2 Seelmann, S. 823; Meyer, ZStW 95 (1983), 851; Schünemann, Strafverteidiger 1985, 428.

treter des Staates zu erkennen gebe[1].

Bruns hingegen hält den Vertrauensgesichtspunkt im Falle der staatlichen Verbrechensprovokation für nicht erforderlich; ihm reicht ein widersprüchliches Verhalten ohne Vertrauenstatbestand aus[2].

Es ist jedoch - wovon offenbar auch Bruns zu recht ausgeht - auch im zivilrechtlichen Bereich der Vertrauenstatbestand keine zwingende Grundvoraussetzung für ein venire contra factum proprium.
Es wird in Rechtsprechung und Literatur die Auffassung vertreten, daß es im Ausnahmefall auch rechtsmißbräuchliches Verhalten ohne schutzwürdiges Vertrauen der Gegenseite gibt, wenn nämlich das spätere Verhalten zu dem früheren im unlösbaren Widerspruch steht[3].

Daß nur Fälle mit vorliegendem Vertrauenstatbestand unter die Fallgruppe des venire contra factum proprium fallen, wird in der zivilrechtlichen Literatur - soweit erkennbar - nirgendwo explizit vertreten.

Die Auffassung des 1. Senats, ein widersprüchliches Verhalten scheide schon wegen des Fehlens eines Vertrauenstatbestandes aus, ist danach wenig überzeugend[4].

Geht man davon aus, daß ein Vertrauenstatbestand notwendiger Bestandteil des venire contra factum proprium ist, ist allerdings zweifelhaft, ob ein solcher Vertrauenstatbestand bei dem Angestifteten entstanden ist. Man wird zum einen in der Tat wohl nicht annehmen können, daß ein

---

1 BGHSt 32, 353; ebenso jetzt auch Drywa, S. 65.
2 NStZ 1983, 450.
3 Vgl. MünchKomm-Roth, § 242 Rdn. 314 ff.; Palandt-Heinrichs, § 242 Anm. 4 C e; Staudinger-Schmidt, § 242 Rdn. 606; BGH BB 1977, 919; Soergel/Siebert-Knopp, § 242 Rdn. 228 ff.; BGHZ 50, 191.
4 Schumann, JZ 1986, 68, läßt es dahingestellt, ob ein Vertrauenstatbestand im Falle des agent provocateur erforderlich ist.

schutzwürdiges Vertrauen auf Seiten des Angestifteten dahingehend entstanden ist, daß der Anstifter (V-Mann) als "echter Komplize"[1] auftrat. Mag der Täter auch davon ausgegangen sein - meist wird er sich diesbezüglich keine weiteren konkreten Gedanken machen - so scheint dieses Vertrauen jedenfalls auf den ersten Blick nicht schutzwürdig zu sein. Auf die Frage der Schutzwürdigkeit allein kann es aber ankommen.

Es scheint, isoliert betrachtet, widersinnig zu sein, dem Angestifteten sein Mißverständnis zugute kommen zu lassen. Soll man das Vertrauen des Straftäters, sich in "guter Gesellschaft" zu befinden, durch Anerkennung eines widersprüchlichen Verhaltens des Staates schützen?

Diese Fragestellung beinhaltet aber eine einseitige Betrachtungsweise. Der Staat verhält sich nämlich in mehrfacher Hinsicht widersprüchlich.

Er begibt sich auch dadurch in Widerspruch zu seinem eigenen Vorverhalten, indem er selbst gegen die von ihm aufgestellten Verhaltensnormen mittelbar verstößt, wenn er andere zur Begehung von Straftaten anstiftet. Der Staat kann nicht einerseits eine Verbotsnorm aufstellen, andererseits aber

1. selbst durch Anstiftung einen Angriff auf das durch die Verbotsnorm geschützte Rechtsgut unternehmen,
2. andere durch intensive Überredung zu einem Verstoß gegen diese Norm auffordern,
3. nach Begehung der Tat den Angestifteten gerade wegen dieses Normverstoßes verfolgen,
4. sich mit der Anstiftung gleichzeitig auch zu seinem bisherigen Verhalten, Straftaten zu verhindern und sich nicht an solchen zu beteiligen, in Widerspruch setzen.

---

1 So Bruns, NStZ 1983, 54; ebenso Puppe, NStZ 1986, 405.

Bei Beachtung dieser Aspekte ist die Frage nach der Schutzwürdigkeit des Vertrauens des Angestifteten nicht mehr ohne weiteres zu verneinen.

Der Bürger - auch der spätere Straftäter - darf darauf vertrauen, daß der Staat sich an seine eigenen Gesetze hält, seinen Aufgaben nachgeht und nicht unbescholtene Bürger in kriminelle Handlungen verstrickt.

Wenn - so betrachtet - der Angestiftete selbstverständlich davon ausging, er werde jedenfalls nicht von staatlicher Seite angestiftet, so ist dieses Vertrauen eben doch schutzwürdig! Der Angestiftete vertraut nicht primär darauf, straflos auszugehen, sondern darauf, nicht mit illoyalen Methoden von den Strafverfolgungsbehörden angestiftet zu werden[1]. Dieses berechtigte Vertrauen führt dann allerdings zu der weiteren Vermutung des Provozierten, er werde wegen seiner Tat jedenfalls nicht postwendend bestraft.

Damit liegt jedenfalls auch ein Vertrauenstatbestand vor, so daß, selbst wenn man der Auffassung des Bundesgerichtshofs folgen wollte, was zivilrechtlich nicht zwingend zu begründen ist, von einem widersprüchlichen Verhalten des Staates (venire contra factum proprium) auszugehen ist.

Im übrigen kann es auch auf die feinsinnige Argumentation, der V-Mann habe durch sein Nichterkennengeben gerade kein Vertrauen auf die Straflosigkeit geweckt, nicht ankommen. Dieses Argument selbst ist ebenfalls treuwidrig, denn aufgrund der bisherigen Praxis des Staates entsteht das Vertrauen dahingehend, daß wegen des

---

1 Taschke spricht von dem Vertrauen in die Rechtsstaatlichkeit der Strafrechtspflege, Strafverteidiger 1984, 181; ebenso auch BGH (2. Senat) Strafverteidiger 1984, 408.

angestifteten Delikts nicht postwendend die Bestrafung folgt, auch bereits ohne eine entsprechende Zusage des Spitzels.

Würde sich der Spitzel als solcher zu erkennen geben, käme es zu der Straftat mit großer Wahrscheinlichkeit nicht. Das widersprüchliche Verhalten gründet sich hier gerade auf der verdeckten Verbrechensprovokation[1].

Es ist mithin nicht so, daß es hier "nur" um die "Zerstörung des allgemeinen Grundvertrauens" geht, welches sich nur schwer dem Verwirkungsgedanken unterordnen ließe[2]. Das gesamte bisherige Verhalten des Staates erweckt in dem Angestifteten das Vertrauen, daß der Anstifter nicht zur Strafverfolgungsbehörde gehört, weil der Staat mit derartigen Methoden nicht arbeitet. Dieses Vertrauen wird durch das Nichterkennengeben des V-Mannes aufrechterhalten.

Daß schließlich durch das Verhalten des V-Mannes auch das allgemeine Grundvertrauen des Bürgers zerstört würde - sofern man die Anstiftung sanktionslos ließe -, kann gleichfalls nicht bestritten werden. Der V-Mann muß sich nämlich zunächst das Vertrauen seines Opfers erschleichen, in die Privatsphäre des Angestifteten eindringen und dieses gewonnene Vertrauen zur Überführung des Täters ausnutzen.
Diese allgemeine Zerstörung des Grundvertrauens des Bürgers ist - insofern ist dem 1. Senat zuzustimmen - nur schwer unter eine Fallgruppe der unzulässigen Rechtsausübung einzuordnen. Ob die Zerstörung des allgemeinen Grundvertrauens der Bürger aber hingenommen werden kann, muß gleichfalls bestritten werden.

---

1 Ähnlich auch Herzog, NJW 1985, 157.
2 So der 1. Senat, Strafverteidiger 1984, 323, in der Kritik der These Denckers, FS f. Dünnebier, S. 456.

4. Ergebnis

Es liegen demnach verschiedene Tatbestände der unzulässigen Rechtsausübung vor, die sich im einzelnen unterscheiden. Was auf der einen Seite als unredliches oder sittenwidriges Verhalten bei der Begründung der Rechtsposition erscheint, kann im Zusammenhang mit der nachfolgenden Strafverfolgung auch als widersprüchliches Verhalten gewertet werden. Gerade die Widersprüchlichkeit und/oder Unredlichkeit läßt das Verhalten des Staates auch als sittenwidrig erscheinen.
Die verschiedenen Aspekte lassen sich nicht sauber voneinander trennen. Der bisherigen ständigen Rechtsprechung ist daher zuzustimmen, wenn sie oftmals arglistiges und widersprüchliches Verhalten in einem Atemzug als Begründung für die Annahme eines Prozeßhindernisses nannte[1].

Demgegenüber überzeugt die Auffassung von Bruns nicht, der beide Fälle der unzulässigen Rechtsausübung scharf trennen möchte und dem Bundesgerichtshof insofern Unklarheit vorwirft[2].

Der Auffassung, daß man es hier eher mit einem arglistigen Verhalten des Staates zu tun habe[3], kann bedingt gefolgt werden, da zuzugeben ist, daß arglistiges Verhalten leichter zu begründen ist und auch tatsächlich überwiegt.

---

1 Vgl. 2. Senat, BGH NJW 1981, 1626; 2. Senat, BGH NStZ 1982, 156; 5. Senat, BGH Strafverteidiger 1983, 2, der hier aber nur das Vorliegen von "Arglist" prüft und verneint.

2 NStZ 1983, 53.

3 So Seelmann, ZStW 95 (1983), 823; wohl auch tendenziell BGH (5. Senat) NStZ 1982, 156; Schumann, mit dem Argument, daß lediglich der Tu-quoque-Einwand gegeben sei, JZ 1986, 71.

Es bleibt festzuhalten: Die V-Mann-Fälle lassen sich den Fallgruppen
a) mißbräuchlich begründete Rechtsstellung,
b) widersprüchliches Verhalten
zuordnen.

II. Überlange Verfahrensdauer

Diese Fälle lassen sich wie folgt einordnen:

1. Variante a)

Der Beschuldigte hat Kenntnis von der Eröffnung eines gegen ihn gerichteten Ermittlungsverfahrens. Er erhält während eines längeren Zeitraumes keinerlei Nachricht über Fortgang oder Beendigung des Verfahrens.

Hier dürfte der Beschuldigte unter Umständen darauf vertrauen, daß das Ermittlungsverfahren bereits eingestellt wurde und lediglich die Benachrichtigung hierüber vergessen wurde oder ihn nicht erreicht hat (§ 170 Abs. 2 S. 2 StPO). Dieser Fall wäre der typische Fall der Verwirkung, ein Fall des venire contra factum proprium, sofern noch weitere Umstände hinzutreten, die den Beschuldigten als schutzwürdig erscheinen lassen.

Ferner ließe sich der Fall auch der Fallgruppe des Fehlens eines schutzwürdigen Interesses zuordnen, wenn man in Erwägung zieht, daß das "Strafbedürfnis" mit wachsendem Zeitabstand zwischen Begehung der Tat und dem Zeitpunkt der Fortsetzung der Strafverfolgung abnimmt.

Schließlich ist das staatliche Verhalten auch der Fallgruppen Tu-quoque zuzuordnen, da der Staat bei einer Prozeßverschleppung selbst unter Verstoß gegen Art. 6

Abs. 1 MRK eigene Pflichten verletzt[1]. Dies gilt sowohl im Falle einer fahrlässigen wie auch im Falle einer vorsätzlichen Prozeßverschleppung.

2. Variante b)

Der Beschuldigte hat Kenntnis von der Eröffnung eines gegen ihn gerichteten Ermittlungs- und/oder Strafverfahrens. Das Verfahren kommt innerhalb eines längeren Zeitraumes nicht zum Abschluß, wobei der Beschuldigte jedoch stets Kenntnis vom Fortgang des Verfahrens hat.

Der Tatbestand der Verwirkung scheidet hier aus, weil der Beschuldigte nicht darauf vertrauen konnte, daß das Verfahren gegen ihn bereits beendet ist. Eine unzulässige Rechtsausübung käme auch hier unter dem Gesichtspunkt des Fehlens eines schutzwürdigen Interesses in Betracht. Angesichts der langen Verfahrensdauer könnte hier das Interesse des Beschuldigten an einer Verfahrensbeendigung einer Verurteilung entgegenstehen, so daß der Strafanspruch wegen einer groben, unerträglichen Unbilligkeit entfiele.

Schließlich gilt auch hier, daß Fälle der Fallgruppe "Tu-quoque" zugeordnet werden können, weil auch hier der Verstoß gegen Art. 6 Abs. 1 MRK gegeben ist.

---

1 Art. 6 Abs. 1 MRG gibt dem Beschuldigten einen unmittelbaren Anspruch auf ein beschleunigtes Verfahren, Kleinknecht/Meyer, Art. 6 MRK Rdn. 7; Peters, S. 209; Roxin, S. 85; Löwe/Rosenberg-Schäfer, Einl. Kap. 12 Rdn. 91.

III. Verstöße gegen Verfahrens- und sonstige Rechtsnormen

Diese Fälle lassen sich wie folgt einordnen: Eine unzulässige Rechtsausübung wegen einer mißbräuchlich begründeten Rechtsstellung scheidet aus, weil der Zeitpunkt des Verstoßes gegen die Verfahrensvorschriften das Strafverfolgungsrecht oder der Strafanspruch des Staates bereits in vollem Umfang begründet waren.

In Betracht kommt hier daher allenfalls eine unzulässige Rechtsausübung wegen der Verletzung eigener Pflichten (Tu-quoque-Einwand) wie im Fall II.
Dies gilt sowohl bei fahrlässigen als auch bei vorsätzlichen Verstößen.

IV. Ergebnis

Die zur Entscheidung stehenden Fälle illoyalen staatlichen Verhaltens lassen sich unter die anerkannten zivilrechtlichen Fallgruppen der unzulässigen Rechtsausübung einordnen.

Noch nicht geklärt ist, welches Recht im Einzelfall der Verwirkung unterliegt. Es heißt oftmals ganz lapidar, der staatliche Strafanspruch unterliege der Verwirkung. Es stellt sich nunmehr die Frage, ob und wie der Verwirkungsgedanke auf den Strafanspruch übertragen werden kann.

6. Kapitel

DIE ÜBERTRAGBARKEIT DES VERWIRKUNGSGEDANKENS AUF DEN STAATLICHEN STRAFANSPRUCH

Zunächst ist zu klären, was unter dem Begriff des staatlichen Strafanspruchs zu verstehen ist, sodann ob und wie jener Strafanspruch verwirkt kann.

I. Der Begriff des "staatlichen Strafanspruchs"

1. Das Adjektiv "staatlich"

Die Frage, was das Adjektiv "staatlich" in diesem Zusammenhang zu bedeuten hat, scheint leicht zu beantworten zu sein, da heute allgemein Einigkeit besteht, daß Strafverfolgung und Bestrafung eines Verbrechers eine staatliche Aufgabe darstellt. Der Staat hat die alleinige Strafhoheit inne. Sozialwidriges Verhalten soll durch den Staat anstelle des Verletzten geahndet werden[1]. Diese Tatsache, so selbstverständlich sie auch erscheinen mag, darf jedoch nicht darüber hinwegtäuschen, daß die Verbrechensverfolgung und Bestrafung als Aufgabe, Funktion und "Recht" des Staates nicht zu allen Zeiten allgemein anerkannt war.

Das frühgermanische Rechtsdenken kannte zunächst keinerlei staatlichen Einfluß auf Straftat und Missetäter[2].

---

1 S.o. S. 17.

2 Die bereits in dieser Epoche vollzogenen Tötungen bei schwersten Gemeinpflichtsverletzungen wie Kriegsverrat, Fahnenflucht etc., von denen zweifelhaft ist, ob sie bereits "Strafen" im heutigen Sinne darstellen, sollen hier vernachlässigt werden, vgl. hierzu Eberhard Schmidt, Einf., S. 25.

Die Verfolgung des Verbrechers blieb ganz dem Verletzten und seiner Sippe im Wege der Selbsthilfe überlassen.

Gerichtlicher Prozeßbetrieb entwickelte sich erst im Laufe der Zeit, wenngleich die Initiative zur "Strafverfolgung" auch noch in fränkischer Zeit weiterhin dem Verletzten oblag, der im Wege der Privatklage vorgehen mußte. Parallel hierzu bestehen Rache und Fehde weiter, obwohl schon im frühen Mittelalter versucht wurde, Rache und Fehde durch ein privatrechtliches Bußensystem ganz zu verdrängen. Zum Teil wird vertreten, daß bereits dieses Bußensystem Strafcharakter besessen habe[1].

Die Auffassung, daß Strafverfolgung Aufgabe des Staates sei, setzte sich erst ganz allmählich mit dem Sichdurchsetzen der peinlichen Strafen durch. Diese kommen auf, als sich die Erkenntnis durchsetzt, daß gegen das Mittelalter nie aufhörende (ritterliche) Fehdewesen mit anderen Mitteln nicht beizukommen war. Peinliche Strafen wurden zuerst in den Gottes- und Landfrieden zum Schutze gegen das ritterliche Fehderecht angedroht, später für alle Missetaten. Parallel zur Einführung der peinlichen Strafen setzt sich die Auffassung durch, daß die Strafverfolgung und Ermittlung der Tatsachen von Amts wegen durchzuführen ist. Hierzu finden sich bereits in den Landfrieden des 12. und 13. Jahrhunderts Anweisungen. Es wird den Richtern aufgegeben, zu "forschen" und zu "vragen"[2], also zu inquirieren.
Die Strafverfolgung wird jetzt als Aufgabe des Staates begriffen, es herrscht die Offizialmaxime und die Instruktionsmaxime, ohne daß diese neue Sichtweise jedoch

---

1 Vgl. hierzu Gernhuber, S. 15;
a.A. Achter, der in seiner Untersuchung der südfranzösischen Rechtsquellen des Hochmittelalters zu der Auffassung gelangt, daß erst ab ca. 1150 von einer Strafe im heutigen Sinne gesprochen werden könne.

2 Vgl. hierzu Eberhard Schmidt, a.a.O., S. 87 ff.

Ausdruck eines bewußten Denkprozesses und einer bewußten Einführung dieser Verfahrensgrundsätze gewesen wäre, da es an einer Rechtswissenschaft im mittelalterlichen Deutschland noch fehlte.
Festzuhalten ist, daß sich mit dem Erstarken der Staatsgewalt erst im Laufe des Mittelalters die Erkenntnis durchgesetzt haben muß, daß der Staat dazu berufen sei, Missetäter zu verfolgen und zu bestrafen[1].
Dies wird auch durch ethnologische Studien bestätigt[2].

Politische Erwägungen führten letztlich dazu, daß sich bei den Territorialherren der Willen durchsetzte, die Bestrafung der Missetäter selbst in die Hand zu nehmen[3]. Die Strafrechtspflege war so allmählich auf den Staat (Souverän) durch die erstarkte Macht des Landesherrn übergegangen. Seither ist die Strafverfolgung und die Bestrafung von Verbrechern Sache des Staates, ohne daß das staatliche "Strafrecht" in den folgenden Jahrhunderten bis heute je in Zweifel gezogen worden wäre. Lediglich die Legitimationen und die Begründungen der immer als staatliche Aufgabe anerkannten Strafrechtspflege sowie die Strafzwecktheorien haben sich gewandelt.

2. Der Strafanspruchsbegriff

Was unter dem Strafanspruchsbegriff zu verstehen ist, ist ungeklärt[4].

---

1 Vgl. Brunner, S. 488; Eberhard Schmidt, a.a.O., S. 41; zweifelnd Achter, der in Frage stellt, ob das Strafrecht Ausdruck der gestiegenen Souveränität sei, S. 109.

2 Vgl. Steinmetz, S. 175.

3 So Kleinschroth für den Übergang des Straf"rechts" auf die Karolinger, S. 7.

4 Lüderssen stellt zu Recht die Frage, ob der Begriff prozessualer oder materiell-rechtlicher Natur ist, Jura 1985, 123.

a) Darstellung der Literatur

aa) Subjektives Recht

Naheliegend erscheint zunächst, unter dem Strafanspruchsbegriff ein Recht im Sinne eines subjektiven Rechts zu verstehen[1]. In diesem Sinne hat Kaufmann den Strafanspruchsbegriff definiert[2] und ist dann in ihrer Untersuchung zu dem Ergebnis gelangt, der Strafanspruchsbegriff sei dogmatisch unhaltbar, u.a. deshalb, weil die (Gefängnis-) Strafe kein Rechtsgut sei, welches den Staat begünstige[3].

Ähnlich wurde auch bereits vor Kaufmann argumentiert. So vertrat z.B. Goldschmidt den Standpunkt, daß dem Ankläger im Strafprozeß kein Recht zuerkannt werde. Der Ankläger verlange vielmehr, daß die staatliche Justiz ihr Strafrecht ausübe oder "vielmehr ihre Strafpflicht erfülle"[4]. Ähnlich äußert sich auch Schmidhäuser, der darauf abhebt, daß im Unterschied zum Zivilrecht die Staatsgewalt den Anspruch nicht einer dritten Person einräume, sondern sich selbst ein "Handlungsrecht" gewähre, nämlich das Recht, unter bestimmten Voraussetzungen dem Straftäter das Strafübel aufzuerlegen[5]. Dies ist insofern zutreffend, als "der Staat", wie gesehen, sich im Laufe des Mittelalters dieses Recht ohne ausdrückliche Übertragung durch das Volk aneignete.

Hamann findet es ebenfalls bedenklich, für Befugnisse - "erst recht für Pflichten" - den Terminus Anspruch zu

---

1 Zur Entwicklung der Lehre vom subjektiven Strafrecht vgl. Schumann, JZ 1986, 69 ff.
2 Kaufmann, Strafklagrecht, S. 71.
3 A.a.O., S. 97; ebenso Schumann, JZ 1986, 70.
4 Goldschmidt, S. 243, Fn. 1327; ebenso Gerland, Deutsches Reichsstrafrecht 1922, 8; Sauer, Grundlagen des Strafrechts 1927, 202 f.
5 Schmidhäuser, ZStW 71 (1959), 550.

verwenden[1]. Es wird daher auch auf den Begriff der staatlichen Strafmacht oder Strafgewalt ausgewichen[2]. Nach dieser Auffassung wird dem Staat ein subjektives Recht nicht zuerkannt. Dieser Auffassung folgen Tiedemann[3] und Seelmann[4]. Ihr hat sich der Bundesgerichtshof (1. Senat) und die neue Rechtsprechung angeschlossen[5].

bb) Ius puniendi

Der Begriff des Strafanspruchs wird jedoch nicht nur in dem von Kaufmann vertretenen Sinne verstanden, sondern auch mit dem Begriff des ius puniendi gleichgesetzt. Dies hängt - wie Klose nachgewiesen hat - mit der über lange Zeit betriebenen Gleichsetzung von subjektivem Strafrecht mit subjektivem Strafanspruch zusammen. Dies wiederum liegt nach Klose an der Gegenüberstellung von ius poenale und ius puniendi. Unter ius poenale wurde das objektive Recht (das materielle Recht) verstanden, den Gegensatz hierzu bildete das ius puniendi, das subjektive Strafrecht, woraus nach Klose der staatliche Strafanspruch hergeleitet wurde[6]. Wie Klose aufgezeigt hat, wurde im Laufe der Zeit damit der ursprüngliche Sinn des ius puniendi als des staatlichen (hoheitlichen) Rechts zu strafen in ein aus dem objektiven Recht (ius poenale) abgeleitetes Recht auf Strafe im Sinne eines quasi-zivilistischen Strafanspruchs, d.h. eines "konkreten Einzelforderungsrechts", umgedeutet[7]. Klose hält den Begriff des Strafanspruchs weiterhin für berechtigt, wenn man ihn im ursprünglichen Sinne des grundlegenden

1 Hamann, Grundgesetz und Strafgesetzgebung, S. 15; in diesem Sinne auch schon Arndt, JZ 1965, 148.
2 Arndt, a.a.O., 147 f.
3 Tiedemann, FS f. Peters, S. 197.
4 ZStW 95 (1983), 825.
5 BGH Strafverteidiger 1984, 323 ff. = BGHSt 32, 345ff.; ebenso Schumann, JZ 1986, 70.
6 Klose, ZStW 86 (1974), 31 ff.
7 Klose, a.a.O., 36 ff., 46 f.

Rechts des Staates zu strafen auffaßt und das ius poenale als "Ausfluß" des ius puniendi betrachtet. Letztlich hat auch Kaufmann gegen eine solche Betrachtung des staatlichen Strafanspruchs nichts einzuwenden[1].

Diesen Strafanspruchsbegriff setzt Klose zudem noch gleich mit der staatlichen Strafgewalt und dem "subjektiven Strafrecht"[2]. Trotz der grundlegenden Ausführungen Kloses wird auch heute noch der Begriff des ius puniendi nicht einheitlich gebraucht. Es wird daher nach wie vor nicht klar danach unterschieden, ob ius puniendi das hoheitliche Recht zu strafen oder aber die konkrete Rechtsbeziehung zwischen dem Staat und dem Täter (das Recht auf Strafe) gemeint ist. So erklärt Weber zunächst, daß ius puniendi sei mit dem Recht des Staates zu strafen, der staatlichen Strafgewalt, gleichzusetzen und nennt dies den staatlichen Strafanspruch[3]. Später heißt es dann aber wieder, der Strafanspruch betreffe das konkrete Verhältnis zwischen dem Staat und dem Täter, welches in der Regel nur durch die Bestrafung des Täters zum Erlöschen gebracht werde[4]. Maurach/Zipf und Jescheck folgen grundsätzlich der Auffassung Kloses, benutzen aber für das ius puniendi nicht mehr den Terminus "Strafanspruch", sondern bezeichnen die hoheitliche Befugnis des Staates, bestimmte Unrechtssachverhalte für strafbar zu erklären und die Strafandrohung festzusetzen, nur noch als die "staatliche Strafgewalt"[5].

Auf diese Art und Weise wird der streitige Begriff des Strafanspruchs vermieden.

---

1 Kaufmann, a.a.O., S. 99; vgl. auch Herzog, NStZ 1985, 157.
2 Klose, a.a.O., S. 48.
3 Baumann/Weber, S. 7.
4 A.a.O., S. 21.
5 Maurach/Zipf, a.a.O., S. 3; Jescheck, S. 8.

Von der staatlichen Strafgewalt spricht auch Hamann bei seiner Ablehnung eines staatlichen Strafanspruchs[1]. Andere wiederum weichen auf den Begriff der "staatlichen Strafbefugnis" aus[2], wobei dabei wiederum das grundlegende Recht des Staates auf Strafe, das andere Mal aber das "konkrete Forderungsrecht" gemeint ist. So spricht Roxin von der "staatlichen Strafbefugnis" unter der Überschrift "Rechtfertigung der staatlichen Strafe", was es naheliegend erscheinen läßt, daß hiermit das ius puniendi im Sinne von Klose gemeint ist. Beim näheren Hinsehen wird dieser Eindruck bestätigt, weil später wiederum nach der Begründung der als selbstverständlich eingeräumten Strafbefugnis gefragt wird, was mit dem subsidiären Rechtsgüterschutz beantwortet wird.

Letztlich leitet Roxin die staatliche Strafbefugnis aus dem "Zweck des Staates, dessen Gewalt wiederum auf dem in Wahlen sich kundgegebenen Willen des Volkes beruht" ab[3]. Die staatliche Strafbefugnis wird somit dem staatsrechtlichen ius puniendi gleichgesetzt.

cc) Zipf und Weber

Zipf hingegen spricht zwar gleichfalls von der staatlichen Strafbefugnis, meint hiermit aber einen materiellen Strafanspruch, der ipso iure mit der Erfüllung einer Strafnorm entstehe und den er auch als "Strafberechtigung" des Staates bezeichnet, weil dieser Terminus "weniger zivilrechtlich" vorbelastet sei[4]. Weber bleibt bei der alten Terminologie des Strafanspruchs, unterscheidet aber nicht sauber. Einerseits spricht er von dem ius puniendi als der Strafgewalt = Strafanspruch,

---

1 A.a.O., S. 15.
2 Roxin, in: Roxin/Arzt/Tiedemann, S. 2 ff.
3 Roxin, in: Roxin/Arzt/Tiedemann, S. 6.
4 Zipf, S. 235.

andererseits ist er der Auffassung, daß im (kronkreten) Verhältnis Staat/Täter der Strafanspruch entstehe, der in der Regel durch die Bestrafung des Täters zum Erlöschen gebracht werde[1].

Zipf bezeichnet letzteren Anspruch ausdrücklich als ius puniendi im materiellen Sinne und unterscheidet hiervon noch eine weitere Befugnis des Staates, nämlich diejenige, den Täter wegen einer Tat zur Rechenschaft zu ziehen[2]. Diese Befugnis nennt er den "prozessualen Strafanspruch". Dieser werde von dem Ankläger als Strafverlangen geltend gemacht[3].

dd) Übrige Literatur

In der neueren Literatur wird im übrigen die Auseinandersetzung mit den Begriffen des ius puniendi bzw. des subjektiven Strafrechts oder des Strafanspruchs weitgehend nicht geführt, was bereits Klose zutreffend festgestellt hat und was vermutlich auf die Schwierigkeiten, einen strafrechtlichen Anspruchsbegriff zu finden, zurückzuführen ist[4].

Das Recht zu strafen im Sinne eines ius puniendi wird dabei vielfach einfach stillschweigend vorausgesetzt. Ob es ein materielles ius puniendi gibt oder einen prozessualen Strafanspruch wird nicht beantwortet. Die Diskussion ruht bezüglich dieser Frage. Stattdessen wird gleich zu der Frage nach Sinn und Zweck der Strafe übergegangen und versucht, das Strafrecht auf diese Art und

---

1 Baumann/Weber, S. 7, 21; ähnlich auch schon Kries, Strafprozeßrecht 1892, 5.
2 A.a.O., S. 236.
3 Ebd.
4 Klose, a.a.O., S. 46; Ansätze jetzt bei Schumann, JZ 1986, 68 ff.

Weise zu rechtfertigen.

Dabei wird übersehen, daß die Frage nach dem "Rechtsgrund" der staatlichen Strafe damit nicht beantwortet wird[1].

b) Strafanspruch und Verwirkungsbegriff

Es stellt sich bei der nach wie vor ungeklärten Terminologie die Frage, was unter Strafanspruch zu verstehen ist, wenn der Begriff im Zusammenhang mit dem Verwirkungsgedanken auftaucht. Es steht zu vermuten, daß diejenigen, die von der Verwirkung des staatlichen Strafanspruchs sprechen, gleichfalls nicht von einer einheitlichen Terminologie ausgehen.

Daß in diesem Bereich vieles ungeklärt ist, folgt schon aus der Tatsache, daß in den V-Mann-Fällen streitig ist, ob bei Vorliegen eines Verwirkungstatbestandes das Verfahren einzustellen ist oder ob das Verfahren mit einem Freispruch zu enden hat. So wird argumentiert, die Verwirkung gehöre in den Bereich des materiellen Rechts, deshalb komme nicht nur ein Verfahrenshindernis - wie es vor der Entscheidung des 1. Senats vom 23. Mai 1984 überwiegend angenommen wurde -, sondern auch ein Strafausschließungsgrund in Betracht[2].

aa) Strafanspruch = ius puniendi?

Denkbar ist zunächst, daß mit der Verwirkung des Straf-

1 Zur Unterscheidung zwischen Real-, Zweck-, Erkenntnis- und Rechtsgrund der Strafe vgl. Spendel, FS f. Ritter, S. 39 ff.

2 Sieg, Strafverteidiger 1981, 638; Seelmann, ZStW 95 (1983), 831; Teske, JA 1986, 109.

anspruchs das hoheitliche Strafrecht, die Strafgewalt gewalt, das Recht zu strafen, das ius puniendi im Sinne Kloses gemeint ist. Wenn hier davon ausgegangen wird, daß ein solches staatliches "Strafrecht" existiert, so ist dennoch zweifelhaft, woher sich dieses ius puniendi herleitet. So wird vertreten, die staatliche "Strafgewalt" leite sich aus dem Rechtsstaatsprinzip ab[1]. Andere behaupten, das Strafrecht rechtfertige sich aus dem Zweck des Staates und dessen Gewalt[2], aus dem Recht des Täters (!), bestraft zu werden[3] oder leite sich aus den Strafgesetzen ab[4].

Tatsächlich wird das Recht zu strafen von der Verfassung und der Lehre schlicht vorausgesetzt. Allenfalls ist es mittelbar aus der Verfassung zu folgern[5].

Dies hängt mit der Tatsache zusammen, daß es sich im Rechtsbewußtsein der Rechtsgemeinschaft seit Jahrhunderten derart verfestigt hat, daß der Staat im Gegensatz zu früheren Zeiten der Privatfehde die Strafbefugnis innehält, so daß weder der Verfassungsgeber noch die Lehre es für erforderlich hielten, die staatliche Strafbefugnis auf eine gesetzliche oder verfassungsrechtliche Basis zu stellen.

---

1 Vgl. Hamann, a.a.O., S. 15; dagegen Grünwald JZ 1976, 772 f.
2 Roxin, in: Roxin/Arzt/Tiedemann, S. 6; ähnlich Maurach/Zipf, S. 3.
3 Preiser, FS f. Mezger, S. 77.
4 So statt vieler früher Goldschmidt, S. 241, für mittelbare Ableitung aus den Strafgesetzen, heute: Löwe/Rosenberg-Meyer-Goßner, Vor § 151 Rdn. 3.
5 So ausdrücklich Spendel, S. 53; Jescheck, AT, S. 2; tendenziell auch Schmidhäuser, ZStW 71 (1959), 550; Henkel, S. 1; Roxin, S. 62. Walder spricht davon, daß dieses Recht aus der Verfassung ableitbar sei, ZStW 95 (1983), 862 ff. Jeutter leitet das Strafrecht des Staates aus der Justizgewährungspflicht aus Art. 101 I 1 oder 103 GG ab, S. 36 f.

Wie gesehen, leitete sich im späten Mittelalter die staatliche Strafbefugnis aus dem Willen und der Macht des Landesherrn ab, die Bestrafung der Missetäter selbst in die Hand zu nehmen. Im demokratischen Staat wird letztlich dem Staat die Strafbefugnis vom Volk aus Gründen des Rechtsfriedens verliehen, ohne daß dies jedoch in Deutschland jedoch ausdrücklich geschehen ist, wie der Blick in Grundgesetz und Strafgesetzbuch zeigt.

Daß mit der Verwirkung des Strafanspruchs eine Verwirkung des im obigen Sinne verstandenen ius puniendi gemeint ist, kann nicht angenommen werden. Durch ein illoyales Verhalten des Staates gegenüber einem einzelnen kann der Staat seine allgemeine Befugnis zu strafen nicht verlieren.

Unter der Strafgewalt in diesem Sinne ist zunächst die allgemeine Befugnis des Staates, bestimmte Sachverhalte für strafbar zu erklären sowie die Strafandrohung festzusetzen und auf diese Art und Weise auch Straftaten vorzubeugen, zu verstehen[1].

Dieses abstrakte "Strafrecht" des Staates besteht unabhängig von etwaigem illoyalen Verhalten gegenüber einzelnen Bürgern. Verlöre der Staat bereits durch ein rechtswidriges oder illoyales Verhalten das Recht zur Strafgesetzgebung, würde bei der Vielzahl der z.T. sogar unvermeidbaren Gesetzesverletzungen ein menschliches Zusammenleben nicht mehr möglich sein.
Unter dieses "Strafrecht" des Staates fällt aber auch das allgemeine Recht des Staates, bei einem Verstoß gegen die von ihm aufgestellten Normen, grundsätzlich den Täter bestrafen zu dürfen. Dieses prinzipielle "Straf-

---

1 So auch Maurach/Zipf, S. 3.

recht" des Staates kann ebensowenig durch illoyales Verhalten einem einzelnen Täter gegenüber verlorengehen wie das allgemeine Recht, Strafandrohungen festzusetzen. Denkbar ist nur die Verwirkung des Strafrechts dem konkreten, von dem illoyalen Verhalten betroffenen Täter gegenüber.

Der abstrakte Strafanspruch im Sinne eines Rechts des Staates zu strafen, kann folglich nicht gemeint sein, wenn von der Verwirkung des staatlichen Strafanspruchs die Rede ist.

bb) Strafanspruch = subjektives Recht?

Denkbar ist ferner, daß mit dem Strafanspruch ein materieller Anspruch im Sinne eines subjektiven (Forderungs-) Rechts gemeint ist[1]. Hier stellt sich die Frage, ob im Anschluß an Kaufmann davon ausgegangen werden muß, daß ein solches subjektives Recht (auf Strafe) in Wahrheit nicht existiert. Träfe diese Annahme zu, wäre ein solches Recht auch nicht verwirkbar[2].

Dem ist jedoch entgegenzuhalten, daß Kaufmann lediglich den Strafanspruchs<u>begriff</u> für unzutreffend hält. Bei dem Streit um den Strafanspruchsbegriff handelt es sich folglich lediglich um eine terminologische Frage.

Wenn auch grundsätzlich der Auffassung Kaufmanns zugestimmt werden muß, daß die Vorstellung eines subjektiven Rechts des Staates auf Strafe zweifelhaft ist, so bleibt dennoch die Tatsache bestehen, daß der Staat nicht nur die Pflicht zur Bestrafung, sondern auch die Befugnis hat, bei Vorliegen eines zureichenden tatsächlichen Anhaltspunktes (§ 152 Abs. 2 StPO) einzuschreiten, d.h.

---

1 So die ältere Literatur, vgl. Schumann, JZ 1986, 69 Fn. 38.
2 Dies vertritt jetzt auch Schumann, a.a.O., 70.

den Verdächtigen zu verfolgen, ihn dann anzuklagen, ihn zu verurteilen und sodann die Strafe zu vollstrecken. Dabei gilt es jedoch zu unterscheiden, ob der Staat lediglich die Befugnis hat, bei Verdacht einer Straftat zu ermitteln (§ 160 Abs. 1 StPO) und ggfls. Anklage zu erheben, sofern genügender Anlaß zur Erhebung der öffentlichen Klage gegeben ist[1], oder ob dem Staat auch die Befugnis zusteht, den Angeklagten auch zu verurteilen und die Strafe anschließend zu vollstrecken.

Die erste Frage wird zunächst im Bereich des Ermittlungsverfahrens akut, sie wird in der Regel auch schon von der Staatsanwaltschaft bzw. den Polizeibehörden entschieden[2], die zweite Frage fällt letztlich in die Kompetenz des Richters. Dieser darf nur verurteilen, wenn auch die materiellen Bestrafungsvoraussetzungen vorliegen. Ihm steht daher die Befugnis, im konkreten Einzelfall eine Strafe zu verhängen, nur dann zu, wenn nach seiner Überzeugung der Angeklagte gegen eine Norm des Strafgesetzbuches rechtswidrig und schuldhaft verstoßen hat, und wenn sonstige Strafausschließungs- bzw. Strafaufhebungsgründe nicht vorliegen[3].

Die Beantwortung der Frage, ob jemand im gerade skizzierten Sinne gegen eine materielle Strafrechtsnorm verstoßen hat, bewirkt daher etwas, nämlich die Beantwor-

---

1 Dies ist eine sog. "funktionelle" Prozeßvoraussetzung, vgl. hierzu Walder, ZStW 95 (1983), 866.

2 Vgl. hierzu Marxen, S. 158 f., 162 f.

3 Zwar ist bezüglich der Einzelheiten des Straftatsystems noch immer vieles streitig, es besteht jedoch weitgehend Einigkeit, daß Voraussetzungen der Strafbarkeit die Tatbestandsmäßigkeit, Rechtswidrigkeit und Schuld sowie auf einer weiteren Wertungsstufe Merkmale anzufügen sind, die ein Strafbedürfnis entfallen lassen, nämlich die Strafausschließungs- und Strafaufhebungsgründe, vgl. Marxen, S. 21 ff. Die objektive Bedingung der Strafbarkeit soll hier vernachlässigt werden.

tung der Frage, ob Strafbarkeit überhaupt in Frage kommt. Es entsteht folglich durch die schuldhafte Normverletzung ein Quasi-Rechtsverhältnis zwischen dem wirklichen Täter und dem Staat, unabhängig davon, ob der Staat den Täter kennt oder nicht[1].
Diese Normverletzung ist es, die eine staatliche Strafbefugnis entstehen läßt, die auch mit dem Begriff des "staatlichen Strafanspruchs" bezeichnet wird[2]. Kaufmann hat zwar aufgezeigt, wie sich der Strafanspruchsbegriff aus dem aktionenrechtlichen Denken herausgebildet hat[3]. Danach war es so, daß die Entwicklung im Strafrecht teilweise parallel zum Zivilrecht, teilweise aber auch abweichend hiervon verlief. Die Ableitung des Strafanspruchs aus den zivilen "Pönalklagen" und die nach Kaufmann nicht berechtigte Gleichsetzung von zivilen Ansprüchen mit "Strafansprüchen" darf aber nicht dazu führen, der Normverletzung jegliche "Rechts-"Wirkung abzusprechen. Wenn auch die Verletzung einer Strafrechtsnorm nicht unbedingt einen Anspruch des Staates im Sinne eines subjektiven Rechts begründet, so bleibt dennoch die Tatsache bestehen, daß mit der Verletzung der Norm eine Straftat entsteht, ein Täter im Sinne des Strafgesetzgebuchs vorhanden ist und das Quasi-Rechtsverhältnis zur Entstehung gelangt, welches den Staat (durch den Richter) berechtigt, dem Täter die gesetzlich aufgrund des ius puniendi bestimmte Strafe aufzuerlegen[4].

cc) Strafanspruch = materielle Strafbefugnis ?

Es bleibt daher zu prüfen, ob nicht die staatliche materielle Strafbefugnis der Verwirkung unterliegen könnte.

---

1 Ähnlich bereits Niese, DRZ 1949, 507; Baumann/Weber, S. 27.
2 Niese, a.a.O., meint, der Begriff "strafrechtliches Rechtsverhältnis" sei treffender.
3 A.a.O., S. 45.
4 Ebenso bereits Kries, Strafprozeßrecht 1892, 5; Zipf, GA 1969, S. 236.

aaa) Fehlende günstige Rechtsposition?

Das in diesem Zusammenhang genannte Argument, eine Verwirkung komme deshalb nicht in Frage, weil der materielle Strafanspruch keine für den Staat "günstige" Rechtsposition - und damit kein subjektives Recht - darstelle[1], kann nicht dazu führen, die Verwirkbarkeit eines im Sinne einer materiellen Strafbefugnis verstandenen Strafanspruchs auszuschließen[2]. Mag dieses Argument auch dazu dienen, den staatlichen Strafanspruch nicht als subjektives Recht anzusehen, so kann dennoch nicht daran gezweifelt werden, daß es sich bei der materiellen Strafbefugnis um eine für den Staat im weitesten Sinne "günstige" "Rechts-"position handelt[3].

Dies folgt mittelbar aus der Tatsache, daß auch die Strafhoheit, das ius puniendi, ein den Staat begünstigendes Recht darstellt. Wäre dies nicht der Fall, wäre es völlig unerheblich, ob die Strafhoheit bei dem Verletzten oder dem Staat liegt.
Wird es aber allgemein von dem Gemeinwesen als wichtig und richtig angesehen, daß dem Staat die Strafhoheit obliegt, wird also die Strafhoheit dem Staat zugewiesen, weil es die Gesellschaft als günstig - weil dem Rechtsfrieden dienlich - ansieht, so liegt in der staatlichen Strafhoheit auch eine im weitesten Sinne den Staat begünstigende Rechtsposition. Über lange Zeit wurde die staatliche Strafhoheit, das ius puniendi, auch als subjektives Strafrecht bezeichnet, woraus folgt, daß dieses jedenfalls ein den Staat begünstigendes Recht angesehen wurde[4]. Ist aber das ius puniendi ein für den Staat günstiges "Recht", so muß dies auch für die staatliche konkrete

---

1 Ein Argument, welches letztlich auf Kaufmann (S. 71) zurückzuführen ist.
2 So aber BGHSt 32, 353; und Schumann, a.a.O.
3 A.A. Schumann, a.a.O.
4 Vgl. hierzu Klose, ZStW 86 (1974), 36 ff.

Strafbefugnis gelten, die gegenüber dem einzelnen Straftäter zur Entstehung gelangt.
Dies wird dadurch verdeutlicht, daß jede Anmaßung einer Wahrnehmung der Strafbefugnis im Einzelfall durch den Verletzten als unzulässige Selbstjustiz geahndet wird. Auch die Bestrafung des Übeltäters im Einzelfall durch den Staat ist daher als eine für den Staat günstige Rechtsposition anzusehen, die damit auch der "Verwirkung" unterliegen kann.

Das mit der gedachten Normverletzung entstandene Rechtsverhältnis prüft der Richter im Strafprozeß. Er prüft mit anderen Worten, ob ein bestimmter Sachverhalt strafbare Handlungen bestimmter Personen aufweist[1], ob die erhobene Klage "begründet" ist[2]. Kommt der Richter zu dem Ergebnis, daß der Angeklagte eine strafbare Handlung begangen hat, kann er aufgrund der durch die Straftat entstandenen Strafbefugnis dem nach seiner Überzeugung überführten Täter die Strafe auferlegen.

Es handelt sich hierbei um eine konkrete, auf eine bestimmte Tat bezogene materielle Strafbefugnis des Staates. Zipf nennt diese Strafbefugnis auch "Strafberechtigung", plädiert aber andererseits für die Beibehaltung des Begriffs des "Strafanspruchs"[3].

Dies ist aber abzulehnen, weil es angezeigt ist, den unzutreffenden Begriff des "Strafanspruchs" aufzugeben, weil er laufend für Verwirrung sorgt. An den Tatsachen aber ändert dies nichts. Die Aufgabe des Strafanspruchsbegriffs ist keine Folge der Kritik Kaufmanns, da Kauf-

---

1 Eb. Schmidt, Lehrkommentar I, Rdn. 51.
2 Eb. Schmidt, a.a.O., Rdn. 35.
3 Zipf, a.a.O., S. 235; ebenso offenbar auch Herzog, NStZ 85, 157.

mann gleichfalls nicht leugnet, daß nur bei Vorliegen der materiellen Bestrafungsvoraussetzungen die Strafberechtigung entsteht. Sie hält lediglich den Strafanspruchsbegriff für dogmatisch unhaltbar und begründet dies auch nur im Zusammenhang mit der Frage der Abgrenzung vom formellen und materiellen Strafrecht[1]. Diese materielle Strafbefugnis des Staates könnte daher der Verwirkung unterliegen, weil sie einem materiellen Anspruch ähnelt und der Verwirkung nach allgemeiner Auffassung nicht nur subjektive Rechte im Sinne von Kaufmann, sondern auch sonstige Rechtspositionen unterliegen können[2].

bbb) Materielle Strafbefugnis und Legalitätsprinzip

Es bleibt noch die Frage zu prüfen, ob das Legalitätsprinzip einer Verwirkung der materiellen konkreten Strafbefugnis entgegenstehen könnte.

Dies wird mit dem Argument bejaht, ein (subjektives) Recht könne nur dann verwirkbar sein, wenn der Rechtsinhaber auf das Recht auch verzichten könne. Dies sei aber wegen des Legalitätsprinzips bei dem Strafanspruch nicht der Fall[3].

Dem ist jedoch entgegenzuhalten, daß zum einen für die Väter der Strafprozeßordnung bei der Verankerung des Legalitätsprinzips in der Strafprozeßordnung kein Anlaß bestand, daran zu zweifeln, daß die staatliche Straf-

---

1 Ähnlich Zipf, a.a.O., S. 130; ebenso Tiedemann, FS f. Peters, S. 193; vgl. auch Herzog, NStZ 1985, 157.

2 Vgl. oben S. 29;
a.A. Schumann, JZ 1986, 70: Er lehnt in enger Anlehnung an Kaufmann die Verwirkung der materiellen Strafbefugnis ab, weil sie keine begünstigende Rechtsposition darstelle.

3 Schumann, JZ 1986, 70; jetzt auch Drywa, S. 64.

befugnis unredlich erworben oder ausgeübt werden könne. Fälle, bei denen Zweifel an der Berichtigung an der uneingeschränkten Durchsetzung der Strafbefugnis angebracht sind, wurden erst wesentlich später erkennbar. Es ist deshalb zweifelhaft, ob die einseitige Betonung des Legalitätsprinzips heute insbesondere im Lichte des Grundgesetzes noch beibehalten werden könnte. Dies gilt insbesondere auch deshalb, weil zum zweiten heute - im Gegensatz zum Zeitpunkt der Einführung der StPO - das Legalitätsprinzip nicht mehr uneingeschränkt gilt. Es gibt gesetzliche Ausnahmen. Deshalb wird heute auch nicht mehr vertreten, daß auf die Strafbefugnis grundsätzlich nicht verzichtet werden könne. Ein Verzicht qua gesetzlicher Regelung ist möglich[1].

Schon hieraus könnte gefolgert werden, daß dann auch eine Verwirkbarkeit der Strafbefugnis bejaht werden kann. Dem könnte noch der Einwand entgegengehalten werden, daß jedenfalls dann, wenn eine besondere strafprozessuale oder strafrechtliche gesetzliche Regelung nicht bestehe, jedenfalls auf die Strafbefugnis nicht verzichtet werden könne, womit auch eine Verwirkbarkeit ausscheide[2]. Dieses Argument stünde in der Tat dem Hinweis auf die gesetzliche Regelung des § 242 BGB entgegen, der, soweit man seine Übertragung auf das Straf(verfahrens)recht wie hier bejaht, eine gesetzliche Beschränkung des Legalitätsprinzips beinhalten könnte.

Dies würde nicht gelten, wenn der Rechtsgedanke von Treu und Glauben auch über das verfassungsrechtlich verankerte Rechtsstaatsprinzip den Legalitätsgrundsatz immanent beschränken könnte. Das Legalitätsprinzip ist nach allgemeiner Ansicht selbst Ausfluß des Rechtsstaatsprinzips[3].

---

1 Vgl. Baumann/Weber, S. 27.
2 Ähnlich Riess, FS f. Dünnebier, S. 156.
3 Vgl. Jeutter, S. 47 m.w.N.

So wird auch mit Recht die Auffassung vertreten, daß das Legalitätsprinzip auch Beschränkungen unterliegt, die sich aus dem Rechtsstaatsprinzip, namentlich dem Grundsatz der Verhältnismäßigkeit, ergeben[1].

Soweit die gegenteilige Auffassung vertreten wird, der Verhältnismäßigkeitsgrundsatz sei ungeeignet zur Rechtfertigung eines "Strafverfolgungsverzichts"[2], ist zu bemerken, daß diese Auffassung im Zusammenhang mit der sog. "Massenverhaftung von Nürnberg" vertreten wird, wo sich die Frage stellte, ob die Strafverfolgung wegen der damit verknüpften und erwarteten öffentlichen Unruhe aus Gründen der Verhältnismäßigkeit beschränkt werden solle. Der Einwand, daß der Verhältnismäßigkeitsgrundsatz immer eines individuell Betroffenen und nicht öffentlichen Interessen als Bezugspunkt bedarf, trifft im Fall Nürnberg sicher zu, nicht jedoch in den hier interessierenden Fällen, wo der Grundsatz der Verhältnismäßigkeit immer in bezug zu dem konkret von dem staatlichen illoyalen Verhalten betroffenen Bürger gesetzt wird. Insoweit schließt auch Riess eine Beschränkung des Legalitätsprinzips durch den Verhältnismäßigkeitsgrundsatz nicht völlig aus, wenn er vorsichtig formuliert, daß die §§ 153 ff. StGB "möglicherweise" abschließende gesetzliche Ausprägungen des Verhältnismäßigkeitsprinzips seien.

Eine Beschränkung durch das Rechtsstaatsprinzip käme auch hier zum Tragen, wenn der Grundsatz von Treu und Glauben gleichfalls Eingang in das Rechtsstaatsprinzip fände und so das Legalitätsprinzip immanent beschränkte.

Es fragt sich also, ob die hier einschlägigen Fallgruppen der unzulässigen Rechtsausübung als rechtsstaatswidriges Verhalten zu qualifizieren sind.

---

1 Jeutter, S. 58 ff.; a.A. Riess, FS f. Dünnebier, S. 144 ff.
2 Riess, a.a.O.

Anerkannt ist, daß widersprüchliches Verhalten im Lichte des Rechtsstaatsprinzips unzulässig ist[1].

Ferner beinhaltet das Rechtsstaatsprinzip den Grundsatz des Vertrauensschutzes[2], also eine Kategorie, die ebenfalls bei der Frage des widersprüchlichen Verhaltens akut werden kann.
Damit haben erkennbar ursprünglich der unzulässigen Rechtsausübung zugeordnete Kategorien bereits Eingang in das Rechtsstaatsprinzip gefunden. Es fragt sich, ob dies auch für die Kategorien mißbräuchlicher Rechtserwerb, den Tu-quoque-Einwand und die Fallgruppen des fehlenden schutzwürdigen Interesses gilt. Dies ist - soweit ersichtlich - noch nicht näher untersucht worden.

Für den Fall des mißbräuchlichen Rechtserwerbs liegt die Rechtsstaatswidrigkeit ohne weiteres auf der Hand, da es sich bei dieser Fallgruppe um zumindest ebenso verwerfliches Tun handelt wie bei widersprüchlichem Verhalten, so daß nicht einzusehen wäre, wieso derartiges Verhalten nicht als rechtsstaatswidrig zu qualifizieren ist.
Bei der Fallgruppe tu-quoque ist die Frage, ob ein (auch) rechtswidriges staatliches Verhalten einen Rechtsstaatsverstoß beinhaltet, nicht einheitlich zu beantworten, weil nicht jedes (auch) rechts- oder vertragswidrige Verhalten nach zivilrechtlicher Dogmatik die eigene Rechtsposition entfallen läßt. Ist bereits nach zivilrechtlicher Dogmatik ein Entfallen der Rechtsposition zu verneinen, kommt eine Beschränkung des Legalitätsprinzips durch diese Fallgruppe jedenfalls nicht in Betracht.

Ist nach zivilrechtlichen Kategorien ein treuwidriges staatliches Verhalten gegeben, ist weiter zu prüfen,

---

1 Stern, S. 804 m.w.N.
2 Stern, a.a.O.; Maunz-Dürig, Art. 20 Rdn. 64.

ob damit auch ein Verstoß gegen das Rechtsstaatsgebot zu bejahen ist. Eine allgemeine Aussage ist hier nicht zu treffen. Auszuschließen ist ein Verstoß gegen das Rechtsstaatsprinzip jedoch nicht, da ein Verstoß gegen die Grundrechte des Betroffenen möglich und z.B. im Fall einer staatlichen Verbrechensprovokation zu bejahen ist.

Bei der Fallgruppe des fehlenden schutzwürdigen Interesses fragt es sich ebenfalls, ob sie als rechtsstaatswidrig eingeordnet werden kann, soweit die zivilrechtlichen Voraussetzungen gegeben sind.

Hier besteht eine Parallele zu dem anerkanntermaßen dem Rechtsstaatsgebot zuzuordnenden Verhältnismäßigkeitsgrundsatz.
Besteht kein schutzwürdiges Interesse des Staates an der Durchsetzung der materiellen Strafbefugnis kann auch der Verhältnismäßigkeitsgrundsatz verletzt sein. Ob beide Gesichtspunkte völlig deckungsgleich sind, braucht nicht entschieden zu werden. Jedenfalls liegt es nahe, bei Vorliegen der Fallgruppe des fehlenden schutzwürdigen Interesses einen Rechtsstaatsverstoß dann zu bejahen, wenn auch ein Verstoß gegen den Verhältnismäßigkeitsgrundsatz bejaht werden müßte.

Damit können die Fallgruppen der unzulässigen Rechtsausübung im Einzelfall als Verstöße gegen das Rechtsstaatsprinzip gewertet werden und sind geeignet, das Legalitätsprinzip immanent zu beschränken. Daher steht das Legalitätsprinzip der Verwirkung der materiellen Strafbefugnis nicht entgegen, solange die Verstöße gegen den Grundsatz von Treu und Glauben das Legalitätsprinzip immanent beschränken. Diese Auffassung findet sich tendenziell auch in der früheren Rechtsprechung des 2. Senats, wenn davon die Rede ist, daß widersprüchliches und arglistiges Verhalten innerhalb einer rechtsstaatlichen Ordnung nicht zulässig sei[1].

---

1 BGH NJW 1981, 1627; BGH NStZ 1982, 126; BGH Strafverteidiger 1982, 151.

Die Verwirkung der materiellen Strafbefugnis kommt nach allem in Betracht.

dd) Strafanspruch = Strafverfolgungsbefugnis?

Von der materiellen konkreten Strafbefugnis zu unterscheiden ist eine weitere Befugnis des Staates, nämlich diejenige, wegen des Vorliegens einer Straftat den Täter zu verfolgen und anzuklagen. Daß auch diese Befugnis als verwirkbar angesehen werden kann, folgt mittelbar aus der Formulierung des 2. Senats, wenn er ausführt, daß "ein auf den Angestifteten beschränktes Strafverfolgungsverbot" bestehe, das die Wirkung eines von Amts wegen zu beachtenden Verfahrenshindernisses habe[1]. Das Verfolgungsverbot kann sich auf das Verfolgungsrecht, die Verfolgungsbefugnis, beziehen. Wenn der 2. Senat später allerdings wieder von der Verwirkung des Strafanspruchs spricht[2], so zeigt dies, welche Unklarheit darüber besteht, worauf sich im Falle der staatlichen Verbrechensprovokation die Verwirkung beziehen soll.

Andere sprechen in diesem Zusammenhang von einem "Strafverfolgungsanspruch"[3] oder von dem "Strafverfolgungsrecht" des Staates[4].

Diese staatliche Befugnis ist zum einen denkbar als eine dem Staat abstrakt zustehende Befugnis, zum zweiten als konkretes auf den einzelnen Verdächtigen bezogenes "Recht".
Dieses "Verfolgungsrecht" bzw. "Klagrecht" im prozessualen Sinn[5] könnte ebenfalls der Verwirkung unterliegen.

---

1 BGH NJW 1981, 1626.
2 BGH Strafverteidiger 1984, 4.
3 Foth, NJW 1984, 222.
4 Niese, DRZ 1949, 507; ebenso jetzt auch Schumann, JZ 1986, 69, der die Frage stellt, ob es bei den Fällen staatlicher Verbrechensprovokation nicht um die Unzulässigkeit des Strafverfolgungsrechts gehe.
5 Vgl. Kaufmann, a.a.O., S. 67 f.

aaa) Ableitung der Strafverfolgungsbefugnis

Daß ein Strafverfolgungsrecht besteht, wird hier wie im übrigen auch von einem großen Teil der Literatur[1] wiederum vorausgesetzt. Ganz unzweifelhaft ist es aber auch bezüglich des konkreten Strafverfolgungsrechts nicht, ob ein solches, der Verwirkung unterliegendes "Recht" überhaupt besteht. Aus dem Wortlaut des § 152 Abs. 2 StPO folgt lediglich die Verpflichtung, bei Vorliegen zureichender tatsächlicher Anhaltspunkte alle verfolgbaren Straftaten zu verfolgen. So wird denn auch aus der Erkenntnis heraus, daß das Strafverfolgungsrecht nirgendwo normiert ist, vertreten, daß diese Befugnis sich durch die Straftat ergebe oder mittelbar aus dem Strafgesetzbuch[2], aus dem Recht zu strafen[3], aus der Offizialmaxime[4], aber auch direkt aus dem Legalitätsgrundsatz[5] herzuleiten sei.

Hier verhält es sich ähnlich wie bei dem ius puniendi des Staates. Der Gesetzgeber hielt das Strafverfolgungsrecht des Staates für so selbstverständlich, daß es nicht mehr ausdrücklich normiert wurde. Lediglich die Strafverfolgungspflicht wurde in die StPO aufgenommen, obwohl die Materialien erkennen lassen, daß das Recht der Strafverfolgung durchaus neben der Pflicht, bei strafbaren Handlungen die Bestrafung des Täters herbeizuführen, erkannt wurde. Schon hier ist davon die Rede, daß die Staatsanwaltschaft die Aufgabe habe, über die Handhabung des Rechts der Strafverfolgung Entschließung zu fassen[6].

Die abstrakte Befugnis zur Strafverfolgung folgt mittelbar aus dem ius puniendi, denn wenn der Staat grundsätz-

---

1 Karge, S. 58; Peters, S. 21; Roxin, S. 62; Henkel, S. 108; Eb. Schmidt, Lehrkommentar I, Rdn. 6.
2 Löwe/Rosenberg-Meyer-Goßner, Vor § 152 Rdn. 3.
3 Roxin, S. 2.
4 Roxin, S. 62.
5 Kleinknecht/Meyer, § 153 Rdn. 3.
6 Hahn, in: Mugdan III Abt. 1, S. 148.

lich das alleinige Recht hat zu strafen, darüber hinaus ihm auch die Pflicht zur Strafverfolgung obliegt, so muß ihm auch das Recht zur Strafverfolgung zustehen. Dieses Recht wurde dem Staat gleichsam mit dem ius puniendi mit übertragen[1].

Dieses Recht nahmen im Mittelalter zunächst die Landesherren für sich in Anspruch[2], als das ius puniendi auf den Staat bzw. den Landesherrn überging. Im demokratischen Staat wird dem Staat mit dem ius puniendi das Strafverfolgungs-"recht" eingeräumt[3].

Das Recht im konkreten Fall, unter bestimmten Voraussetzungen einen Verdächtigen zu verfolgen, folgt gleichfalls nur mittelbar aus den §§ 152, 163 StPO. Hierbei handelt es sich um die konkrete Strafverfolgungsbefugnis.

bbb) Verwirkbarkeit der abstrakten Verfolgungsbefugnis?

Das abstrakte Strafverfolgungsrecht kann ebensowenig durch illoyales Verhalten des Staates verwirkt werden wie das abstrakte ius puniendi[4].

ccc) Verwirkbarkeit der konkreten Verfolgungsbefugnis?

Denkbar ist jedoch, daß die konkrete Strafverfolgungsbefugnis der Verwirkung unterliegen könnte, daß mithin auch auf prozessualem Gebiet ein illoyales Verhalten des Staates unmittelbar zu einer Beschränkung staatlicher Befugnisse führen könnte.

Daß es nicht fernliegt, an eine Verwirkung prozessualer Befugnisse zu denken, zeigt die frühere Rechtsprechung des Bundesgerichtshofs und die Auffassung eines großen Teils der Literatur. Wegen des Vorliegens eines Verwirkungstatbestands wird angenommen, daß ein prozeßbeenden-

---

1 Ähnlich auch Roxin, S. 2.
2 Vgl. oben S. 89.
3 Vgl. hierzu Roxin, a.a.O.
4 Vgl. hierzu oben S. 95.

des Verfahrenshindernis bestehe[1].

Wenn das Verfahren als Ganzes unzulässig werden soll, kann dies daran liegen, daß zunächst und primär die Berechtigung zur Strafverfolgung entfällt - nicht weil die (materielle) Strafbefugnis entfallen ist -, sondern weil ein auf das Verfahren bezogenes Verhalten des Staates gegeben ist, welches aus rein verfahrensrechtlichen Gründen eine weitere Strafverfolgung des Beschuldigten je nach Verfahrensstadium als nicht mehr zumutbar erscheinen läßt.

In einem früheren Verfahrensstadium könnte mithin die Strafverfolgungsbefugnis, in einem späteren etwa auch das "Strafklagrecht" oder die "Klagebefugnis" der unzulässigen Rechtsausübung unterliegen.

(1) Grundsätzliche Verwirkbarkeit von strafprozessualen Befugnissen?

Es stellt sich zunächst die grundsätzliche Frage, ob derartige strafprozessuale Befugnisse den Grundsätzen von Treu und Glauben, insbesondere denen der unzulässigen Rechtsausübung, unterliegen. Dies wurde bislang für den Strafprozeß - soweit erkennbar - noch nicht eingehend erörtert. Lediglich die Verwirkung von Verfahrensrügen wurde auf dem Gebiet des Strafprozesses bereits untersucht[2].

(a) Verwirkbarkeit prozessualer Befugnisse im außerstrafprozessualen Bereich

Das Problem der Verwirkbarkeit prozessualer Befugnisse wurde zumindest für den Bereich der Verwirkung infolge Zeitablaufs aber auch für den Fall sonstigen mißbräuch-

---

1 S. oben S. 1 Fn. 3, S. 3 Fn. 1, 2, S. 6 Fn. 4.
2 Jescheck JZ 1952, 400; ders., GA 1953, 88; Niese, JZ 1953, 221; Schmid, Die Verwirkung von Verfahrensrügen, 1967.

lichen Verhaltens im Zivil-, Verwaltungs- und Verfassungsprozeßrecht bereits gesehen. Von der Rechtsprechung wurde die Möglichkeit der Verwirkung des Klagrechts, der Klagbefugnis etc. verschiedentlich bejaht[1].
Dabei wurde zwar vielfach nicht genau geklärt, um welche prozessualen Befugnisse es sich im konkreten Fall handelte[2].
Dies hängt auch mit der immer noch uneinheitlichen Terminologie zusammen. Es ist von der Verwirkung des Klagrechts[3], der Klagebefugnis[4] sowie von sonstigen Befugnissen die Rede[5].

Das Schrifttum streitet darum, ob prozessuale Befugnisse überhaupt der Verwirkung mit der Folge, daß das (Zivil-) Verfahren als unzulässig zurückgewiesen wird, unterliegen können. Dabei wird jedenfalls im Grundsatz bejaht, daß auch prozessuale Befugnisse der Verwirkung (durch Zeitablauf) unterliegen können[6].

(b) <u>Einwände gegen Verwirkbarkeit des "Klagrechts"</u>

Es wird jedoch vertreten, daß bei einem unterschiedlich verstandenen "Klagrecht" eine verwirkbare Position nicht gegeben sei[7]. Zwar wurde diese Diskussion lediglich im Bereich des Zivilprozeßrechts geführt und hier auch überwiegend unter dem Blickwinkel der Verwirkung von prozessualen Rechten infolge Zeitablaufs, dennoch könnten

---

1 BAG NJW 1962, 463; BVerwG DÖV 1956, 520; BVerfG NJW 1972, 1025; vgl. hierzu Griebeling, S. 56, für den Bereich mißbräuchlichen Verhaltens vgl. Beispiele bei dems., S. 67; BGHZ 30, 140 ff.
2 Vgl. hierzu die Untersuchung von Griebeling, S. 67, vgl. auch Baumgärtel, ZZP 1975, 389.
3 BVerwG DÖV 1956, 510; OVG Hamburg DÖV 1958, 306.
4 BAG NJW 1969, 463.
5 Vgl. Griebeling, a.a.O.
6 Griebeling, S. 66; Baumgärtel, ZZP 1975, 386; Dahns, S. 74 ff.; Dütz, S. 1027
7 Vgl. Dahns, Die Unmöglichkeit der Klageverwirkung, S. 98, 121 f.

die Einwände, die der Verwirkbarkeit des zivilrechtlichen "Klagrechts" entgegengesetzt werden, dazu führen, eine Verwirkbarkeit der Strafverfolgungsbefugnis bzw. des "Strafklagrechts" zu verneinen. Es muß daher auf die zivilrechtliche Diskussion kurz eingegangen werden. Hierbei müssen zunächst freilich die Argumente ausgeschieden werden, die lediglich darauf abstellen, daß im konkreten Fall der Verwirkung durch Zeitablauf eine Tatbestandsvoraussetzung des Verwirkungstatbestands nicht gegeben sei. So wird behauptet, das Erfordernis eines schutzwürdigen Vertrauenstatbestands sei im Falle einer langen Nichtgeltendmachung des "Klagrechts" usw. nicht gegeben[1]. Diese Auffassung schließt die Möglichkeit der Verwirkung (durch Zeitablauf) bei dem "Klagrecht" nicht von vornherein aus. Hier soll es zunächst nur darum gehen, ob die prozessualen Befugnisse prinzipiell verwirkbar sind.

Es verbleibt sonach die ablehnende Auffassung von Dahns, der auch unabhängig von dem Merkmal eines Vertrauenstatbestands der Auffassung ist, daß die Klagemöglichkeit nicht der Verwirkung unterliegen könne[2].

Dahns untersucht zunächst, welche Befugnisse der Verwirkung unterliegen können, gelangt zu der Erkenntnis, daß dies die "Klagmöglichkeit" sowie die "Klagbarkeit" seien.

Den Begriff der Klagmöglichkeit setzt er mit der Klagebefugnis gleich, worunter der die jedermann ohne besondere gesetzliche oder behördliche Erlaubnis zustehende abstrakte Möglichkeit versteht, sich mit einem beliebigen Rechtsschutzbegehren an ein staatliches Gericht mit der Bitte um eine Entscheidung zu wenden[3]. Die so verstandene Klagmöglichkeit bezeichnet er als unvergänglich,

---

1 Griebeling, S. 70 ff.; Baumgärtel, ZZP 1975, 400, 404.
2 Dahns, S. 98, 121 f.; so auch Dütz, für den Fall der Verwirkung (infolge Zeitablaufs) des Rechts auf Anrufung der Gerichte, NJW 1972, 1027.
3 A.a.O., S. 85.

weil sie keine Beziehung zu einem konkreten Lebenssachverhalt habe, bei dem sich ein Vertrauenstatbestand bilden könne, und gelangt deshalb zu einer Unverwirkbarkeit der Klagmöglichkeit[1].
Unter der "Klagbarkeit" versteht er eine dem materiellrechtlichen Anspruch beigefügte, grundsätzlich verzichtbare Eigenschaft, Gegenstand richterlicher Sachentscheidung zu sein, weshalb er sie als Sachurteilsvoraussetzung ansieht.
Hieraus folgert Dahns, daß die Verwirkung der Klagbarkeit ausgeschlossen sei, weil sie vom Gesetzgeber lediglich an den materiell-rechtlichen Anspruch geknüpft worden sei, unabhängig von den persönlichen Verhältnissen des Berechtigten und/oder des Verpflichteten. Es sei deshalb kein Platz für eine Interessenabwägung der Beteiligten, so daß der Maßstab Treu und Glauben nicht in Betracht komme[2]. Nach dieser Untersuchung steht für Dahns fest, daß es eine Klageverwirkung bei einer zivil- oder verwaltungsrechtlichen Klage oder einer Verfassungsbeschwerde nicht geben könne[3].
Wenn auch dem Ergebnis, daß eine Verwirkbarkeit der Klagemöglichkeit sowie der Klagbarkeit im Sinne von Dahns ausscheiden, zugestimmt werden kann, weil die Klagemöglichkeit schon deshalb nicht durch Zeitablauf verwirkbar ist, weil ein schutzwürdiges Vertrauen des Gerichts nicht denkbar ist[4], und die Klagbarkeit nicht in Beziehung zu einem Gegner steht und deshalb auch nicht unzulässig ausgeübt werden kann[5], so führt die Ablehnung

---

1 Dahns schränkt dies aber selbst dadurch ein, indem er z.B. Querulantenklagen über das Institut des fehlenden Rechtsschutzbedürfnisses als unzulässig zurückweisen lassen möchte, S. 96.
2 Dahns, a.a.O., S. 119; ähnlich auch Baumgärtel, ZZP 75 (1972), 394.
3 Dahns, a.a.O., S. 152.
4 Baumgärtel, ZZP 75 (1972), 396; Dütz, NJW 1982, 1027; Griebeling, S. 59.
5 Griebeling, S. 74.

einer Verwirkbarkeit dieser beiden Befugnisse jedoch nicht zwingend zur Ablehnung der Annahme einer Verwirkung des "Klagrechts" etc. insgesamt.
Wie Griebeling nachgewiesen hat, ist im zivilprozessualen Bereich auch die Verwirkung der Prozeßführungsbefugnis denkbar[1]. Diese besteht im Verhältnis zu dem Beklagten, ist Prozeßvoraussetzung und einem Gläubiger-Schuldner-Verhältnis im materiellen Zivilrecht vergleichbar[2]. Wenn von der Verwirkung des Klagrechts etc. die Rede ist, muß daher untersucht werden, ob nicht die Prozeßführungsbefugnis entfallen sein könnte. Die Prozeßführungsbefugnis kann demnach im zivilprozessualen Bereich der Verwirkung (durch Zeitablauf) unterliegen.

Für den Fall der rechtsmißbräuchlichen Ausnutzung der Klagebefugnis bzw. Prozeßführungsbefugnis wird darüber hinaus ebenfalls angenommen, daß dies zur Prozeßabweisung führe[3].

(c) Ergebnis

Für die hier interessierende Frage, ob die Strafverfolgungsbefugnis bzw. das "Strafklagrecht" der Verwirkung unterliegen könne, ergeben sich aus der zivilprozessualen Diskussion somit keine grundsätzlichen Bedenken gegen die generelle Anerkennung der Möglichkeit der Verwirkung von strafprozessualen Befugnissen.
Die konkrete Strafverfolgungsbefugnis des Staates ist der zivilprozessualen Prozeßführungsbefugnis vergleichbar. Sie ist in der Regel für die Strafverfolgungsbehörden gegeben, sofern - je nach Verfahrensstadium - zureichnde tatsächliche Anhaltspunkte bzw. hinreichender Tatverdacht gegeben sind (§§ 152, 170 StPO) und richtet sich gegen den Beschuldigten/Angeklagten. Die Straf-

---

1 Griebeling, a.a.O., S. 65.
2 A.a.O., S. 66.
3 Baumgärtel, ZZP 75 (1962), 395; Pohle, S. 217 f.

verfolgungsbefugnis muß in jedem Verfahrensstadium bejaht werden, im Zeitpunkt der Anklageerhebung muß sie in Gestalt des "Strafklagrechts" vorliegen.

Die Strafverfolgungsbefugnis ist daher geeignet, an dem Grundsatz von Treu und Glauben und damit an den Maßstäben der unzulässigen Rechtsausübung gemessen zu werden.

(2) Strafverfolgungsbefugnis und Legalitätsprinzip

Auch hier stellt sich wiederum die Frage, ob das Legalitätsprinzip einer Verwirkung der konkreten Strafverfolgungsbefugnis entgegensteht. Es kann insoweit auf das oben zur Verwirkbarkeit der konkreten Strafbefugnis Gesagte verwiesen werden[1].
Hier gilt, daß das Legalitätsprinzip nur so lange zur Strafverfolgung zwingt, als nicht aus rechtsstaatlichen Gründen eine Strafverfolgung abzulehnen ist.

ddd) Strafanspruchsbegriff mit Doppelnatur?

Schließlich kommt als weitere Möglichkeit auch noch in Betracht, daß sowohl auf materieller als auch auf prozessualer Ebene der Verwirkungstatbestand Wirkungen zeitigt. Der Verwirkungstatbestand hätte damit gleichsam eine Doppelnatur. Dies ist einmal in der Form denkbar, daß auf beiden Ebenen unabhängig voneinander eine Verwirkung eintreten kann, andererseits aber auch, daß die Verwirkung auf materieller Ebene zu einer Verwirkung des prozessualen Verfolgungs"rechts" führt. Dieser Auffassung schien die frühere Rechtsprechung des Bundesgerichtshofs zuzuneigen, wenn davon die Rede ist, die Verwirkung führe zu einem Prozeßhindernis[2].

---

1 Vgl. o. S. 103 ff.
2 BGH (2. Senat) NJW 1981, 1627; BGH NStZ 1982, 126; BGH StrafVerf. 1982, 151 = NStZ 1982, 156.

II. Ergebnis

Es hat sich gezeigt, daß dann, wenn von der Verwirkung des staatlichen Strafanspruchs die Rede ist, sowohl die staatliche Strafverfolgungsbefugnis als auch die materielle konkrete Strafbefugnis sowohl einzeln als auch gleichzeitig der Verwirkung unterliegen können.

7. Kapitel

ÜBERTRAGUNG DES VERWIRKUNGSGEDANKENS AUF DIE FÄLLE ILLOYALEN STAATLICHEN VERHALTENS

Es gilt nunmehr zu untersuchen, ob und auf welcher Ebene die Verwirkung eintritt, wenn illoyales staatliches Verhalten vorliegt. Zu unterscheiden sind wiederum die verschiedenen Fallgruppen des illoyalen staatlichen Verhaltens.

I. Staatliche Verbrechensprovokation

1. Gegenstand der Verwirkung

In Betracht kommt - wie oben dargelegt - entweder eine Verwirkung der materiellen (konkreten) Strafbefugnis des Staates oder aber eine Verwirkung der Strafverfolgungsbefugnis oder eine Verwirkung beider Befugnisse, wobei die Verwirkung der Strafverfolgungsbefugnis auch auf der primären Verwirkung der materiellen Strafbefugnis beruhen könnte.

a) Rechtsprechung

Es fragt sich, ob die Stellungnahmen der Rechtsprechung zur Klärung der Frage, welche staatlichen Befugnisse verwirkt sein könnten, beitragen können:

aa) Höchstrichterliche frühere Rechtsprechung

Die höchstrichterliche, frühere, nicht einheitliche Rechtsprechung vertritt folgende Standpunkte:

aaa) Verwirkung des Strafanspruchs (4. Senat)

Hier wird einfach postuliert, daß der staatliche Strafanspruch verwirkt sein könne, ohne in irgendeiner Weise zu erläutern, was damit gemeint ist[1].

bbb) Vorwurf widersprüchlichen und arglistigen Verhaltens (2. Senat)

Der zweite Senat legt dar, daß der Staat sich dem Vorwurf widersprüchlichen und arglistigen Verhaltens aussetze, was innerhalb einer rechtsstaatlichen Ordnung nicht zulässig sei, wobei die Folge hieraus ein auf den angestifteten Täter beschränktes Strafverfolgungsverbot sei, das die Wirkungen eines von Amts wegen zu beachtenden Verfahrenshindernisses entfalte[2].

Hier argumentiert der 2. Senat nicht explizit mit der Verwirkung des Strafanspruchs, wenngleich auch auf das widersprüchliche und arglistige Verhalten des Staates hingewiesen wird, was auf die Verwendung des Verwirkungsgedankens hindeutet. Bezogen wird die Verwirkung aber auf die Strafverfolgung. Diese soll unzulässig werden, weil ein "Strafverfolgungsverbot" entstehe. Es scheint daher so zu sein, als sei der Bundesgerichtshof hier der Meinung, daß in Wahrheit die Strafverfolgungsbefugnis der Verwirkung unterliege. Hierfür spricht schließlich auch der direkte Bezug vom Strafverfolgungsverbot zum Verfahrenshindernis. Der 2. Senat scheint folglich mit einer rein prozessualen Verwirkung argumentiert zu haben.

Dies wird allerdings wieder durch die Entscheidung des 2. Senats vom 23. September 1983[3] relativiert. Hier wirft der 2. Senat dem Instanzgericht vor, es habe den Gesichtspunkt der Verwirkung des staatlichen Strafanspruchs nicht genügend erörtert, was den Eindruck er-

---

1 BGH (4. Senat) NStZ 1981, 71.
2 BGH (2. Senat) NJW 1981, 1627; ebenso BGH NStZ 1982, 126; BGH Strafverteidiger 1982, 151 = NStZ 1982, 156.
3 BGH Strafverteidiger 1984, 4 f. = NStZ 1984, 78.

weckt, daß der 2. Senat die Verwirkung der Strafverfolgungsbefugnis mit der Verwirkung des staatlichen Strafanspruchs gleichsetzt, also auch eine materiell-rechtliche Verwirkung bejaht, wenn man von dem zivilrechtlichen (materiellrechtlichen) Grundgedanken der Verwirkung ausgeht.

ccc) Rechtsstaatsprinzip/Verwirkung des staatlichen Strafanspruchs mit dem Ergebnis Unverfolgbarkeit (3. Senat)

Der 3. Senat spricht davon, daß sich aus dem Rechtsstaatsprinzip Grenzen tatprovozierenden Verhaltens für den polizeilichen Lockspitzel ergeben, deren Überschreitung unter dem Gesichtspunkt der Verwirkung des staatlichen Strafanspruchs im Ergebnis zur Unverfolgbarkeit der provozierten Tat führen könne[1]. Hieraus könnte der Schluß gezogen werden, daß zunächst von einer Verwirkung des Strafanspruchs auf materieller Ebene ausgegangen wird, was erst später zur Unverfolgbarkeit der Tat führe. Hiermit könnte gemeint sein, daß nur auf der materiellen Ebene, d.h. auf der Ebene der konkreten Strafbefugnis, die Verwirkung eintrete, die dann - über welche Konstruktion auch immer - zur Unverfolgbarkeit der Tat führe. Denkbar ist auch, daß hiermit gemeint ist, daß infolge der materiellen Verwirkung auch auf der prozessualen Ebene eine Verwirkung eintrete. Die Entscheidung läßt dies offen.

ddd) Arglistiges Verhalten, welches Verurteilung entgegenstehen kann, Strafausschließungsgrund (5. Senat)

Der 5. Senat spricht in einer früheren Entscheidung von arglistigem Verhalten, das einer Verurteilung des Angeklagten entgegenstehen könne, neigt aber im Ergebnis

1 BGH Strafverteidiger 1981, 276.

einem Strafausschließungsgrund zu, ohne auf die hier interessierende Frage näher einzugehen[1]. Der 5. Senat scheint einer rein materiellrechtliche Lösung zuzuneigen.

eee) Strafanspruch nicht entstanden oder entfallen (1. Senat)

Der 1. Senat hatte vor der Entscheidung vom 23. Mai 1984[2] lediglich die Möglichkeit angedeutet, daß der staatliche Strafanspruch nicht entstanden oder aber entfallen sein könne[3], was noch den Schluß zuließ, daß der 1. Senat eine rein materielle Sichtweise vorzog, bis er den Verwirkungsgedanken in der Entscheidung vom 23. Mai 1984 als Lösungsmöglichkeit völlig verwarf[4].

bb) Neue Rechtsprechung des 1. Senats

Die Argumente, die der 1. Senat nunmehr gegen die Übertragung des Verwirkungsgedankens ins Feld führt, unterscheiden zwischen der Lösung über ein Verfahrenshindernis und der Lösung über die Verwirkung des staatlichen Strafanspruchs, woraus zu folgern ist, daß der 1. Senat der Auffassung ist, daß die eine Lösungsmöglichkeit mit der anderen nichts zu tun hat. Gegen die Lösung über das Verfahrenshindernis führt der 1. Senat an, "als Verfahrenshindernisse kämen nur diejenigen Umstände in Betracht, die nach dem ausdrücklich erklärten oder aus dem Zusammenhang ersichtlichen Willen des Gesetzes für das Strafverfahren so schwer wiegen, daß von ihrem Nichtvorhandensein die Zulässigkeit des Verfahrens im Ganzen abhängig gemacht werden muß". Dies ist die der früheren

---

1 BGH Strafverteidiger 1984, 59.
2 BGHSt 32, 345 ff. = Strafverteidiger 1984, 321 ff. = NStZ 1985, 131 ff.
3 BGH NJW 1980, 1761.
4 Für die materielle Verwirkung des Strafanspruchs auch LG Stuttgart Strafverteidiger 1984, 197; LG Frankfurt Strafverteidiger 1984, 415; LG Berlin Strafverteidiger 1984, 457.

BGH-Rechtsprechung zu den Verfahrenshindernissen entnommene Redewendung[1]. Dies müsse auch für Verstöße gegen das Rechtsstaatsprinzip gelten. Diese führten jedoch im allgemeinen gerade nicht zu einem Verfahrenshindernis. Verfahrenshindernisse knüpften an Tatsachen an, die Beantwortung der Frage, wann die rechtsstaatlichen Grenzen eines Lockspitzeleinsatzes überschritten sei, sei jedoch ein Werturteil, welches nur aufgrund einer Hauptverhandlung gefällt werden könne. Aus diesem Grunde passe die Rechtsfigur des Verfahrenshindernisses nicht[2].

Die von Bruns erwogene Übertragung des amerikanischen "Estoppel-Prinzips" lehnt der 1. Senat mit der Begründung ab, daß dieses Prinzip kein Institut des Verfahrensrechts sei, sondern zum materiellen Recht gehöre, was im Ergebnis zum Freispruch führe und deshalb auch kein Verfahrenshindernis begründen könne.

Gegen die Annahme einer Verwirkung des staatlichen Strafanspruchs führt der 1. Senat schließlich noch aus, daß es sich hierbei um eine unzulässige Übertragung zivilrechtlicher Kategorien auf das Strafrecht handele, Gegenstand einer - im Prinzip im öffentlichen Recht anerkannten - Verwirkung seien materielle Rechte oder prozessuale Befugnisse, mit der Formulierung "staatlicher Strafanspruch" werde darüber hinweggetäuscht, daß es nicht um eine verwirkbare günstige Rechtsposition gehe, sondern um eine Funktion des Staates, nämlich um seine Verpflichtung zum Rechtsgüterschutz durch die Verfolgung strafbarer Handlungen. Von dieser Verpflichtung könne der Staat nicht durch das Fehlverhalten einzelner V-Männer freigestellt oder in ihrer Erfüllung gehindert werden. Die dem Schutz des Staates anvertrauten Rechtsgüter würden sonst zur Disposition des polizeilichen Lockspit-

---

1 BGHSt 15, 287, 290.
2 Dem 1. Senat folgend jetzt auch der 2. Senat Strafverteidiger 1986, 100 f. und der 5. Senat, Strafverteidiger 1985, 398.

zels gestellt, was im Bereich von Tötungs-, Raub- und Diebstahlskriminalität zu unhaltbaren Konsequenzen führe.

Es fehle auch im Falle einer staatlichen Verbrechensprovokation an dem wesentlichen Gesichtspunkt des Vertrauensschutzes, weil sich der Lockspitzel gerade nicht als Vertreter des Staates zu erkennen gebe. Der von Dencker ausgesprochene Gedanke der "Zerstörung des allgemeinen Grundvertrauens" ließe sich nicht in die dem Institut der Verwirkung zugrundeliegenden Rechtsgedanken einordnen.

Schließlich führe die Bejahung eines Verfahrenshindernisses auch zu einem unlösbaren Wertungswiderspruch zu der strafrechtlichen Haftung eines Beamten oder Soldaten für strafbares Handeln auf Befehl (§ 56 Abs. 2 S. 3 BBG, § 11 Abs. 2 SoldG, § 7 Abs. 2 UZWG)[1].

cc) Rechtsprechung der Tatgerichte

Die frühere Rechtsprechung der Tatgerichte spricht in Anlehnung an die frühere mehrjährige höchstrichterliche Rechtsprechung gleichfalls nur davon, daß der staatliche Strafanspruch verwirkt sei, was auf grundrechtsverletzende (rechtsstaatswidrige) Strafverfolgungsmaßnahmen zurückzuführen sei. Dies führe zu einem Verfahrenshindernis[2]. An anderer Stelle wird von einer Verwirkung des staatlichen Strafanspruchs gesprochen, wenn die aus dem Rechtsstaatsprinzip ergebenden Grenzen tatprovozierenden Verhaltens von dem V-Mann überschritten werden[3]. Andere Untergerichte wiederholen die Formel des 2. Senats von dem Vorwurf des widersprüchlichen und arglistigen Verhaltens und kommen gleichfalls zu einem Verfahrenshindernis und damit zur Einstellung[4].

---

1 BGHSt 32, 351 ff. = Strafverteidiger 1984, 322 f.
2 So erstmals AG Heidenheim NJW 1981, 1628.
3 LG Stuttgart Strafverteidiger 1984, 199.
4 LG Frankfurt Strafverteidiger 1984, 418; LG Berlin Strafverteidiger 1984, 459.

dd) Analyse

Die z.T. recht unterschiedlichen Auffassungen der verschiedenen BGH-Senate tragen nur wenig zur Klärung bei, welche staatliche Befugnis der Verwirkung unterliegen könne. Lediglich die neue Rechtsprechung des 1. Senats versucht aufzuzeigen, daß es sich bei den Lösungen über das Verfahrenshindernis und die Verwirkung des staatlichen Strafanspruchs um zwei völlig unabhängig voneinander bestehende Modelle handele. Der 1. Senat ordnet die Verwirkung des Strafanspruchs eindeutig dem materiellen Recht zu, wenn er diese Lösungsmöglichkeit ausschließlich in die Nähe des Strafausschließungsgrunds rückt[1].

Das Verfahrenshindernis soll offenbar nach Auffassung des 1. Senats mit dem Verwirkungsgedanken nicht in Zusammenhang gebracht werden. Weshalb ein Verfahrenshindernis überhaupt in Betracht kommt, sagt der 1. Senat - aus seiner Sicht konsequent - nicht, weil es hierauf bei einer Ablehnng dieser Lösung nicht ankommt.

Die Rechtsprechung unterscheidet insgesamt nicht sauber zwischen der möglichen Verwirkung eines materiellen Strafanspruchs, nämlich der staatlichen konkreten Strafbefugnis und der gleichfalls möglichen Verwirkung der Strafverfolgungsbefugnis. Soweit die Rechtsprechung von der Verwirkung des staatlichen Strafanspruchs ausgeht und damit die materielle Strafbefugnis meint, müßte in Anlehnung an das Zivilrecht der Freispruch die richtige Rechtsfolge sein, weil im Zivilrecht durch die Verwirkung eines Anspruchs auch nicht etwa das Verfahren als solches unzulässig wird, sondern die zulässige Klage lediglich abgewiesen wird, weil der materielle Einspruch jedenfalls nicht prozessual durchsetzbar ist, weil ihm

1 BGH Strafverteidiger 1984, 323.

die Einrede (besser Einwendung, weil von Amts wegen zu berücksichtigen) der unzulässigen Rechtsausübung entgegensteht[1].

Soweit die höchstrichterliche Rechtsprechung und ihr folgend die Rechtsprechung der Untergerichte bislang ein Prozeßhindernis bejahten, so liegt die Vermutung nahe, daß hinter dem Topos von der Verwirkung des staatlichen Strafanspruchs eher die Verwirkung der staatlichen Strafverfolgungsbefugnis steht. Dagegen spricht allerdings, daß auch die Verjährung nach zivilrechtlicher Auffassung lediglich zur materiellen Klagabweisung führt, nicht aber zur Unzulässigkeit des Verfahrens, wohingegen im Strafrecht die Entwicklung zu einem Verfahrenshindernis geführt hat.

Auch die neue Rechtsprechung des Bundesgerichtshofs, die nunmehr sowohl die Verwirkung des staatlichen Strafanspruchs als auch das Verfahrenshindernis ablehnt, geht nicht davon aus, daß das Verfahrenshindernis ein Ergebnis der Verwirkung der Strafverfolgungsbefugnis sein könne. Der Verwirkungsgedanke wird lediglich zu dem materiellen Strafanspruch in bezug gesetzt, der jedoch mit der Begründung abgelehnt wird, daß es sich in Wahrheit nicht um eine Befugnis des Staates handele, sondern um eine nicht verwirkbare Handlungspflicht.

Alles in allem läßt sich aus der Rechtsprechung schlußfolgern, daß die Möglichkeit der Verwirkbarkeit der Strafverfolgungsbefugnis nicht gesehen wird, obgleich das Ergebnis vielfach Prozeßhindernis lautet. Es wird eher die Verwirkung der materiellen Strafbefugnis als möglich angenommen, die aber dann nicht zum Freispruch, sondern zur Einstellung führen soll. Aus der Verwirkung des materiellen Anspruchs wird ein Prozeßhin-

---

1 S. oben S. 29.

dernis abgeleitet, wobei die zwingende Begründung hierfür nicht gegeben wird.

Es wird folglich lediglich nach einer prozessualen Möglichkeit gesucht, die nach eigener Erkenntnis eher auf materieller Ebene eingetretene Straflosigkeit prozessual zu bereinigen. Das Mittel hierzu war nach Auffassung der früheren ständigen Rechtsprechung das Prozeßhindernis.

b) Literatur

Es fragt sich, ob die in der Literatur geäußerten Auffassungen zu einer weiteren Klärung der Frage beitragen können.

aa) Meinungsstand

Die Meinungen bei der Behandlung des Problems der staatlichen Verbrechensprovokation gehen weit auseinander, wobei das hier in Rede stehende Problem, welche Befugnis möglicherweise der Verwirkung unterliegen könnte, wie in der Rechtsprechung überwiegend nicht gesehen wird. Erst in jüngster Zeit wird problematisiert, welche staatliche Befugnisse denn dem Einwand der unzulässigen Rechtsausübung ausgesetzt sind[1]. Mittelbar wird jedoch auch über den jeweiligen Lösungsansatz sichtbar, welcher Auffassung die einzelnen Autoren zuneigen.

So wird vertreten, daß es sich im Falle einer staatlichen Verbrechensprovokation auch um ein materiell-rechtliches Problem handele, so daß die Lösung über einen Strafausschließungsgrund zu suchen sei[2].
Mache erwägt sogar einen Schuldausschließungsgrund,

---

1 Vgl. Schumann, JZ 1986, 66 ff.; Drywa, Die materiellrechtlichen Probleme des V-Mann-Einsatzes, 1987, S. 28 ff., 63 ff.

2 Sieg, Strafverteidiger 1981, 636; Schünemann, Strafverteidiger 1985, 429; Teske, JA 1986, 109.

meint aber wohl gleichfalls einen Strafausschließungsgrund und lehnt diesen letztlich ab, weil die Rechtsprechung hiermit überfordert sei[1]. Lüderssen läßt es ausdrücklich offen, ob es sich bei dem Verwirkungsargument um ein materiell-rechtliches handelt[2].

Zu einem großen Teil wird die Auffassung vertreten, die Lösung bei einer unzulässigen staatlichen Verbrechensprovokation liege in einem Beweisverwertungsverbot mit oder ohne Fernwirkung[3].

Nach dieser möglichen "prozessualen" Auffassung kommt es auf die Frage der Verwirkung des Strafanspruchs unmittelbar nicht an. Die Verwirkung des staatlichen Strafanspruchs wird daher von der hier zitierten Auffassung auch überwiegend abgelehnt.

Den Vertretern dieser Lösungsmöglichkeit ist gleichfalls nicht bewußt, daß das Verfahrenshindernis seine Ursache und Begründung in der unzulässigen Rechtsausübung haben kann[4].

Ganz vereinzelt wird die Auffassung der neueren Rechtsprechung geteilt und eine Berücksichtigung der Verbrechensprovokation bei der Strafzumessung für ausreichend

---

1 Mache, Der agent provocateur, S. 201.
2 Lüderssen, Jura 1985, 123.
3 Lüderssen, FS f. Peters, S. 366 ff.; Franzheim, NJW 1979, 2015; Mache, Der agent provocateur, S. 218; Voller, S. 110; Dencker, FS f. Dünnebier, S. 453: im Falle der Täuschung nach § 136 a StPO; Berz, JuS 1982, 418; Mache, S. 53, 209; Lüderssen, Jura 1985, 123; Stempel, S. 113 ff. unter Übernahme des Rechtsgedankens der amerikanischen Doctrine of Entrapment.
4 Stempel hält immerhin die Provokation des Lockspitzels nach sittlichen Maßstäben für nicht akzeptabel, S. 3.

erachtet[1].

Auch diese Position lehnt überwiegend einen Rückgriff auf den Verwirkungsgedanken ab, wobei die Argumente des 1. Senats wiederholt werden.

Zum Teil wird auch auf die Möglichkeit der Revisibilität verwiesen, was allenfalls mittelbar auf den Verwirkungsgedanken zurückzuführen wäre[2].

Ganz überwiegend wurde die langjährige frühere höchstrichterliche Rechtsprechung mit der Lösung über das Verfahrenshindernis von der Literatur - wenn auch mit unterschiedlichen Argumenten - bejaht[3].

---

1 Kleinknecht/Meyer, Einl., Rdn. 144; Meyer, NStZ 1985, 131; tendenziell wohl auch schon Foth, NJW 1984, 222; Dencker, S. 453: für den Fall, daß die fehlende Intensität der Provokation nicht zu einem Verfahrenshindernis führt.

2 Bruns, Strafverteidiger 1984, 393; wohl auch Rieß, JR 1985, 46.

3 Franzheim - zumindest de lege ferenda -, NJW 1979, 2018; Mache, Strafverteidiger 1981, 601; anders aber ders., Der agent provocateur, S. 218; Sieg, Strafverteidiger 1981, 636: für Verfahrenshindernis und Strafausschließungsgrund; Dencker, FS f. Dünnebier, S. 453; Fischer, S. 184; Ulsenheimer, WiStra 1983, 14; Bruns, NStZ 1983, 56; ders. anders, aber ohne Not, Strafverteidiger 1984, 393: Bruns sagt hier selbst, daß in der Frage der "Verwirkung" des "staatlichen Strafanspruchs" noch nicht das letzte Wort gesprochen sei; Meyer, ZStW 1983, 853; Geißer, GA 1983, 404; Taschke, Strafverteidiger 1984, 178 ff.; Gössel, NStZ 1984, 421; Arloth, NJW 1985, 417; wohl auch Herzog, NStZ 1985, 157; ähnlich: für "Unverfolgbarkeit" Schoreit, NStZ 1982, 63; ganz ähnlich auch Geißer, GA 1983, 44: für ein Strafverfolgungsverbot, das die Wirkung eines von Amts wegen zu beachtenden Verfahrenshindernisses hat; für ein Verfolgungsverbot außerhalb eines Verfahrenshindernisses Rieß, JR 1985, 45 ff.

Die Hauptargumente für diese - nicht immer explizit auf den Verwirkungsgedanken zurückgeführte - prozessuale Lösung lautet, sofern überhaupt eine Begründung abgegeben wird, wie folgt:

Bei der Verbrechensprovokation durch einen V-Mann handele es sich um ein Phänomen, welches außerhalb von Tatschuld, ja außerhalb des Täterverhaltens einzuordnen sei, weshalb die naheliegendste Lösung diejenige über das Verfahrenshindernis sei[1].

Auf diese Art und Weise ließe sich auch am besten verhindern, daß die Verbrechensprovokation nicht erwünschte Folgen für etwaige Beteiligte, die nicht von der Provokation betroffen waren, zeitige[2]. Die Verletzung des Rechtsstaatsprinzips erfordere bei schweren Verfahrensfehlern eine einschneidende Sanktion. Diese sei nur in einem nicht von Antrag oder Rüge abhängigen Prozeßhindernis zu sehen[3].

Das allgemeine Interesse am Rechtsfrieden und an der Rechtssicherheit gehe dem staatlichen Strafanspruch bzw. der Forderung des Einzelnen nach Genugtuung durch ein freisprechendes Urteil im Falle der staatlichen Verbrechensprovokation vor, so daß das Verfahren einzustellen sei[4].

Ähnlich drückt sich auch Taschke aus, wenn er ausführt, das Vertrauen in die Rechtsstaatlichkeit der Strafrechtspflege sei höher zu veranschlagen als der Anspruch und die Verpflichtung des Staates, einen Schuldigen zu be-

---

1 Dencker, S. 453; ähnlich Meyer, ZStW 1983, 853; ebenso Mache, S. 202 f., der aber dann ein Verfahrenshindernis ablehnt und ein Beweisverbot bejaht.
2 Dencker, S. 453; Meyer, ZStW 1983, 853.
3 Ulsenheimer, S. 14.
4 Ulsenheimer, a.a.O.; für eine solche Abwägung auch Fischer, S. 184.

strafen[1].

Taschke spricht einerseits ebenfalls von einem Verfolgungsverbot des Staates, andererseits aber auch von der Verwirkung des staatlichen Strafanspruchs[2]. Sieg argumentiert mit allgemeinen rechtlichen, "letztlich ethischen" Gründen. Der Staat dürfe den Täter nicht in Versuchung führen. Aus diesem Grunde führe die unzulässige Provokation zum Verfahrenshindernis[3].

Bruns begründet das Verfahrenshindernis mit der Ähnlichkeit zum anglo-amerikanischen Estoppel-Prinzip, letztlich direkt mit dem entscheidenden Gesichtspunkt des widersprüchlichen Verhaltens[4].

Arloth schließlich leitet das Verfahrenshindernis aus dem Anspruch des Angeklagten auf ein faires Verfahren, welches seinerseits wiederum aus Art. 2 Abs. 1 GG in Verbindung mit dem Rechtsstaatsprinzip aus Art. 20 Abs. 3 GG abgeleitet wird, her und führt weiter zur Begründung lediglich an, daß schließlich die Verfahrenshindernisse nicht abschließend geregelt seien und das Bundesverfassungsgericht ein Verfahrenshindernis auch bei überlanger Verfahrensdauer in Erwägung gezogen habe[5].

bb) Analyse

aaa) Allgemeines

Allen diesen Auffassungen ist gemein, daß sie letztlich

---

1 Taschke, Strafverteidiger 1984, 181.
2 A.a.O., S. 179 f.
3 Sieg, Strafverteidiger 1981, 636.
4 Bruns, NStZ 1983, 56.
5 Arloth, NJW 1985, 417. Parallelen zum fair trial-Gebot sehen auch: Berz, JuS 1982, 420; Bruns, NStZ 1983, 51, 53; ders., Strafverteidiger 1984, 390; Voller, S. 73; Schünemann, Strafverteidiger 1985, 430; Herzog, NStZ 1985, 153; Rieß, JR 1985, 47; Roxin, S. 61.

keine genaue Begründung dafür abgeben, wieso die Verfolgung der Straftat unzulässig sein soll, bzw. inwieweit der Verwirkungsgedanke bei der Annahme des Verfahrenshindernisses zum Tragen kommt.

Es handelt sich entweder um vom Ergebnis her gedachte Begründungen für das Verfahrenshindernis oder aber um die Umschreibung des arglistigen und/oder widersprüchlichen Verhaltens des Staates, welches dann - ohne weitere Begründung - zum Verfahrenshindernis führen soll.

Das gewünschte Ergebnis, Straflosigkeit des Angestifteten, läßt sich aber gerade nicht nur über die Konstruktion des Verfahrenshindernisses herbeiführen; dieses Ziel wäre auch über die anderen Lösungsansätze Strafausschließungsgrund und Beweisverwertungsverbot mit Fernwirkung erreichbar, so daß eine zwingende Begründung für die Lösung über ein Verfahrenshindernis in der Literatur letztlich nicht geliefert wird. Über welche Konstruktion das illoyale staatliche Verhalten das Prozeßhindernis konkret begründet, wird nicht geklärt.

Es gibt in dieser Beziehung - ähnlich wie bei der Rechtsprechung - keine klare Vorstellung. Dies zeigt z.B. die Argumentation Taschkes, der einerseits von einem Verfolgungsverbot des Staates spricht, eine Seite später aber wiederum den Gesichtspunkt der Verwirkung des staatlichen Strafanspruchs anführt[1]. Ähnliches findet sich auch bei Schoreit, der ausführt, daß der staatliche Strafanspruch verwirkt werden könne, woraus dann "Unverfolgbarkeit" der Straftat hergeleitet werden könne[2].

Auch K. Meyer - einer der wenigen Befürworter der neuen Rechtsprechung des Bundesgerichtshofs - stellt zunächst klar, daß er den Weg über das Verfahrenshindernis und

---

1 Strafverteidiger 1984, 179 f.
2 Schoreit, NStZ 1982, 63.

die Lösung über ein Beweisverbot als verfahrensrechtlichen Weg und die Lösung über den Strafausschließungsgrund und über die Strafzumessung als sachlich-rechtlichen Weg ansieht[1]. Eine Zeile später wird aber schon wieder der Zusammenhang zwischen der Verwirkung des Strafanspruchs und dem Verfahrenshindernis hergestellt und behauptet, das Recht (welches?), Straftäter zu bestrafen, sei keine verwirkbare Rechtsposition, deshalb komme das Verfahrenshindernis nicht in Betracht. Der Zusammenhang zwischen der Verwirkung des Straf"rechts" und dem Verfahrenshindernis wird nicht geklärt.

Die in der Rechtsprechung bereits vorhandene Unklarheit wird durch diese Befürworter der Verfahrenshindernislösung nicht beseitigt.

Diejenigen Autoren, die näher auf die Frage eingehen, worauf sich der Verwirkungsgedanke bezieht, sind Meyer, Gössel, Fischer und Schumann und Drywa.

bbb) Position J. Meyer

Meyer stellt zunächst klar, daß er die Lösungen über das Institut der Verwirkung sowie den persönlichen Strafausschließungsgrund als materiell-rechtliche Lösungen ansieht, wohingegen er die Lösung über das Verfahrenshindernis als prozessualen Weg betrachtet[2]. Das Verfahrenshindernis sei deshalb richtig, weil das staatliche Verhalten sich nicht nur als klarer Rechtsverstoß darstelle, sondern sich unmittelbar auf die Tatbegehung selbst und die anschließende Anklage beziehe. Dieses widersprüchliche Verhalten müsse daher mit dem Verfahrenshindernis geahndet werden[3].

---

1 NStZ 1985, 134.
2 ZStW 1983, 853; ebenso Schünemann, Strafverteidiger 1985, 427.
3 A.a.O.

Die Auffassung Meyers führt zunächst noch einmal vor Augen, daß es hier auch um die Abgrenzung von materiellem und formellem Recht geht[1]. Meyer ordnet zunächst den persönlichen Strafausschließungsgrund und die Verwirkungslösung dem materiellen Recht zu und ist dann der Auffassung, im Gegensatz hierzu handele es sich bei der Lösung über das Verfahrenshindernis um eine prozessuale Lösung. Gleichzeitig argumentiert er aber wiederum mit dem widersprüchlichen Verhalten des Staates, welches sich unmittelbar auf die Tatbegehung beziehe. Die Auffassung Meyers führt daher weg von der Verwirkung des materiellen Strafanspruchs, wenn weiterhin das widersprüchliche Verhalten als tragend zur Begründung des Verfahrenshindernisses auf prozessualer Ebene angesehen wird. Meyer ist aber offenbar der Auffassung, daß der Verwirkungsgedanke nur im Zusammenhang mit der materiellen Strafbefugnis des Staates zum Einsatz kommen könne, wenn er betont, daß es sich bei dem Institut der Verwirkung um eine materielle Lösung handele. Meyer zufolge müßte daher auch die Verwirkung nicht zu einem Prozeßhindernis, sondern zum Freispruch führen, es sei denn, man verfährt ebenso inkonsequent wie bei der Verjährung und erklärt die Verwirkung der materiellen Strafbefugnis einfach zum Verfahrenshindernis.

ccc) Position Gössel

Gössel geht davon aus, daß der Staat durch die Provokation seiner Pflicht zur möglichst weitgehenden Verhinderung von Straftaten derart treuwidrig zuwiderhandele, daß der staatliche Strafanspruch als "gleichsam erschlichen" angesehen werden müsse und deshalb nicht verfolgt werden dürfe. Dieses Verhalten stehe der "Zuläs-

---

1 Ebenso auch Mache, Die Zulässigkeit, S. 200.

sigkeit des Verfahrens im Ganzen"[1] entgegen und führe folgerichtig zur Annahme eines Verfahrenshindernisses[2].

Gössels Formulierung von der Erschleichung des staatlichen Strafanspruchs weist auf den ersten Blick wiederum auf die Annahme einer materiellrechtlichen Verwirkung hin. Auch hier führt aber der nächste Gedanke sofort dazu, daß aus diesem Grunde auch die Verfolgung nicht zulässig sein dürfe. Mit der Übernahme der Formulierung des Bundesgerichtshofs, dieses Verhalten des Staates stehe der "Zulässigkeit des Verfahrens insgesamt entgegen"[3], weist Gössel weiter in Richtung auf Unzulässigkeit der Strafverfolgung - auf Verlust der Strafverfolgungsbefugnis - im Gegensatz zur Verwirkung der materiellen Strafbefugnis des Staates.

ddd) Position Fischer

Die erste ausführlichere Behandlung des Problems findet sich bei Fischer. Er stellt unter Rekapitulation der damaligen (1982) Rechtsprechung des Bundesgerichtshofs zunächst fest, daß der Bundesgerichthof sich an das Institut der unzulässigen Rechtsausübung anlehne und erkennt dann, daß es eine der unzulässigen Rechtsausübung vergleichbare Situation auch bei der Verfolgung einer Straftat geben könne, wenn diese durch rechtswidrige Spitzelteilnahme mitverursacht worden sei[4]. Durch das rechtswidrige und schuldhafte Verhalten des Täters sei zwar der Strafanspruch entstanden, die Durchsetzung dieses Anspruchs könne jedoch rechtsmißbräuchlich sein, da der Staat den Anspruch durch rechtswidriges Verhalten habe mit entstehen lassen. Im folgenden prüft Fischer dann, ob

---

1 So die bekannte Redewendung der Rspr. für ein Verfahrenshindernis, BGHSt 15, 287, 290.
2 Gössel, NStZ 1984, 421.
3 So BGHSt 15, 287, 290.
4 Fischer, S. 175 f.

das Institut der unzulässigen Rechtsausübung auch auf das Strafverfolgungsrecht des Staates angewandt werden könne und weist darauf hin, daß dieses Institut bei den Beweisverboten nicht konsequent zur Anwendung gebracht werde.
Auch dort führe nach der Rechtsprechung des Bundesverfassungsgerichts[1] nicht jeder Verstoß gegen ein Beweisgewinnungsverbot zu einem Beweisverwertungsverbot. Nach Übernahme der nach dem Bundesverfassungsgericht vorzunehmenden Abwägung zwischen dem Recht des Beschuldigten auf Achtung seiner Persönlichkeit und dem Interesse der Allgemeinheit an einer Strafverfolgung auf den Fall der staatlichen Verbrechensprovokation, kommt er zu dem Ergebnis, daß ein Straftatverwertungsverbot bestehe, weil die Rechtsbeeinträchtigung beim Täter (Verstoß gegen ein Straftatengewinnungsverbot) wegen der vorliegenden Verletzung des Rechts auf "Freiheit vor unfreiwilliger Selbstbelastung" sowie des Rechts auf "Freiheit vor Desozialisation" höher zu bewerten sei als das Interesse an der Verfolgung der Straftat. Im übrigen liege auch die Verletzung der Menschenwürde des Täters vor sowie eine Verletzung des Sozialstaatsprinzips.
Schließlich habe der Angestiftete ein sog. Wiedergutmachungs- und Folgenbeseitigungsinteresse, welches nur durch die Nichtverfolgung der Straftat befriedigt werden könne. Aus der Gesamtabwägung dieser Umstände folge dann das Straftatverwertungsverbot, welches ein Verfahrenshindernis beinhalte[2].

Fischer erkennt bereits, daß es eine unzulässige Rechtsausübung auch bei der Verfolgung einer Straftat geben kann. Indem er feststellt, daß der Strafanspruch des

---

1 BVerfGE 34, 248.
2 A.a.O., S. 177-184; im Ergebnis ebenfalls Geißer, GA 1983, 404, jedoch ohne Begründung; ähnlich jetzt Schünemann: für Beweisthemaverbot Strafverteidiger 1985, 428; Lüderssen, Jura 1985, 122: Beweistatsachenverbot, die damit jedoch nicht unmittelbar zum Verfahrenshindernis gelangen.

Staates zwar entstanden, aber möglicherweise nicht durchsetzbar sei, verwässert er zwar diese Erkenntnis wieder, weil auch bei der zivilrechtlichen Verwirkung eines materiellen Anspruchs von der Nichtdurchsetzbarkeit des Anspruchs gesprochen wird, wenn die Klage wegen unzulässiger Rechtsausübung abgewiesen und nicht etwa als unzulässig zurückgewiesen wird. Gleichwohl zeigt die spätere Bejahung eines sog. Straftatverwertungsverbots, daß er eindeutig eine rein prozessuale Verwirkung des Strafverfolgungsrechts bejaht. Der Staat darf die gesamte Straftat nicht verwerten, die Straftat darf nicht verfolgt werden, d.h., die provozierte Tat darf schon gar nicht zum Anlaß eines Ermittlungsverfahrens gemacht werden, mit anderen Worten nicht zur Kenntnis genommen werden[1]. Damit bejaht Fischer im Grunde die Verwirkung der Strafverfolgungsbefugnis[2].

eee) Position Schumann

Schumann schließlich unterscheidet zwischen der Verwirkung des Strafanspruchs und dem Einwand der Arglist gegenüber der Strafverfolgung und erkennt, daß in beiden Alternativen das Verfahrenshindernis originär begründet wird[3]. Er stellt dann allerdings wiederum auf

---

1 Fischer, S. 184. Diese Argumentation findet sich auch bei Lüderssen, der allerdings unter Anwendung des § 136 a StPO zu einem Beweiserhebungsverbot mit Beweisverwertungsverbot kommt. Seine Argumentation: "Die Konsequenzen aus der Verletzung von Verfolgungsverboten reichen von der Unzulässigkeit der Ermittlungsaufnahme bis zur Unzulässigkeit der Verurteilung" spricht aber eher für ein Verfahrenshindernis, Verbrechensprophylaxe, S. 354.

2 Sogar Foth spricht in seiner Kritik der Bejahung des Verfahrenshindernisses davon, daß dann faktisch die Strafverfolgungsorgane über den Strafverfolgungsanspruch des Staates verfügen könnten, NJW 1984, 222; ebenso bereits Körner, Strafverteidiger 1982, 385.

3 Schumann, JZ 1986, 66.

den materiellen Strafanspruch ab und meint, anders als im Zivilrecht, wo die Verwirkung lediglich materielle Konsequenzen habe, sei eine prozessuale Folge, nämlich das Prozeßhindernis, nicht inkonsequent, weil der staatliche Strafanspruch - anders als im Zivilrecht - nicht außerhalb des Prozesses geltend gemacht werden könne. Hieraus folgert er, daß deshalb die Umstände, welche dem staatlichen Strafanspruch entgegenstehen, als Prozeßhindernis anzusehen seien[1]. Dies spricht für eine rein materiellrechtliche Sicht der Dinge. Dann allerdings folgt eine merkwürdige Wendung, wenn Schumann im Anschluß anführt, es sei besser, statt von der "Verwirkung des staatlichen Strafanspruchs" vom Verlust des "Strafverfolgungsrechts" zu sprechen[2]. Nunmehr ist nicht mehr klar, welche Befugnis der Verwirkung unterliegen soll. Es scheint so zu sein, als vertrete Schumann die Auffassung, die Verwirkung des Strafverfolgungsrechts leite sich aus der Verwirkung des materiellen Strafbefugnis ab.

Schumann weist mit seiner Formulierung vom "Verlust des Strafverfolgungsrechts" am weitesten in Richtung Verwirkung der Strafverfolgungsbefugnis, ohne daß er dabei völlig klarstellt, daß sowohl die Strafverfolgungsbefugnis als auch die materielle Strafbefugnis der Verwirkung unterliegen können. Dies vor allem deshalb, weil er letztlich mit der neueren Rechtsprechung des Bundesgerichtshofs die Verwirkung des Strafanspruchs ablehnt[3].

fff) Position Drywa

Die ausführlichste Darstellung des Problems findet sich

1 Schumann, JZ 1986, 69.
2 A.a.O.
3 A.a.O., 70.

jetzt bei Drywa[1]. Dieser berücksichtigt die Entwicklung der Rechtsprechung bis zur Entscheidung des 1. Senats vom 23.5.1984[2] und konnte daher noch behaupten, daß sich der BGH noch nicht endgültig zwischen den verschiedenen Lösungswegen entschieden habe[3], wenngleich innerhalb von nur zwei weiteren Jahren der Wandel innerhalb der BGH-Rechtsprechung hin zur grundsätzlichen Ablehnung einer Straffreiheitslösung vollzogen wurde.

Drywa ordnet die Verwirkung des staatlichen Strafanspruchs dem materiellen Strafrecht zu.
Lediglich ein neues Prozeßhindernis, welches er vom Verwirkungsgedanken trennt, sieht er als prozessuale Lösungsmöglichkeit an[4].
Bei der materiellrechtlichen Lösung sieht er das Problem, ob der dann zu erfolgende Freispruch auf den Wegfall des Tatbestandes, auf einen Rechtfertigungs- oder Schuldausschließungsgrund oder auf eine andere materiellrechtliche Kategorie gestützt werden solle[5].

Die Untersuchung der Übertragbarkeit des Verwirkungsgedankens auf das Straf(verfahrens)recht erfolgt lediglich unter dem Gesichtspunkt, ob eine Übertragbarkeit auf das materielle Strafrecht in Betracht komme, obwohl Drywa selbst erkennt, daß der Verwirkungsgedanke sowohl von den Vertretern einer prozessualen als auch von den Befürwortern einer materiellrechtlichen Lösung zur Begründung des jeweiligen Standpunktes angeführt wird[5].

Unter weitgehender Übernahme der Argumentation des 1. BGH-Senats kommt Drywa dann allerdings zu dem Ergebnis, daß die Übertragung des Verwirkungsgedankens auf das Strafrecht nicht zulässig sei, weil "dem Ankläger kein

---

1 Die materiellrechtlichen Probleme des V-Mann-Einsatzes.
2 BGHSt 32, 345 ff.; BGH Strafverteidiger 1984, 312 ff.
3 S. 32.
4 A.a.O.
5 A.a.O.
6 A.a.O., S. 63.

Recht zuerkannt werde"[1].
Dies ist die Argumentation, die sich schon bei Goldschmidt zur Ablehnung eines subjektiven Strafrechts findet[2]. Ferner ist er der Auffassung, daß auch deshalb keine Verwandtschaft mit zivilrechtlichen (materiellen) Ansprüchen bestehe, weil der Staat nicht auf sein Recht verzichten könne, sondern davon Gebrauch machen müsse.

Aus der Pflicht des Staates, die objektive Werteordnung zu schützen, die sich aus dem Legalitätsprinzip ergebe, sei zu folgern, daß der Mißbrauchs- oder Verwirkungsgedanke nicht zur Beurteilung der Strafbarkeit geeignet sei[3].
Ferner ist Drywa auch der Auffassung, daß die Übertragung des Verwirkungsgedankens wegen des Fehlens eines Vertrauenstatbestandes ausscheide.
Bei einem Verzicht auf den Vertrauenstatbestand fehle dem Begriff der Verwirkung die Aussagekraft, weil es ein allgemeines Prinzip des Verbotes der Berufung auf das eigene Unrecht nicht einmal auf dem Gebiet des Zivilrechts gebe[4].
Nachdem so zunächst jegliche Parallele zum Verwirkungsgedanken zurückgewiesen und betont wird, daß die Begriffe Verwirkung und Mißbrauch den einem Verfahrenshindernis zugrundeliegenden Sachverhalt nicht zutreffend beschrieben[5], kommt er nach der Ablehnung der mit "Freispruch" verbundenen materiellrechtlichen Lösung zu einer überraschenden prozessualen Lösung, die er als Verfahrenshindernis des rechtswidrigen staatlichen Verhaltens vor Begehung der Straftat bezeichnet[6].
Drywa macht zwar auf der einen Seite deutlich, daß der Verwirkungsgedanke sowohl auf materiellrechtlicher Ebene

---

1 A.a.O., S. 64.
2 S. 243 Fn. 1327.
3 A.a.O., S. 68.
4 A.a.O., S. 65.
5 Obwohl Drywa selbst mit arglistigem und widersprüchlichem Verhalten argumentiert, S. 39, 41, 76.
6 S. 84.

als auch auf prozessualer Ebene eine Rolle spielen kann, verneint aber dann im Ergebnis sowohl eine Verwirkbarkeit der materiellen Strafbefugnis wegen angeblich fehlender Tatbestandsvoraussetzungen als auch die Verwirkung der Strafverfolgungsbefugnis, weil er der Auffassung ist, daß der Verwirkungsgedanke bei einem Verfahrenshindernis von vornherein nicht passe.

Was die materiellrechtliche Ebene betrifft, verkennt Drywa dabei zum einen, daß der Fall des venire contra factum proprium nicht in jedem Fall das Vorliegen eines Vertrauenstatbestandes erfordert[1], zum anderen geht er mit der Auffassung fehl, daß bei einem Verzicht auf das Vertrauensmoment lediglich der tu-quoque-Einwand bestehen bleibe, der als allgemeines Prinzip nicht einmal auf dem Gebiet des Zivilrechts gelte. Drywa übersieht dabei, daß sich der Fall der staatlichen Verbrechensprovokation überhaupt nicht dem tu-quoque-Einwand zuordnen läßt, sondern unter die Fallgruppen "mißbräuchlich begründete Rechtsstellung" einzuordnen ist[2].

Dieser Gedanke trägt auch auf prozessualer Ebene und entspricht der eigenen Argumentation Drywas, wenn er ein Verfahrenshindernis des "rechtswidrigen staatlichen Verhaltens" konstruiert. Hierbei handelt es sich nämlich um rechtswidriges staatliches Verhalten bei der Begründung der Strafverfolgungsbefugnis. Diese Parallele sieht Drywa jedoch nicht, obwohl er mit arglistigem und widersprüchlichem Verhalten argumentiert.
Die eigene Argumentation Drywas beweist, daß die zivilrechtlichen Kategorien passen.

c) Ergebnis

Die frühere Rechtsprechung des 2., 3. und 4. Senats des

---

1 Vgl. o. S. 78.
2 Vgl. o. S. 75, 77.

Bundesgerichtshofs läßt eher darauf schließen, daß die Senate vor ihrer Ablehnung der Übertragung des Verwirkungsgedankens auf das Straf(prozeß)recht die Verwirkung der materiellen Strafbefugnis bejahten, die aber nicht etwa - in Anlehnung an das Zivilrecht - im Stadium der Hauptverhandlung zum Freispruch, sondern zur Einstellung führen sollte. Die Verwirkbarkeit der Strafverfolgungsbefugnis wurde nicht gesehen.

Die Literatur konnte bislang überwiegend nicht zur Erhellung der Frage, welche staatliche Befugnis der Verwirkung unterliegt, beitragen, obwohl überwiegend ein Verfolgungshindernis von der Literatur bejaht wird. Lediglich einige Autoren lassen erkennen, daß sie von einer Verwirkung der Strafverfolgungsbefugnis ausgehen.

Dabei liegt die Verwirkung der Strafverfolgungsbefugnis äußerst nahe, weil sie das Verfahrenshindernis unmittelbar erklärt. Auch in der Diskussion um die Verwirkbarkeit zivilprozessualer Befugnisse wurde anerkannt, daß die Klagebefugnis der Verwirkung (durch Zeitablauf) unterliegen könne[1]. Auch der Bundesgerichtshof selbst erkennt, daß prozessuale Befugnisse der Verwirkung unterliegen können[2].

Erst die Verwirkung der Strafverfolgungsbefugnis macht die frühere Rechtsprechung der Mehrheit der BGH-Senate nachvollziehbar, denn wenn die Verfolgungsbefugnis infolge Verwirkung entfällt, darf selbstverständlich das Verfahren in jedem Verfahrensstadium - von Ausnahmen innerhalb der Hauptverhandlung einmal abgesehen -[3] nicht fortgesetzt werden. Es ist dann einzustellen.

Die Verwirkung kann sich folglich sowohl auf die materielle Strafbefugnis des Staates als auch auf die kon-

---

1 Vgl. oben S. 115.
2 BGHSt 32, 308.
3 Vgl. Löwe/Rosenberg-Meyer-Goßner, § 260 Rdn. 100; Kaufmann, S. 113.

krete Strafverfolgungsbefugnis beziehen.

2. Eigene Auffassung

a) Grundsatz

Bei der Redewendung von der Verwirkung des staatlichen Strafanspruchs wegen eines tatprovozierenden staatlichen Verhaltens ist von einer Verwirkung der Strafverfolgungsbefugnis auszugehen. Ist die Strafverfolgungsbefugnis verwirkt, darf das Verfahren nicht weiter betrieben werden. Mit der Verwirkung der Strafverfolgungsbefugnis läßt sich die Lösung über ein Verfahrenshindernis plausibel und ohne Ausweichen auf Abgrenzungstheorien zwischen formellem und materiellem Recht erklären. Diese Lösung entspricht zum einen dem angestrebten Ergebnis, den Beschuldigten von der Strafverfolgung freizustellen, ist aber auch die dogmatisch folgerichtigste Lösung, insbesondere, wenn man beachtet, daß es sich bei allen Straffreiheitslösungen um Modelle praeter legem handelt.

Die Bejahung der Verwirkung der Strafverfolgungsbefugnis vermeidet den Umweg über die Verwirkung der materiellen Strafbefugnis. Bei einer primär materiellen Betrachtung - einer Betonung der Verwirkung des materiellen Strafanspruchs - ergeben sich naturgemäß Schwierigkeiten bei der Begründung des Verfahrenshindernisses.

Die rein materielle Betrachtungsweise hat sich nicht nur wegen des Arguments, daß es einen verwirkbaren Strafanspruch gar nicht gebe, als Hindernis zur Begründung eines Prozeßhindernisses erwiesen, sondern auch deshalb, weil dann sofort die Frage auftaucht, wieso nicht die Verwirkung des materiellen Strafanspruchs zum

Freispruch führt. Andererseits bestehen bei der Annahme einer Verwirkung der materiellen Strafbefugnis auch Schwierigkeiten, zu dem Ergebnis 'Einstellung des Verfahrens' nach Anklageerhebung zu gelangen.

Eine materiellrechtliche Lösung über die Verwirkung der materiellen Strafbefugnis wäre zwar gleichfalls - etwa über die Konstruktion eines neuen Strafausschließungsgrundes - denkbar[1], weil nicht nur die Strafverfolgungsbefugnis, sondern - wie gesehen - auch die materielle Strafbefugnis treuwidrig erworben wurde[2]. Bejaht man (auch) die Verwirkung der materiellen Strafbefugnis und will man wegen des unerwünschten Ergebnisses 'Freispruch' dennoch zum Verfahrenshindernis gelangen, stellt sich die schon angedeutete Frage, wie dies zu konstruieren sei.

Dies wäre zwar etwa mit der vom Bundesgerichtshof entwickelten Formel oder aber mit der von Volk neu entwikkelten Abgrenzungskriterien zwischen formellem und materiellem Recht zu konstruieren, indem etwa einfach behauptet würde, die Verwirkung der materiellen Bestrafungsbefugnis mache die Strafverfolgung insgesamt hinfällig[3], oder aber bei der Verwirkung der materiellen Strafbefugnis bestehe "kein Anlaß mehr, den Willen zur Bewährung der Rechtsordnung des Rechtsfriedens wegen zu manifestieren"[4].
Dieser Begründung bedarf es jedoch nicht, wenn sich die Verwirkung unmittelbar auf die Strafverfolgungsbefugnis bezieht. Die rein prozessuale Betrachtung verdient auch deshalb den Vorzug.

---

1 Hierfür andeutungsweise BGH (5. Senat) Strafverteidiger 1984, 58 f.; Sieg, Strafverteidiger 1981, 636; Seelmann, ZStW 95 (1983), 831; Teske, JA 1986, 104.
2 Vgl. oben S. 108.
3 So BGHSt 15, 290; 26, 90; ähnlich auch Rieß, JR 1985, 45 ff.; Gössel, NStZ 1984, 421.
4 Volk, Prozeßvoraussetzungen, S. 225.

Soweit der prozessualen Lösung entgegengehalten wird, daß eine materiellrechtliche Lösung der prozessualen vorgehe, weil sich dann prozessuale Fragen nicht mehr stellten[1], so ignoriert diese Auffassung das unerwünschte Ergebnis "Freispruch" und übersieht den Widerspruch zur Parallelproblematik der Verjährung.
Auch dort stellt sich die Frage, ob die Verfolgungsverjährung einen prozessualen oder materiellen Charakter hat, oder ob beide Gesichtspunkte Beachtung finden müssen. Man könnte hier die Doppelnatur der Verwirkung des staatlichen Strafanspruchs betonen oder aber den materiellen oder den prozessualen Gesichtspunkt hervorheben. Diese Frage ist auch bei der Verjährung nach wie vor umstritten. Auch bei der Verjährung wird wegen der zivilrechtlich materiellen Herkunft erwogen, im Strafrecht eine rein materielle Einordnung über einen Strafausschließungsgrund zu konstruieren[2]. Rechtsprechung und ein großer Teil des Schrifttums hingegen betonen den rein prozessualen Charakter der Verjährung in bewußter Abweichung von zivilrechtlichen Grundsätzen[3], während ein weiterer Teil der Literatur die Verjährung teils als materiellrechtlichen Strafaufhebungsgrund und als Verfahrenshindernis (sog. gemischte Theorie) auffaßt[4].

Die Lösung des Problems staatlicher Verbrechensprovokation sollte sich daher an die Verjährungslösung anlehnen, sich jedenfalls nicht zu dieser in Widerspruch setzen. Die Tatsache, daß die Verwirkung eines Anspruches

---

1 Schünemann, Strafverteidiger 1985, 429.
2 Hierfür Lorenz, Die Verjährung, S. 56; Kaufmann, S. 154.
3 BGHSt 2, 305; 4, 137; 8, 270; 11, 395; BVerfGE 25, 287; Arndt, JZ 1965, 146 f.; Schmidhäuser, AT, S. 264; Sch/Sch-Stree, Vorbem. zu §§ 78 ff. Rdn. 3; LK-Jaenke Rdn. 8 f vor § 78; Maurach/Zipf, AT, § 75 Rdn. 15; Roxin, S. 122.
4 Dreher/Tröndle, Vor § 78 Rdn. 4; Jescheck, § 86 I 1, S. 727; Baumann/Weber, AT, S. 37; Lackner, § 78 Bem. 1; Mezger, Lehrbuch, S. 496; Peters (4), S. 274; Löwe/Rosenberg-Schäfer, Einl. Kap. 12 Rdn. 90.

unter zivilrechtlichen Gesichtspunkten dem materiellen Recht zuzuordnen wäre, dürfte jedenfalls auch nach der Ansicht des BGH nicht zur Ablehnung einer Verfahrenshindernislösung führen, da die ständige Rechtsprechung im Falle der Verjährung deren rein prozessualen Charakter betont. Auch hier kommt der BGH trotz des materiellrechtlichen Ursprungs der Verjährung - der freilich vom BGH vernachlässigt wird - nicht zum Freispruch, sondern zur Einstellung[1]. Die zur Frage der Verjährung vorgebrachten Lösungsansätze und die zum jeweiligen Standpunkt angeführten Argumente lassen deren Gleichartigkeiten zu den im Falle der Lockspitzelprovokation auftauchenden Argumenten erkennen[2]. Hier wie dort wird betont, daß es sich um einen Umstand handelt, der mit der Straftat als solcher nichts zu tun hat, d.h. außerhalb des Täterverhaltens anzusiedeln ist[3]. Es wird in beiden Fällen vertreten, daß das Unrecht der Tat nicht durch den weiteren Umstand der Provokation bzw. der Verjährung aufgehoben wird[4]. In beiden Fällen werden schließlich auch Strafzweckerwägungen bemüht, um den jeweiligen Standpunkt zu untermauern[5]. Sowohl bei der Verjährung als auch

---

1 BGHSt 2, 305; 4, 137; 8, 270; 11, 395; ebenso BVerfGE 25, 287.

2 Für Doppelnatur der Verjährung ausdrücklich: Dreher/Tröndle, Rdn. 5 vor § 78; Jescheck, AT, § 86 I 1; Lackner, § 78 Bem. 1; Peters, Strafprozeß, S. 274; für Doppelnatur der staatlichen Verbrechensprovokation zumindest mittelbar Sieg, NJW 1981, 636 ff., der von einem Strafaufhebungsgrund und einem Verfahrenshindernis ausgeht; Taschke, Strafrecht 1984, S. 179 f., der sowohl ein Verfolgungsverbot als auch die Verwirkung des staatlichen Strafanspruchs bejaht.

3 Vgl. zur Verjährung Schmidhäuser, AT, S. 264; zur Verwirkung Dencker, S. 453; Meyer, ZStW 1983, 853.

4 Vgl. zur Verjährung BVerfGE 25, 287; Bloy, S. 203; zur Verwirkung Schünemann, Strafverteidiger 1985, 426; Drywa, S. 79.

5 Vgl. zur Verjährung Bloy, S. 196, 212; Sch/Sch-Stree Vorbem. zu §§ 78 ff. Rdn. 3; Lorenz, S. 56; zur Verwirkung: Schumann, JZ 1986, 70; Schünemann, Strafverteidiger 1985, 429; Seelmann, ZStW 95 (1983), 826; ders., StV 1984, 477.

bei der Verwirkung des staatlichen Strafanspruchs wird das Ergebnis "Freispruch" für inadäquat gehalten[1]. Die hier nicht abschließend aufgezählten Parallelargumente verwundern nicht. Die Institute der Verwirkung und der Verjährung sind einander so rechtsähnlich, daß die Argumente sich ähneln müssen. Dies läßt es auch als naheliegend erscheinen, beide Probleme gleich zu lösen.

Eine rein materiellrechtliche Lösung wäre wie bei der Verjährung über die Bejahung eines Strafausschließungs-ßungsgrundes (Verjährung: Strafaufhebungsgrund) möglich. Für eine solche Lösung, für die sowohl im Fall der Verjährung als auch im Fall der staatlichen Verbrechensprovokation nur eine Minderansicht plädiert[2], dürfte die Konsequenz im Falle der Durchführung der Hauptverhandlung nur auf Freispruch lauten. Dieses Ergebnis erscheint aber in beiden Fällen als unbefriedigend[3].

Die rein materiellrechtliche Lösung hätte ferner zur Konsequenz, daß - sofern das Hauptverfahren bereits eröffnet ist - eine Einstellung nicht mehr möglich wäre. Bis zur Anklageerhebung hätte die Staatsanwaltschaft noch die Möglichkeit, nach § 170 Abs. 2 StPO einzustel-

---

1 Vgl. zur Verjährung ausdrücklich Dreher/Tröndle Vor § 78 Rdn. 4; zur Verwirkung Volk, Strafverteidiger 1986, 37; jetzt auch ausdrücklich Drywa, S. 79.

2 Bei der Verjährung: Kaufmann, S. 154; Lorenz, Die Verjährung, S. 56; bei der Verwirkung: Sieg: für Doppelnatur, Strafverteidiger 1981, 638; Seelmann, ZStW 95, 831: wegen des Funktionsverlustes des Strafrechts; Schünemann, Strafverteidiger 1985, 429; Teske, JA 1986, 109.

3 Volk vermutet zu Recht, daß diese Tatsache von den Befürwortern der Verfahrenshindernislösung zur Begründung des Vorrangs der Verfahrenshindernislösung herangezogen wird, Strafverteidiger 1986, 37; Dreher/Tröndle Rdn. 4 vor § 78; jetzt auch Drywa, a.a.O.; a.A. für den Fall der Verjährung ausdrücklich Bloy, S. 200 für Freispruch.

len. Nach Anklageerhebung setzt § 206 a StPO voraus, daß zumindest auch ein Prozeßhindernis vorliegt. Angesichts der Tatsache, daß die staatsanwaltschaftliche Version des Tatgeschehens in der Regel vom Eröffnungsrichter übernommen wird, bliebe dem Angeklagten nichts anderes übrig, als auch noch die Hauptverhandlung - allerdings mit der Möglichkeit eines Freispruchs - über sich ergehen zu lassen. Die rehabilitierende Wirkung eines Freispruchs darf jedoch nicht überschätzt werden[1]. Die Durchführung der Hauptverhandlung stellt für den Beschuldigten eine große Beeinträchtigung dar. Die möglichst frühzeitige Beendigung des Verfahrens ist daher vorzuziehen. Der Verlust der Einstellungsmöglichkeiten nach § 206 a StPO bei einer Verneinung eines Verfahrenshindernisses spricht daher gegen eine materiellrechtliche Betrachtung.

Letztlich entscheidend ist in beiden Fällen, daß die jeweiligen äußeren Umstände an der Strafwürdigkeit der Tat nichts ändern. Das spricht für eine prozessuale Lösung. Der Fall der staatlichen Verbrechensprovokation ist äußerlich nicht vom Fall einer normalen Anstiftung zu unterscheiden, weshalb die Strafwürdigkeit der angestifteten Straftat unbestritten ist[2]. Lediglich das Verfolgungsinteresse tritt um des Rechtsfriedens Willen zurück. Die weitere Verfolgung des Provozierten würde den Rechtsfrieden mehr stören als eine Nichtverfolgung, weil die Verfolgung das rechts- und treuwidrige staatliche Verhalten perpetuieren würde. Damit werden die Argumente der Befürworter einer prozessalen Behandlung der Verjährung hier lediglich wiederholt[3]. Dies nimmt wegen der schon erwähnten Ähnlichkeit der Institute nicht Wunder. Tritt man bei der Verjährung für eine pro-

---

1 So auch Ulsenheimer, WiStra 1983, 14.
2 So Meyer, ZStW 95 (1983), 853; Drywa, S. 79.
3 Vgl. Schmidhäuser, AT (2), S. 264; Henkel (2), S. 232 Fn. 9.

zessuale Lösung ein, sollte es bei der Verwirkung ebenso sein.

Wie bei der Verjährung soll bei der Verwirkung des staatlichen Strafanspruchs somit primär nur die Verfolgbarkeit entfallen, nicht aber die Strafbarkeit. Damit soll nicht verkannt werden, daß auch materiellrechtliche Gesichtspunkte wie im Falle der Verjährung bei der staatlichen Verbrechensprovokation mit einfließen[1]. An dem rein prozessualen Charakter der Verwirkung der Strafverfolgungsbefugnis ändert dies jedoch nichts.

Würde mit der gemischten Theorie jedoch sowohl eine Verwirkung der Strafverfolgungsbefugnis (= Verfahrenshindernis) als auch die Verwirkung der materiellen Strafbefugnis (= Strafausschließungsgrund) bejaht werden, stellte sich als nächstes die Frage, wie dann dem Verfahrenshindernis im Falle der Durchführung der Hauptverhandlung Vorrang eingeräumt wird[2].

Das unerwünschte Ergebnis "Freispruch" wäre zwar im Wortlaut des § 260 Abs. 3 StPO nach zu umgehen, weil auch das Verfahrenshindernis bejaht wird, indes wäre dies nicht konsequent, weil von der Einstellung nach § 260 Abs. 3 StPO dann abgesehen wird, wenn gleichzeitig die Voraussetzungen für einen Freispruch gegeben sind[3].

Dennoch wollen auch die Vertreter der gemischten Theorie im Falle der Verjährung der Einstellung den Vorrang einräumen[4].

---

1 Hierauf verweist zu Recht Maurach/Zipf, § 75 Rdn. 15.
2 Hierauf weist Volk, S. 226, hin.
3 Vgl. Löwe/Rosenberg-Gollwitzer, § 260 Rdn. 100; Fezer, Strafprozeßrecht I, S. 187.
4 So ausdrücklich Dreher a.a.O.; Jescheck, § 86 I 1 (S. 727).

Dann aber muß konsequenterweise auch der prozessualen Lösung eindeutig der Vorrang eingeräumt werden. Die prozessuale Lösung der gemischten Theorie erscheint halbherzig. Konsequent gedacht müßten dieselben Umstände, die das Verfahrenshindernis begründen, auch zum Freispruch führen, der dann in der Hauptverhandlung vorzuziehen wäre. Dies würde bedeuten, daß die Doppelnatur voll zum Tragen käme. Die Prozeßvoraussetzungen wollen jedoch gerade eine Verwechslung mit den materiellen Voraussetzungen der Bestrafung vermeiden[1].

Die Entscheidung für eine rein materielle oder eine rein prozessuale Lösung ist daher vorzuziehen. Da die rein materielle Lösung nicht in Betracht kommt, verdient die rein prozessuale Lösung den Vorzug.

Schließlich bleibt festzuhalten, daß im Bereich des Strafrechts die (auch) zivilrechtlichen Institute der Verjährung und der Verwirkung nicht zu gleichen Ergebnissen führen müssen wie im Bereich des Zivilrechts. Die Funktion des Zivil- und Strafprozesses rechtfertigen den Unterschied in der Behandlung. Im Strafverfahren widerspricht es der Prozeßökonomie und den Interessen des Beschuldigten, eine verjährte Straftat notfalls bis zum freisprechenden Urteil zu verfolgen. Die möglichst frühzeitige Einstellung des Verfahrens ist sachgerechter. Sie hat auch im Stadium der Hauptverhandlung sofort durch Urteil nach § 260 Abs. 3 StPO zu erfolgen, wenn sich erst jetzt die Verjährung herausstellen sollte. Der Sachverhalt braucht nicht länger aufgeklärt zu werden. Lediglich wenn sich aus sonstigen Gründen die materielle Straflosigkeit des Angeklagten in der Hauptverhandlung erwiesen hat, sollte dem Freispruch trotz des vorliegenden Verfahrenshindernisses Vorrang gebühren.

---

1 Löwe/Rosenberg-Schäfer, Einl. Kap. 11 Rdn. 9.

Die Ähnlichkeit der Institute der Verjährung und der Verwirkung rechtfertigen die Gleichbehandlung. Sollte die Verjährung richtigerweise als Prozeßhindernis behandelt werden, sollte die Verwirkung des staatlichen Strafanspruchs gleichfalls zur Einstellung führen. Die Kontinuität der BGH-Rechtsprechung bliebe dabei gewahrt.

Letztlich bedeutet Verjährung nichts anderes als eine im Interesse des Rechtsfriedens beendete Verfolgbarkeit der Straftat[1]. Die Verwirkung der Strafverfolgungsbefugnis setzt gleichfalls auf der Ebene der Verfolgbarkeit an und führt deshalb auch zur Unverfolgbarkeit der Straftat. In beiden Fällen geht es also um die Strafverfolgungsbefugnis. Spricht man von der Verwirkung der Strafverfolgungsbefugnis, ist klargestellt, wie man zu dem Ergebnis "Einstellung des Verfahrens" gelangt, ohne erst den materiellrechtlichen Umweg der Verwirkung der materiellen Strafbefugnis (Strafaufhebungsgrund) beschreiten zu müssen, der - wie gesehen - zu Ungereimtheiten und im Falle der Verjährung erst über die Definition des Verfahrenshindernisses zur Einstellung führt.

Das Vorverfahren ist nach allem nur solange zulässig, bis sich die unzulässige Provokation, d.h. die Verwirkung der Strafverfolgungsbefugnis, herausstellt. Diese Tatsache hat die Staatsanwaltschaft gemäß § 160 Abs. 2 StPO schon im Ermittlungsverfahren zu berücksichtigen. Ergeben sich die Tatsachen der unzulässigen Verbrechensprovokation erst später (z.B. nach Anklageerhebung), muß dann eingestellt werden. Wird das illoyale staatliche Verhalten nocht später ruchbar, wäre zwar denkbar, wegen der gleichzeitig gegebenen Verwirkung der materiellen Strafbefugnis zu einer Freispruchentscheidung zu

---

1 So BVerfGE 25, 287; Dreher/Tröndle spricht vom Verzicht auf die Strafbarkeit, kommt aber zur Einstellung und nicht zur Verjährung, was eher für einen "Verzicht" auf die Strafverfolgung spricht.

kommen[1]. Hier sollte jedoch wegen der Ähnlichkeit zum Verfahrenshindernis der Verjährung gleichfalls "nur" eine Einstellung erfolgen.

Es bleibt zu untersuchen, ob die in der Literatur und Rechtsprechung gegen eine Übertragung des Verwirkungsgedankens mit der Folge eines Prozeßhindernisses geltend gemachten weiteren Bedenken - soweit sie noch nicht erörtert wurden - geeignet sind, eine Verwirkung der Strafverfolgungsbefugnis zwingend auszuschließen.

b) Bedenken in Literatur und Rechtsprechung gegen eine Übertragung des Verwirkungsgedankens

aa) Einwände gegen die Übertragung des Verwirkungsgedankens auf das Strafprozeßrecht

aaa) Unzulässige Übertragung einer zivilrechtlichen Kategorie

Die auf Seelmann zurückzuführende Behauptung des 1. Senats, es handele sich bei der Übertragung des Verwirkungsgedankens auf den Fall staatlicher Verbrechensprovokation um eine unzulässige Übertragung einer zivilrechtlichen Kategorie, trifft nicht zu, da der Verwirkungsgedanke über das Rechtsstaatsprinzip Eingang in das Straf- und Strafverfahrensrecht findet[2]. Die rigorose Ablehnung der Übertragung des Verwirkungsgedankens durch den 1. Senat resultiert aus der unzureichenden Durchdringung des Problems, welches Recht des Staates der Verwirkung unterliegen soll und der einseitigen Be-

---

1 Z.B. angenommen trotz Vorliegens eines Verfahrenshindernisses von LG Verden, Strafverteidiger 1982, 365.

2 Vgl. o. S. 103 ff.
Daß diese Behauptung des 1. Senats nicht so im Raume stehen bleiben kann, hat bereits Bruns zu Recht festgestellt, Strafverteidiger 1984, 391.

trachtung der staatlichen Aufgabe der Verbrechensbekämpfung (Legalitätsprinzip).
Dabei wurde übersehen, daß der Pflicht zur Verfolgung von Straftaten ein Recht gegenübersteht, welches der Staat im Laufe der Rechtsgeschichte für sich in Anspruch genommen hat und welches ihm im demokratischen Staat letztlich von der Rechtsgemeinschaft übertragen wird.
Die Nichtbeachtung der Strafverfolgungsbefugnis führte zu der einseitigen Betonung der Strafverfolgungspflicht[1], wobei die immanenten Schranken des Legalitätsprinzips, die sich aus dem Rechtsstaatsprinzip ergeben, vernachlässig wurden.

(1) Fehlen einer verwirkbaren Rechtsposition - Strafverfolgung als Funktion des Staates

Soweit Seelmann damit argumentiert, die Strafverfolgung sei eine Aufgabe und Funktion des Staates und unterliege damit als Bestandteil der objektiven Werteordnung nicht der Verwirkung[2], so wird dabei wiederum das der Strafverfolgung zugrundeliegende Recht vernachlässigt und die Handlungspflicht in den Vordergrund gestellt. Nicht erkennbar wird, wieso in krassen Fällen einer treuwidrig

---

1 Seelmann, S. 825; ihm folgend BGHSt 32, 345 ff. so auch mit dem Argument Rechtsgüterschutz: Schünemann, Strafverteidiger 1985, 424 ff.
2 ZStW 95 (1983), S. 825; ihm folgend der 1. Senat BGHSt 32, 345 ff. sowie die neue BGH-Rspr. vgl. S. 4 FN 1 und 2; ebenso Teske, JA 1986, 109; letztlich ist es das Legalitätsprinzip, mit dem argumentiert wird, vgl. schon oben S. 101 ff. Seelmann leitet seine These her aus einem Hinweis auf Fälle der Notwehrprovokation, bei denen im Falle der Lebensgefahr für den Provozierenden eine Rechtfertigung der Verletzungshandlung unter dem Gesichtspunkt des rechtfertigenden Notstands gegeben sei. Hieraus folgert er, daß die Grenze der Verwirkbarkeit eines "Rechts" dort zu ziehen sei, wo die objektive Wertordnung Handlungskompetenzen eröffne (a.a.O., s. 824; vgl. o. S. 69).

und verfassungswidrig erlangter und ausgeübter Strafverfolgungsbefugnis dennoch die Strafverfolgungspflicht weiterbestehen solle. Hierzu reicht die Behauptung, diese gehöre zur objektiven Werteordnung, nicht aus. Damit wird postuliert, wo Pflichten bestünden, käme eine Verwirkung überhaupt nicht in Betracht. Eine Pflicht könne durch Rechtsgrundsätze wie den von Treu und Glauben oder das Rechtsstaatsprinzip nicht beschränkt werden.

Dem kann nicht zugestimmt werden. Zwar ist es grundsätzlich schwer einsehbar, wie eine Pflicht einer Beschränkung unterliegen soll. Beschränkungen kennt man üblicherweise nur bei Rechten und sonstigen günstigen Rechtspositionen. Die Einschränkung einer Handlungspflicht durch "allgemeine" Rechtsgrundsätze ist nicht ohne weiteres nachvollziehbar. Diese Sichtweise läßt jedoch die neben der Strafverfolgungspflicht (dem Legalitätsprinzip) bestehende Befugnis zur Strafverfolgung außer Betracht. Daß eine solche der Verwirkung unterliegen kann, wurde bereits untersucht und bejaht. Kommt man nun zu dem Ergebnis, daß die Strafverfolgungsbefugnis verwirkt ist, stellt sich die Frage, ob dann die daneben bestehende Strafverfolgungspflicht die eingetretene Verwirkung wieder neutralisieren kann. Dies ist zu verneinen. Recht und Pflicht zur Strafverfolgung sind derart miteinander verzahnt, daß die Strafverfolgungspflicht nicht unabhängig von der Strafverfolgungsbefugnis Bestand hat[1]. Eine treuwidrig erworbene bzw. ausgeübte Strafverfolgungsbefugnis kann daher nicht dadurch "geheilt" werden, indem auf die Strafverfolgungspflicht verwiesen wird. Tritt auf der Ebene der Strafverfolgungsbefugnis eine Verwirkung ein, entfällt auch die Verpflichtung zur Strafverfolgung[2].

---

1 Genau umgekehrt sieht es allerdings der 1. Strafsenat, Strafverteidiger 1984, 323, und der 5. Strafsenat, MDR 1985, 952.

2 So im Ergebnis auch Becker, Strafverteidiger 1985, 400.

Im übrigen gehören auch die Grundrechte des Bürgers und das Rechtsstaatsprinzip zur objektiven Werteordnung; es ist daher nicht einzusehen, wieso gerade die objektive Werteordnung zur Unverwirkbarkeit der Strafverfolgungsbefugnis führen soll. Eine von der Verfolgungsbefugnis losgelöste Strafverfolgungspflicht kann daher nicht anerkannt werden. Die Verpflichtung des Staates zur Strafverfolgung geht nicht weiter als das zugrundeliegende Recht, die Strafverfolgungsbefugnis. Die gleichfalls zur objektiven Werteordnung zählende Strafverfolgungsbefugnis unterliegt aber den Beschränkungen der objektiven Werteordnung, namentlich durch Grundrechte[1] und Gesetze.
Im Fall der von Seelmann angeführten Notwehrprovokation gewährt § 34 StGB ein zusätzliches Recht, welches - soweit das Notwehrrecht als verwirkt anzusehen ist - unterstützend zur Seite tritt.
Hier aber geht es allein um das aus dem Legalitätsprinzip herleitbare Recht des Staates zur Strafverfolgung, die Strafverfolgungsbefugnis[2]. Ist die Strafverfolgungsbefugnis verwirkt, eröffnet die Strafverfolgungspflicht kein darüber hinausgehendes zusätzliches Recht, denn die Strafverfolgungsbefugnis ist das einzige Recht, welches sich aus dem Legalitätsprinzip herleiten läßt. Die Strafverfolgungspflicht eröffnet keine doppelte Handlungskompetenz, kein Superverfolgungsrecht, welches keinerlei Beschränkungen zu unterliegen hätte. Damit aber steht auch der Strafverfolgungspflicht der Grundsatz von Treu und Glauben bzw. das Rechtsstaatsprinzip entgegen.

---

1 Zum Grundrechtsverstoß vgl. oben S. 33.
2 Vgl. o. S. 108 ff.

(2) Kein Rückgriff auf Verwirkungsgedanken bei der Beweisverbotslehre

Der These von der Unverwirkbarkeit der Straf- und Strafverfolgungsbefugnis wird zur Seite gestellt, daß der Verwirkungs- bzw. Mißbrauchsgedanke auch bei der Beweisverbotslehre nie aufgetaucht sei. Hieraus sei zu folgern, daß der Verwirkungsgedanke auch nicht auf den Strafanspruch im Falle staatlicher Verbrechensprovokation übertragen werden könne[1].
Hieran ist lediglich richtig, daß bei der Beweisverbotslehre die Frage nicht gestellt wurde, ob das fehlerhafte staatliche Verhalten zu einem Verlust der Straf- oder Strafverfolgungsbefugnis führe.
Daß die Konsequenz "Beweisverwertungsverbot" aus dem Mißbrauchsgedanken hergeleitet werden kann, wurde hingegen im Fall einer zwangsweise durchgeführten Blutprobe und im Fall der Sperrung eines Tatzeugen erwogen[2].
Ob das unterschiedliche Ergebnis im Falle der staatlichen Verbrechensprovokation, nämlich die Bejahung eines Verfahrenshindernisses, zu rechtfertigen ist, wird noch zu untersuchen sein[3]. Daß alle Fälle eines mißbräuchlichen staatlichen Verhaltens gleich behandelt werden müssen, ist jedenfalls nicht zwingend. Möglicherweise führt im Falle des Verstoßes gegen Beweisregeln die Bejahung des Verwirkungsgedankens nur zum Verlust einer Beweisposition, wohingegen bei der staatlichen Verbrechensprovokation die Verwirkung der Strafverfolgungsbefugnis bejaht werden muß.

(3) "Feuerwehrargument"

Auch das von Seelmann in diesem Zusammenhang ins Feld

---

1 Drywa, S. 68.
2 S.o. S. 70.
3 Vgl. hierzu S. 191, 211.

geführte "Feuerwehrargument" geht fehlt. Seelmann vergleicht die staatliche Verbrechensprovokation mit einem Feuerwehrmann, der den Brand verursacht hat und dennoch nicht das Löschen einstellen dürfe[1]. Wenn man hier gleichfalls davon ausgeht, daß der Verpflichtung des Feuerwehrmanns zur Brandbekämpfung ein "Recht" hierzu zugrundeliegt, so unterscheidet sich die Situation insofern wesentlich von derjenigen der staatlichen Verbrechensprovokation dadurch, daß der Feuerwehrmann seinen "Fehler" bei der Begründung seiner "Hilfeleistungsbefugnis" durch die anschließenden Löschmaßnahmen wieder gutzumachen trachtet, d.h., die Löschmaßnahmen setzen gerade nicht das rechtsmißbräuchliche Vorverhalten fort, wohingegen bei der Verbrechensprovokation gerade die sich anschließende Strafverfolgung als illoyales, widersprüchliches Verhalten angesehen wird. Der Staat macht folglich anders als im Fall des Feuerwehrmanns sein früheres Verhalten durch sein nachfolgendes Tun nicht wieder gut. Der Löschversuch des Brandstifters ist, für sich betrachtet, keine Form des Rechtsmißbrauchs, auch wenn er seine "Befugnis" mißbräuchlich erworben haben mag, weil eine Wiedergutmachung bzw. Schadensbegrenzung schlechterdings nicht als rechtsmißbräuchlich angesehen werden kann und den mißbräuchlichen Rechtserwerb nicht perpetuiert.

Ganz anders ist die Situation im Fall der staatlichen Verbrechensprovokation. Der Staat bemüht sich gerade nicht um Wiedergutmachung des Schadens, wenn er den Provozierten verfolgt. Ein "Wiedergutmachen" kann selbstverständlich nur gegenüber dem Verletzten ausgeübt werden, bei der Verbrechensprovokation also gegenüber dem Provozierten. Indem der Staat jetzt "erst recht" den Provozierten verfolgt, genügt er zwar in diesem Moment der Strafverfolgungspflicht, treibt aber andererseits den Rechtsmißbrauch auf die Spitze. Gerade die nachfolgende Strafverfolgung ist rechtsmißbräuchlich. Es nützt

---

1 ZStW 95 (1983), S. 825.

daher dem Provozierten - und auf dessen Sicht kommt es an - nichts, wenn der Staat im Anschluß an die rechtsmißbräuchlich begründete Strafverfolgungsbefugnis den Provozierten "besser" verfolgt[1].

Im übrigen würde der Brandstifter in Uniform zu Recht trotz seiner Löschversuche, abgesehen vom Fall des § 310 StGB, bestraft werden, wohingegen der staatliche Lockspitzel oftmals straffrei ausgehen soll. Der Feuerwehrmann hätte auch noch sonstige Konsequenzen zu fürchten, er wäre mit Sicherheit nicht länger als Feuerwehrmann tragbar, wohingegen die gelungene Verbrechensprovokation dem agent provocateur sogar Vorteile bringen dürfte - Konsequenzen, die nicht einzusehen sind.

(4) Eigene Auffassung

Letztlich ist es die Verstrickung des Verwirkungsbegriffs mit dem Strafanspruchsbegriff, welche zu der generellen Verneinung der Übertragbarkeit des Verwirkungsgedankens auf die Fälle polizeilicher Verbrechensprovokation geführt hat.
Wird der Verwirkungsgedanke richtigerweise primär auf die Strafverfolgungsbefugnis übertragen und der Begriff des Strafanspruchs beiseite gelassen, steht der Annahme einer Verwirkbarkeit dieser Befugnis nichts mehr im Wege. Die Verbindung zwischen der Verwirkung und der Strafverfolgungsbefugnis stellt klar, daß eine verwirkbare Rechtsposition gegeben ist, nämlich das "Recht" des Staates zur Strafverfolgung. Erst die Verwendung des umstrittenen Strafanspruchsbegriffs konnte folglich zu der (falschen) Annahme führen, daß hier in Wahrheit eine unverwirkbare Rechtsposition gegeben sei.

Die Erkenntnis, daß nicht nur materielle Ansprüche, sondern auch prozessuale Befugnisse der Verwirkung unter-

1 Dies meint aber Seelmann, a.a.O., S. 825.

liegen können, läßt die Auffassung Seelmanns und der neuen BGH-Rechtsprechung als nicht überzeugend erscheinen. Im übrigen ist auch nicht einzusehen, wieso nicht auch die materielle Bestrafungsbefugnis der Verwirkung unterliegen soll. Es ist zwar richtig, daß damit eine weitere Kategorie außerhalb von Tatbestandsmäßigkeit, Rechtswidrigkeit und Schuld zum Tragen käme[1], doch könnte man bei Bejahung der Übertragung des Verwirkungsgedankens auf die materielle Strafbefugnis entweder eine weitere Kategorie als Verfahrenshindernis einführen oder aber einen weiteren Strafausschließungsgrund, wie verschiedentlich vorgeschlagen wird[2].

Wenngleich auch hier besser der unklare Terminus des Strafanspruchs wegzulassen ist, weil er zu Mißverständnissen führt, so ist grundsätzlich zu bejahen, daß die Verbrechensprovokation in den hier erörterten Fällen auch das materielle Bestrafungs"recht" entfallen läßt. Diese Frage ist jedoch zweitrangig, weil aus bereits erörterten Gründen der Verwirkung der Strafverfolgungsbefugnis Vorrang einzuräumen ist.

Wenn man - wie hier - die Verwirkung zu allererst in Beziehung zur Strafverfolgungsbefugnis setzt, wird auch die Folge einer Beendigung des Verfahrens (Prozeßhindernis) voll verständlich.
Die Ablehnung der neuen BGH-Rechtsprechung basiert auch auf der Fehlvorstellung, daß die Verwirkung des Anspruchs nicht zu einem Verfahrenshindernis führen könne, weil dies eine Übernahme einer im materiellen Bereich anzusiedelnden Kategorie sei. Hierbei hat der 1. Senat allerdings auch übersehen, daß dies auch für die Verjährung gilt, für die selbst der BGH die rein prozessuale Auffassung vertritt[3].

---

1 So die Kritik von Lüderssen, Jura 1985, 123.
2 Sieg, Strafverteidiger 1981, 638; Teske, JA 1986, 109; BGHSt (5. Senat) Strafverteidiger 1984, 58.
3 S.o. S. 144 Fn. 3.

Die generelle Ablehnung der Übertragung des Verwirkungsgedankens auf das Problem des polizeilichen Lockspitzels ist daher nicht zwingend.

bbb) Treuwidriges Verhalten auch in Fällen erlaubter Provokation gegeben - dadurch inkonsequente Lösung

Ein weiteres Argument gegen die Übertragung des Verwirkungsgedankens auf die Strafverfolgungsbefugnis hat Schünemann entdeckt. Er fragt danach, ob nicht der Verwirkungsgedanke auch in den Fällen zur Anwendung kommen müsse, in denen u.a. auch von der früheren BGH-Rechtsprechung die Zulässigkeit der Verbrechensprovokation bejaht wurde, weil auch in diesen Fällen eine Verleitungshandlung des Staates vorliege, so daß konsequenterweise dann immer bei staatlicher Verbrechensprovokation ein Verfahrenshindernis bejaht werden müsse. Die Annahme eines Verfahrenshindernisses lediglich in besonderen Fällen der Verbrechensprovokation führe daher zu Inkonsequenzen[1].

Im Ergebnis ist der Feststellung zuzustimmen, daß in allen Fällen einer staatlichen Verbrechensprovokation das gleiche staatliche Verhalten gegeben ist. Hieraus kann dennoch nicht gefolgert werden, daß deshalb jede Verbrechensprovokation zur Verwirkung der Strafverfolgungsbefugnis führen müsse. Soweit nämlich die Provokation im Ausnahmefall durch öffentlich-rechtliche Vorschriften in den allgemeinen Polizeigesetzen zum Zwekke der Gefahrenabwehr gerechtfertigt und auch verhältnismäßig ist, fehlt es an einem mißbräuchlichen sitten- oder rechtswidrigen Rechtserwerb. Es bleibt daher nur noch die Frage, ob nicht der Verwirkungsgedanke in der

1 Strafverteidiger 1984, 428 f.

Fallvariante widersprüchliches Verhalten zur Anwendung kommen müsse, da die Situation einer "erlaubten" Provokation von der einer verbotenen nicht zu unterscheiden ist. Dem ist jedoch zu entgegnen, daß das widersprüchliche Verhalten durch die Tatsache der Rechtmäßigkeit den Charakter der Treuwidrigkeit verliert. Dies folgt aus der Einheit der Rechtsordnung[1]. Was nach öffentlich-rechtlichen Vorschriften gestattet ist, kann nicht dazu führen, daß Strafverfolgungsbefugnisse andererseits beschnitten werden. Die Interessen des Provozierten erscheinen in diesem Fall nicht schutzwürdig.

Es muß daher dabei verbleiben, daß nur in den hier erörterten Fällen[2] der Provokation eines unbescholtenen oder jedenfalls keiner weiteren Straftat verdächtigten Bürgers treuwidriges Verhalten zu bejahen ist[3].

Die nur teilweise Bejahung einer Übertragung des Rechtsmißbrauchsgedankens auf den Fall der staatlichen Verbrechensprovokation führt daher nicht zu unvertretbaren Inkonsequenzen.

ccc) Schwierigkeiten der Definition staatlichen Verhaltens

Schließlich wird vorgebracht, daß es bei einer Anwendung des Verwirkungsgedankens im Falle der Provokation durch einen V-Mann nur schwer auszumachen ist, in welchen Fällen die Provokation dem Staat zurechenbar sei. Es wird die Frage aufgeworfen, ob denn die Tätigkeit eines jeden Polizeibeamten die Wirkungen der unzulässigen Rechtsaus-

---

1 Vgl. auch Fischer, S. 107. Er folgert hieraus allerdings, daß das Handeln des Lockspitzels nicht rechtswidrig sein könne.
2 Vgl. o. S. 34.
3 Vgl. Koller, S. 92; Lüderssen, Jura 1985, 121.

übung in bezug auf den Staat herbeiführen könne[1].
Die Frage, bei welchen Personengruppen die Provokation dem Staat zurechenbar ist, rechtfertigt jedenfalls nicht die grundsätzliche Ablehnung der Übertragung der Grundsätze der unzulässigen Rechtsausübung auf die hier interessierenden Fälle. Hier wird immer dann von einer Zurechenbarkeit des Verhaltens des Provokateurs auszugehen sein, wenn dieser - sei es auch als Privatperson - aufgrund eines speziellen oder generellen, von einem Beamten erhaltenen Auftrags die Provokation begangen hat, selbst wenn er dabei die Kompetenzen, die ihm eingeräumt wurden, überschritten hat[2]. Der generelle Auftrag kann dabei auch konkludent erteilt werden[3]. Das Risiko, daß der V-Mann sich an nicht verdächtige Bürger wendet, um diese zur Begehung einer Straftat zu überreden, muß zu Lasten des Staates gehen. Mögen die Strafverfolgungsbehörden durch entsprechende Belehrung der Lockspitzel sicherstellen, daß es zu solchem Fehlverhalten nicht kommt. Im übrigen hängt die Frage danach, welche Provokation überhaupt dem Staat zurechenbar sind, eng zusammen mit der Frage, ob die Bejahung der Anwendung des Verwirkungsgedankens nicht dazu führe, die staatliche Strafverfolgung zur Disposition des Lockspitzels zu stellen, eine Frage, die im folgenden untersucht werden soll.

---

1 Foth, NJW 1984, 222; BGHSt (1. Senat) Strafverteidiger 1984, 323; vgl. auch Bruns, NStZ 1983, 53 f.
2 So schon Mache, Strafverteidiger 1981, 601; Voller, S. 7; Taschke, Strafverteidiger 1984, 180; Bruns, Strafverteidiger 1984, 392; Herzog, NStZ 1985, 157; Schumann, JZ 1986, 70.
3 Vgl. Bruns, NStZ 1983, 56; Drywa läßt stillschweigendes Einverständnis der Polizei ausreichen, S. 86.

bb) Einwände gegen die Konsequenz: "Verfahrenshindernis"

aaa) Strafverfolgungsbefugnis wird zur Disposition des Lockspitzels gestellt

Mit der schon erwähnten Argumentation wird versucht, das Schreckgespenst einer funktionsuntüchtigen Strafrechtspflege an die Wand zu malen[1]. Daß die Funktionsfähigkeit der Strafrechtspflege als wichtiges Element des Rechtsstaatsprinzips[2] bei der Prüfung des in Rede stehenden Lösungsvorschlages Beachtung finden muß, soll nicht verkannt werden. Indes ist nicht ersichtlich, daß es bei Anerkennung der Verwirkung der Strafverfolgungsbefugnis zu erheblichen, die Strafverfolgung generell in Frage stellenden Ergebnissen kommen könnte.

Zum einen wäre nämlich zu erwarten, daß sich die Zahl unzulässiger (auf die Anstiftung unverdächtiger Bürger gerichteter) Provokationen erheblich reduzieren würde, wenn ein für allemal klargestellt wäre, daß dies notwendigerweise zu einem Verfolgungshindernis führte, so daß schon aus diesem Grunde Fälle, in denen ein tatbestandsmäßiges, rechtswidriges und schuldhaftes Verhalten nicht verfolgt werden kann, selten vorkommen dürften[3]. Diese nur nebenbei anfallende Folge wäre rechtspolitisch wünschenswert, jedenfalls nicht unzulässig, keinesfalls

---

1 So die Argumentation von BGH (1. Senat) Strafverteidiger 1984, 323; Seelmann, ZStW 95 (1983), 825; Foth, NJW 1984, 222; Meyer, NStZ 1985, 134; Schünemann, Strafverteidiger 1985, 428.

2 Vgl. Herzog, NStZ 1985, 153; Hassemer, Strafverteidiger 1982, 275 ff.

3 So auch Becker, Strafverteidiger 1985, 400.

wäre sie ein entscheidender Grund für den Wegfall der Strafe[1].
Angesichts der neuen BGH-Rechtsprechung, die die Verbrechensprovokation generell nur noch bei der Strafzumessung berücksichtigen will, ist genau das Gegenteil zu erwarten. Die Provokation Unverdächtiger wird eher zu- als abnehmen.

Die Provokation Verdächtiger im Rahmen repressiver Ermittlungstätigkeit zum Zwecke der Überführung - die hier gleichfalls für unzulässig angesehen wird - führt ohnehin nicht zur generellen Straflosigkeit des Beschuldigten. Wenn der Beschuldigte mittels der provozierten Straftat auch wegen der früheren Taten überführt werden kann, tritt jedenfalls in bezug auf die Vortaten keine Verwirkung der Strafverfolgungsbefugnis ein.

Zum anderen bedeutet die fehlende Verfolgbarkeit des Angestifteten nicht, daß damit auch die Anstifter nicht zur Rechenschaft gezogen werden könnten. Diese Folge läßt sich nämlich mit der Lösung über ein Verfolgungshindernis im Einzelfall erzielen[2]. Daß ein polizeilicher agent provocateur nicht in allen Fällen "erfolgreicher", weil zur Vollendung bzw. Beendigung der Straftat führender Tatprovokation das Privileg der Straflosigkeit verdient, ist logische Konsequenz der hier vertretenen Auffassung, die von einer weitgehenden Rechtswidrigkeit der Verbrechensprovokation ausgeht. Will der agent provocateur die Vollendung bzw. materielle Beendigung der angestifteten Straftat oder nimmt er sie billigend in Kauf, kommt eine Bestrafung schon nach der herrschenden

---

1 Ebenso Bruns, Strafverteidiger 1984, 391; Schünemann, MDR 1985, 424 ff.;
a.A. Seelmann mit der Begründung, die Disziplinierung der Strafverfolgungsbehörde sei dem deutschen Recht fremd, ZStW 95 (1983), 825; Schünemann, JZ 1986, 71.

2 Hierauf weist bereits Dencker, FS Dünnebier, S. 453 hin.

Meinung in Betracht[1]. Aber auch wenn man mit der von der herrschenden Meinung vertretenen Auffassung, daß der Lockspitzel straffrei bleibe, weil es am Vollendungsvorsatz fehle[2], eine Strafbarkeit wegen Anstifung zu einer vorsätzlich begangenen Haupttat im Einzelfall ablehnt, weil eben der Vollendungsvorsatz fehlt, so ist dennoch die Möglichkeit der Bestrafung des Anstifters bzw. seiner Hintermänner über die Bejahung eines Fahrlässigkeitsdelikts gegeben[3].

Deshalb erscheint auch im Falle der Provokation zu einer Straftat gegen die körperliche Unversehrtheit oder das Leben eine Straffreiheit des Angestifteten nicht immer unbillig[4].

Wenn Foth darauf abstellt, die Unverfolgbarkeit der Tat sei bei Tötungs-, Raub- oder Diebstahlskriminalität ein völlig unvertretbares Ergebnis, so läßt er außer acht, daß zumindest in Fällen, in denen eine fahrlässige Begehung der Tat möglich ist, eine Bestrafung der Lockspitzel und deren Führungsbeamten in Betracht kommt.

Stellt man sich die Situation vor, der polizeiliche Lockspitzel überrede einen sich in einer finanziellen Notlage befindlichen, unbescholtenen Bürger gegen Zahlung einer erheblichen Summe, einen Mord zu begehen - das Verbrechen wird vor den Augen der Polizei oder auch ohne Überwachung - geplant, und es kommt infolge unglücklicher Umstände nicht zur Verhinderung des Vorhabens, der Anschlag gelingt, das Opfer ist tot oder ver-

---

1 Vgl. zum Fall der Betäubungsmittelkriminalität Lüdersen, Jura 1985, 119; Plate, ZStW 84 (1972), 294 ff.; Franzheim, NJW 1979, 2014; Maaß, Jura 1981, 514.
2 Vgl. Dreher/Tröndle, § 26 Rdn. 8; Sch/Sch-Cramer, § 26 Rdn. 16; Kohlrausch/Lange, § 48 Anm. III.
3 Vgl. hierzu jetzt ausführlich Mitsch, S. 128.
4 So aber Foth, NJW 1984, 221; Schünemann, BGHSt 32, 353.

letzt[1]. Das Verhalten des Staates bleibt ebenso treuwidrig wie in den Fällen der Provokation zu einem Betäubungsmitteldelikt[2]. Nicht einzusehen wäre, wieso nicht der Anstifter bzw. dessen Hintermänner zur Verantwortung gezogen werden sollen, die für das Opfer schließlich die gefährliche Situation herbeigeführt und den Erfolg nicht abgewendet haben. Der agent provocateur oder dessen Hinterleute könnten daher zumindest wegen einer Fahrlässigkeitstat bestraft werden. In Ausnahmefällen wird sogar mittelbare Täterschaft[3] oder Beihilfe durch Unterlassen in Betracht zu ziehen sein[4].

Damit würde z.B. bei Tötungs- und Körperverletzungsdelikten dem vorhandenen Genugtuungsbedürfnis des Verletzten sowie der Rechtsgemeinschaft nachgegangen[5], wobei die Anforderungen an die polizeilichen Vorsichtsmaßnahmen in Fällen der geschilderten Art besonders hoch anzusetzen sind. Freilich bleibt diese Möglichkeit nur insoweit eröffnet, als eine Fahrlässigkeitstat strafbar ist. Gerade bei Straftaten gegen das Leben und die körperliche Unversehrtheit, die ein besonderes Genugtuungsbedürfnis der Rechtsgemeinschaft und des Verletzten entstehen lassen, läßt sich so i.d.R. ausschließen, daß eine Bestrafung der Verantwortlichen völlig entfällt. In allen anderen Fällen ist die generelle Nichtverfolgbarkeit der Tat aus rechtsstaatlichen Gründen hinzunehmen.

---

1 Vgl. auch das Beispiel von Bruns, NStZ 1983, 52.
2 Ebenso Taschke, Strafverteidiger 1984, 179; Bruns, NStZ 1983, 52, wirft zumindest die Frage auf, ob der Lockspitzel bestraft werden soll.
3 So auch Lüdersen, Jura 1985, 120.
4 Lüdersen a.a.O., 121; vgl. hierzu insgesamt Ostendorf/Meyer-Seitz, Strafverteidiger 1985, 73 ff. (76 ff.).
5 Hierauf hebt Schumann bei seiner Kritik des Verfahrenshindernisses wegen der Verwirkung der Strafverfolgungsbefugnis ab, JZ 1986, 72.

Die Drohung mit einer strafrechtlichen Verfolgung des Anstifters ist auch dazu dienlich, die von Foth erwähnten Extremfälle zu reduzieren. Im übrigen ist auch noch kein Fall bekannt geworden, bei dem zu einem Raub- oder Tötungsdelikt von einem polizeilichen V-Mann angestiftet worden wäre und das Verbrechen nicht rechtzeitig verhindert worden wäre. Immerhin wurde ein Fall bekannt, in dem zumindest versucht wurde, einen anderen zur Begehung eines Tötungsdelikts zu bestimmen[1]. Es dürfte sich bei den von Foth geschilderten Beispielsfällen aber weitgehend um einen akademischen Streit handeln.

Ferner ist das Argument, der Lockspitzel habe es in der Hand, ob der Staat die Straftat verfolgen dürfe oder nicht, auch aus einem anderen Grunde nicht überzeugend. Auch in anderen Fällen kann die Strafverfolgung im Einzelfall "zur Disposition" von Mitgliedern der Strafverfolgungsbehörden stehen, ohne daß hieraus der Schluß zu ziehen wäre, daß deshalb die Strafverfolgung um jeden Preis weiterbetrieben werden müsse. Zu denken ist etwa an Fälle, in denen ein Staatsanwalt vorsätzlich eine Straftat nicht verfolgt, bis sie verjährt ist. Niemand käme auf die Idee zu sagen, daß deshalb die Strafverfolgung auch über den Verjährungszeitraum hinaus möglich sein müsse, weil sonst die Strafverfolgung zur Disposition des Staatsanwalts gestellt sei. Das Fehlverhalten des einzelnen wirkt sich hier also voll zugunsten des Beschuldigten aus.

Oder ein Polizeibeamter erzwingt entgegen der Vorschrift des § 136 a StPO mittels Folter ein Geständnis. Es bleibt das einzige Beweismittel. Nachdem der Beschuldigte von der Nichtverwertbarkeit seiner Aussage erfahren hat, macht er von seinem Recht Gebrauch, nicht zur Sache auszusagen. Auch hier wird es nicht zu einer Fortsetzung

---

1 Vgl. Stern 40/1986, S. 256 ff.

des Verfahrens kommen können. Das Verfahren muß, sofern Anklage noch nicht erhoben ist, mangels hinreichenden Tatverdachts eingestellt werden. Der vernehmende Beamte hat durch seine rechtswidrige Vernehmungsmethode das Schweigen des Beschuldigten verursacht und damit objektiv die Strafverfolgung unmöglich gemacht. Auch hier wird der "Dispositionsgedanke" zu Recht nicht ins Feld geführt[1].

Dies muß auch für die treuwidrige Verbrechensprovokation gelten. Sieht der Grundsatz von Treu und Glauben - das Rechtsstaatsprinzip - als Folge rechtswidrigen Verhaltens von Mitgliedern der Strafverfolgungsbehörden vor, daß die Straftat letztlich nicht weiterverfolgt werden kann, so muß es hingenommen werden, daß der einzelne Beamte damit faktisch über die Strafverfolgungsbefugnis des Staates verfügen kann. Damit diese Verfügungsmöglichkeit des einzelnen Beamten nicht mißbraucht wird, besteht die Möglichkeit der straf- und disziplinarrechtlichen Verfolgung der Mitglieder der Strafverfolgungsbehörden. Im Falle der Verbrechensprovokation durch einen im polizeilichen Auftrag handelnden privaten agent provocateur besteht im Falle der Vollendung der Straftat gleichfalls die Möglichkeit der Bestrafung zumindest wegen einer Fahrlässigkeitstat. Im übrigen muß der Lockspitzel auch in Fällen der Verhinderung der Vollendung der angestifteten Tat damit rechnen, aus den polizeilichen "Diensten" entlassen zu werden, wenn es ruchbar würde, daß er z.B. unbescholtene, unverdächtige Bürger anstiftet, um Erfolge nachweisen zu können.

Die verbleibenden Fälle, in denen faktisch über die Strafverfolgungsbefugnis "disponiert" wird, gefährden die Funktionstüchtigkeit der Strafrechtspflege nicht.

---

1 Hierauf weist auch schon Taschke, Strafverteidiger 1984, 180, hin.

Die Verfahrenseinstellungen sind vom Gesetz über die Rechtsfolgen der unzulässigen Rechtsausübung gewollt und müssen im Interesse eines rechtsstaatlichen Verfahrens hingenommen werden.

bbb) Eingriff in das Gewaltenteilungsprinzip

Parallel zu dem vorstehenden Argument gegen die Verfahrenhindernislösung wird behauptet, mit der Disposition des Lockspitzels über die Strafverfolgungsbefugnis werde auch in das Gewaltenteilungsprinzip unzulässig eingegriffen[1].

Dem kann nicht gefolgt werden. Soweit der agent provocateur im Einzelfall tatsächlich über die staatliche Strafverfolgungsbefugnis "disponiert" hat, ist die Folge Verwirkung der Verfolgungsbefugnis über das Rechtsstaatsprinzip und die Geltung des Grundsatzes von Treu und Glauben im Strafverfahrensrecht vom Gesetz vorgesehen. Es verhält sich hier nicht anders als etwa im Fall der bewußten Herbeiführung der Verjährung durch einen Staatsanwalt. Nicht der Lockspitzel schafft das neue Verfahrenshindernis, er verhält sich lediglich so, daß sein Verhalten unter einen Mißbrauchstatbestand subsumiert werden kann, so daß die Strafverfolgung sich als unzulässige Rechtsausübung erweist. Deshalb kann keine Rede davon sein, daß mit der Anerkennung eines "Verfahrenshindernisses" in das Gewaltenteilungsprinzip eingegriffen werde[2].

ccc) Wertungswiderspruch zu den Vorschriften des Soldatengesetzes

Foth hat den Straflosigkeitslösungen und damit auch dem

---

1 Foth, NJW 1984, 222.
2 Dieses Problem wurde auch im Zusammenhang mit der "Klageverwirkung" durch Zeitablauf erörtert und zu Recht nicht als Verstoß gegen das Gewaltenteilungsprinzip angesehen, vgl. Dahns, S. 52.

Verfahrenshindernis entgegengehalten, mit dieser Lösung werde entgegen den Wertungen der §§ 11 SoldG und 5 WStG die staatliche Provokation straffrei gestellt, obwohl bei staatlicher Anstiftung zu einer Straftat in Form eines Befehls der Soldat diesem nicht gehorchen dürfe und bei Begehung der Straftat für diese einzutreten habe[1].

Diese Kritik geht jedoch fehl, weil beide Situationen nicht miteinander vergleichbar sind[2]. Die Kritik von Foth läßt zum einen die staatliche Zielsetzung außer Betracht, nämlich den Provozierten (auch) deshalb anzustiften, um ihn gleich anschließend eben wegen dieser begangenen Straftat anzuklagen und zu verfolgen[3]. Hieran fehlt es bei einer Anstiftung durch den militärischen Vorgesetzten. Wenn jetzt der 2. Senat darauf abhebt, daß mit der staatlichen Verbrechensprovokation auch weitere öffentliche Interessen verfolgt würden, so hilft dies dem Provozierten nicht weiter[4]. Aus seiner Sicht stellt sich die Provokation so dar, daß sie in rechtswidriger Weise begangen wurde, um ihn der Strafverfolgung auszusetzen - und allein auf die Wirkungen gegenüber dem Provozierten kann es ankommen. Ob es darüber hinaus noch weitere edle Motive für die dem "Rechtsgegner" gegenüber unzulässige Rechtsausübung gibt, hat unberücksichtigt zu bleiben. Die weiteren Motive der Strafverfolgungsbehörden machen die unzulässige Rechtsausübung jedenfalls nicht zu einer zulässigen, was bereits erörtert wurde[5]. Darüber hinaus weiß im Fall der Provokation durch einen militärischen Befehl der Befehlsempfänger - gerade weil es die Vorschriften der §§ 11 SoldG und 5 WStG gibt,

---

1 Foth, NJW 1984, 222; ihm folgend BGH (1. Senat) Strafverteidiger 1984, 323 = BGHSt 32, 354.
2 So schon Taschke, Strafverteidiger 1984, 179.
3 So Taschke, a.a.O.; Bruhns, Strafverteidiger 1984, 392; Herzog, NStZ 1985, 157; Lüderssen, Jura 1985, 122 Fn. 53 d.
4 BGH (2. Senat) Strafverteidiger 1985, 310.
5 S.o. S. 32 ff.

über die er belehrt wird -, daß er trotz des militärischen Befehls mit Bestrafung gerade wegen der provozierten Straftat rechnen muß, wohingegen gerade im Falle der Provokation durch einen agent provocateur der Bürger jedenfalls bisher nicht damit rechnen mußte, von staatlichen Stellen zur Begehung von Straftaten angestiftet zu werden, um gleich anschließend wegen dieser Tat angeklagt und bestraft zu werden. Umgekehrt zeigt sich aus der Bestrafung des Soldaten, daß eine Weisung oder ein Befehl zu einer Straftat gerade nicht als eine staatliche Aufgabe angesehen, wohingegen die Tätigkeit des polizeilichen Lockspitzels als eine wünschenswerte staatliche Aufgabe begriffen wird[1].

ddd) <u>Übertragung der auf Prozeßhindernisse anzuwendenden Grundsätze auf die Verwirkung der Strafverfolgungsbefugnis unhaltbar</u>

Wird die Beendigung des Verfahrens wegen der Verwirkung der Strafverfolgungsbefugnis unter die herkömmlichen Verfahrenshindernisse eingereiht, so stellt sich die Frage, ob die dann auf Prozeßhindernisse anzuwendenden Regeln im Falle der Übertragung auf das "Prozeßhindernis" der Verwirkung der Strafverfolgungsbefugnis zu unerwünschten Ergebnissen führt. So ist zu prüfen, ob die von der herrschenden Meinung von Amts wegen[2], im Wege des Freibeweises[3] durchzuführende Prüfung der Prozeßvoraussetzungen, auf die der Grundsatz "in dubio pro reo" Anwendung findet[4], sachgerecht erscheint.

1 So Seelmann, Strafverteidiger 1984, 480.
2 Löwe/Rosenberg-Schäfer, einl. Kap. 11 Rdn. 13; Eb. Schmidt, LK I, Rdn. 174; Roxin, S. 125; Willms, S. 399; st. Rspr. seit BGHSt 16, 115.
3 Löwe/Rosenberg-Schäfer, Einl. Kap. 11 Rdn. 14; Löwe/Rosenberg-Gollwitzer, § 244 Rdn. 3 ff.; Kleinknecht/Meyer, Einl., Rdn. 153; Kühne, Rdn. 354; Peters, § 75 II (S. 648);
a.A. Roxin, § 21 C, S. 125.
4 Vgl. Löwe/Rosenberg-Schäfer, Einl. Kap. 11 Rdn. 31; Eb. Schmidt, LK I, Rdn. 177; Schlüchter, Rdn. 389 f.;
(Fortsetzung nächste Seite)

Ferner fragt sich, ob es im Revisionsverfahren bei der auch dort von Amts wegen vorzunehmenden Prüfung der Prozeßvoraussetzungen nicht zu untragbaren Konsequenzen kommt. Insbesondere ist fraglich, ob das Revisionsgericht an die tatrichterlichen Feststellungen zur Verbrechensprovokation gebunden ist[1].

(1) In dubio pro reo anwendbar?

Gegenüber einer nach herrschender Meinung allgemein auf Verfahrenshindernisse möglichen Übertragung des Satzes "im Zweifel für den Angeklagten" wurden für den Bereich der Verbrechensprovokation Bedenken angemeldet[2].
Diese beruhen offenbar auf der Befürchtung, jeder Angeschuldigte werde versuchen, einer Bestrafung durch die Behauptung, er sei zu der vorgeworfenen Tat durch einen polizeilichen Lockspitzel angestiftet worden, zu entgehen. Sei dem Beschuldigten das Gegenteil nicht nachzuweisen, müsse die Einstellung des Verfahrens angeordnet werden, wodurch die Effektivität der Strafrechtspflege zu leiden habe.
Es fragt sich also, ob der Grundsatz von in dubio pro reo hier Anwendung finden kann.

Der BGH, der eine Übertragung des Grundsatzes nur im jeweiligen Einzelfall auf die Prozeßhindernisse prüfen will und eine generelle Übertragung auf alle Prozeßhindernisse ablehnt[3], hat auf der Basis der bisherigen

---

Roxin, S. 83; Peters, S. 289; Stree, In dubio, S. 59; D. u. U. Mann, ZStW 76 (1964), 278; a.A. Sulanke, S. 77 ff.; differenzierend Henkel, S. 352; BGHSt 18, 274, will von Fall zu Fall entscheiden; ebenso Kleinknecht/Meyer, § 337 Rdn. 6.

1 Hierfür Löwe/Rosenberg-Gollwitzer, § 244 Rdn. 6; Kleinknecht, JR 1968, 468; Willms, FS Heusinger, S. 407; Hanack, JZ 1972, 114; ders., JZ 1973, 729; a.A. Peters, S. 657.
2 Foth, NJW 1984, 222.
3 BGHSt 18, 274 (279).

Rechtsprechung zur Verbrechensprovokation zu Recht die Anwendung des Zweifelssatzes auf die tatsächlichen Voraussetzungen einer unzulässigen Verbrechensprovokation bejaht[1]. Die Literatur ist überwiegend gleichfalls der Auffassung, daß der Grundsatz "in dubio pro reo" auch bei der staatlichen Verbrechensprovokation zu berücksichtigen sei[2]. Dem ist zuzustimmen. Die Anwendung des Grundsatzes "in dubio pro reo" führt nicht zu unhaltbaren Konsequenzen und reiht sich in die vom BGH entwickelte Rechtsprechung zum Verfahrenshindernis der Verjährung ein[3]. Wegen der Ähnlichkeit des Institutes der Verwirkung der Strafverfolgungsbefugnis zum Institut der Verjährung bietet sich die Gleichbehandlung wiederum an[4]. Auch der 2. Senat des BGH verweist zu Recht auf seine Rechtsprechung zur Verjährung[5]. Legt man diese Rechtsprechung zugrunde, so leuchtet nicht ein, die Zweifel über das Vorliegen einer unzulässigen Verbrechensprovokation anders zu behandeln als den Fall des Zweifels über die Verjährungsvoraussetzungen, wenn der BGH darauf abhebt, daß die Rechtssicherheit des einzelnen dadurch beeinträchtigt werden könne, "daß ein Strafverfahren gegen ihn in Gang gebracht, fortgesetzt und durch Sachurteil abgeschlossen wird, ohne daß die Zulässigkeit des Verfahrens einwandfrei feststeht", so trifft dies auch auf den Fall der unzulässigen Verbrechensprovokation zu. Führt der BGH weiter aus, daß das Vertrauen in die Gesetzmäßigkeit der Strafrechtspflege Einbuße erleiden und der allgemeine Rechtsfriede in Gefahr geraten könne, wenn von Rechts wegen die Möglichkeit unbe-

---

1 BGH (2. Senat), Strafverteidiger 1984, 407; ebenso OLG Düsseldorf, Strafverteidiger 1983, 450.

2 Sieg, Strafverteidiger 1981, 638; Taschke, Strafverteidiger 1984, 180; Dencker, FS Dünnebier, S. 453; Herzog, NStZ 1985, 156; Mache, Die Zulässigkeit, S. 257: Er bezieht sich allerdings auf ein Beweisverwertungsverbot.

3 So schon Taschke, Strafverteidiger 1984, 180.

4 Vgl. oben S. 145 ff.

5 Strafverteidiger 1984, 407, mit dem Hinw. auf BGHSt 18, 274 (279).

rücksichtigt bliebe, daß dem Verfahren ein gesetzliches Hindernis entgegensteht, so gilt dieser Satz auch hier, wenn nicht gar bei allen Prozeßhindernissen[1]. Aus Gründen rechtsstaatlichen Denkens[2] muß der Zweifelssatz auch auf das vorliegende "Prozeßhindernis" Anwendung finden, insbesondere auch deshalb, weil sowohl die Verjährung als auch die Verwirkung (der materiellen Bestrafungsbefugnis) eng mit dem materiellen Recht verknüpft sind, so daß es nicht gerechtfertigt ist, diese Prozeßhindernisse anders zu behandeln als die sonstigen materiell erheblichen Tatsachen[3]. Schließlich ist zu bedenken, daß die Anwendung des Zweifelssatzes nicht dazu führt, daß jede entlastende Behauptung des Angeklagten, für deren Richtigkeit kein spezifischer Beweis vorhanden ist, als unwiderlegt zugunsten des Beschuldigten wirken müsse. Vielmehr gilt auch für das Freibeweisverfahren der Grundsatz der freien Beweiswürdigung[4], so daß die Befürchtung, daß infolge der Anwendung des Grundsatzes "in dubio pro reo" die Effektivität der staatlichen Strafverfolgung ernsthaft in Frage gestellt wird, zurückgewiesen werden muß. Wo sich - unter Ausschöpfung aller Möglichkeiten -[5] allerdings Zweifel daran ergeben, ob nicht das Verfahren wegen der verbotenen Provokation einzustellen ist, müssen die Zweifel zugunsten des Angeklagten ausschlagen.

---

1 So schon D. u. U. Mann, ZStW 76 (1964), 278; ebenso Taschke, Strafverteidiger 1984, 181.
2 Vgl. hierzu D. u. U. Mann, a.a.O., 272 ff.
3 So auch Stree, In dubio, S. 59; ähnlich Roxin, S. 125, der hieraus jedoch ableitet, auf die Prozeßhindernisse das Strengbeweisverfahren anwenden zu müssen.
4 D. u. U. Mann, a.a.O., S. 273; Roxin, S. 82.
5 § 244 II StPO findet auch im Freibeweisverfahren Anwendung, vgl. Willms, a.a.O., S. 399.

(2) Schwierigkeiten im Revisionsverfahren?

Der 2. Senat weist darauf hin, daß es bei Annahme eines Verfahrenshindernisses im Falle einer unzulässigen Verbrechensprovokation für das Revisionsgericht unzulässig sein könne, die Prozeßvoraussetzungen von Amts wegen zu prüfen, wenn er zu bedenken gibt, daß Art und Intensität der Einwirkung des Lockspitzels nur zusammen mit der Schuld des Täters beurteilt werden könnten, so daß dem Revisionsgericht eigene Feststellungen zu diesem Verfahrenshindernis verwehrt seien[1]. Dies spreche gegen die Lösung über die Rechtsfigur des Verfahrenshindernisses.

Es trifft zwar zu, daß es sich bei den Umständen der Tatprovokation um sog. doppelrelevante Tatsachen handelt, die sowohl für die Tat- und Schuldfrage als auch für die Frage der Zulässigkeit des Verfahrens überhaupt von Bedeutung sein können. Damit stellt sich die Frage, ob das Revisionsgericht die Prozeßvoraussetzungen erneut im Wege des Freibeweises selbst zu prüfen hat, wozu es grundsätzlich verpflichtet ist[2] oder ob es an die insoweit im Wege des Strengbeweises vom Tatgericht bereits getroffenen Feststellungen gebunden ist.

Es wurde aber bislang noch nicht die Forderung erhoben, daß trotz des Vorliegens der Doppelrelevanz - wie im Falle der vom BGH anders entschiedenen Frage der Rechtzeitigkeit des Strafantrages[3] - das Revisionsgericht die tatsächlichen Feststellungen des Tatgerichts erneut im Wege des Freibeweises zu überprüfen habe, wenn diesbezüglich schon eine Beweisaufnahme im Wege des Strengbeweises durchgeführt wurde. Dies wäre in der Tat widersinnig; es würde der grundsätzlichen Funktionsverteilung zwischen Tat- und Revisionsgericht widersprechen[4]. Es muß daher bei der Bindung des Revisionsgerichts an die tatsächlichen Feststellungen des Tatgerichts verbleiben,

---

1 Strafverteidiger 1985, 311; ähnliche Befürchtungen auch bei Becker, Strafverteidiger 1985, 400.

2 St.Rspr. seit BGHSt 16, 115.

3 BGHSt 22, 90.

4 Vgl. Kleinknecht, JR 1968, 468.

wie sie für doppelrelevante Tatsachen grundsätzlich angenommen wird[1]. Diese Folge ist für doppelrelevante Tatsachen, wie der 2. Senat unter Hinweis auf BGHSt 22, 90 selbst feststellt, seit langem anerkannt. Eine andere Beurteilung ist hier nicht geboten. Dies vor allem auch deshalb nicht, weil es bei den hier in Rede stehenden Fällen auch nicht auf die Intensität der Einwirkung des Lockspitzels ankommt. Es reicht die Feststellung der Anstiftung durch einen Lockspitzel und die Tatsache, daß der Angestiftete unbescholten war oder nicht im Verdacht stand, weitere Straftaten zu begehen[2].
Sind hierzu bereits Feststellungen getroffen, ist das Revisionsgericht hieran gebunden, ist dieses nicht der Fall, muß im Wege des Freibeweises geklärt werden, ob eine unverdächtige Person durch staatliche Lockspitzel angestiftet wurde.

(3) Ergebnis

Es hat sich gezeigt, daß auch die Übertragung der für Prozeßhindernisse geltenden Regeln auf den Fall der unzulässigen Verbrechensprovokation nicht zwingend gegen eine Einstellungslösung sprechen. Es ist daher auch insoweit unschädlich, bei der Einstellung infolge Verwirkung der staatlichen Strafverfolgungsbefugnis von einem Verfahrenshindernis zu sprechen.

eee) Neues Verfahrenshindernis nicht anzuerkennen

Es wird die Auffassung vertreten, daß ein Prozeßhindernis wegen einer unzulässigen Verbrechensprovokation nicht die Kriterien erfüllte, die allgemein von einem Verfahrenshindernis verlangt werden. Namentlich müsse ein Verfahrenshindernis leicht feststellbar sein und auf Tatsachen beruhen.

---

1 Löwe/Rosenberg-Schäfer, Einl. Kap. 11 Rdn. 36; Kleinknecht, JR 1968, 468; Willms, a.a.O., S. 407; Hanack, JZ 1972, 114; ders., JZ 1973, 729.
2 S.o. S. 34.
3 Ähnlich auch Schünemann, Strafverteidiger 1985, 427.

Die Lösung über die Verwirkung der Strafverfolgungsbefugnis führt dazu, daß die Straftat nicht mehr verfolgt werden darf. In der Wirkung kommt die Verwirkung der Strafverfolgungsbefugnis damit einem Prozeßhindernis gleich. Vielfach wurde daher die Lösung der früheren Rechtsprechung über die Verwirkung des staatlichen Strafanspruchs mit einem Verfahrenshindernis gleichgesetzt[1]. Die Kritik setze daher auch schon früh an diesem neuen Verfahrenshindernis an. So hieß es, ein Verfahrenshindernis knüpfe in der Regel an Tatsachen an, bei der Verbrechensprovokation gehe es aber um ein Werturteil, nämlich um die schwierige Abwägung innerhalb einer Gesamtbetrachtung, ob die Provokation des V-Mannes noch zulässig sei oder ob die Umstände der Provokation den Grad einer unzulässigen Rechtsausübung erreicht hätten. Aus diesem Grunde sei die Lösung über ein Verfahrenshindernis nicht sachgerecht, da Prozeßhindernisse stets einfach festzustellen seien[2]. Diese Argumentation setzt dreierlei voraus, nämlich, daß sich das hier in Rede stehende Prozeßhindernis in die bislang anerkannten herkömmlichen Verfahrenshindernisse einreihen läßt, zweitens, daß die Verfahrenshindernisse gleich oder ähnlich strukturiert sind und daß die anerkannten Verfahrenshindernisse sich alle durch leichte Feststellbarkeit auszeichnen. Die vom 1. Senat übernommene Formulierung, daß die Figur des Verfahrenshindernisses "die Konturen verlieren" würde, "wenn sie an Umstände anknüpften, die lediglich Gegenstand wertender Betrachtung" seien[3], beinhaltet zwar die Behauptung, daß die sonstigen Prozeßhindernisse bzw. Prozeßvoraussetzungen[4] einfach und ohne

---

1 Vgl. BGH NStZ 1981, 70; 1982, 126, 156; 1984, 519; BGH Strafverteidiger 1984, 4.

2 So bereits Seelmann, ZStW 95 (1983), 831; Foth, NJW 1984, 222; ihm folgend der 1. Senat BGH Strafverteidiger 1984, 322; BGHSt 32, 351; jetzt auch der 2. Senat Strafverteidiger 1985, 311; Meyer, NStZ 1985, 134; zweifelnd noch Bruns, Strafverteidiger 1984, 391.

3 So Löwe/Rosenberg-Schäfer, Einl. Kap. 11 Rdn. 7.

4 Nach allgemeiner Ansicht drücken beide Begriffe keinen Gegensatz aus, sondern bringen den gleichen Ge-

(Fortsetzung nächste Seite)

jegliche "Wertung" feststellbar seien.
Ein Blick auf die anerkannten Prozeßvoraussetzungen bzw. -hindernisse zeigt jedoch, daß sowohl die Frage der Einfachheit als auch die Frage einer Wertung durchaus auch bei herkömmlichen Prozeßhindernissen relevant werden[1]. Genannt werden sollen hier lediglich die anerkannten Prozeßvoraussetzungen ne bis in idem, die Amnestie für bestimmte Tatbestände sowie die Voraussetzung der Verhandlungsfähigkeit. Letztere ist zumindest bei einer Nichtbehebbarkeit ein dauerndes Verfahrenshindernis[2]. Wie kompliziert die Frage nach der letztgenannten Prozeßvoraussetzung sein kann, zeigt die Entscheidung des Bundesverfassungsgerichts im 51. Band. Dort war die dauernde Verhandlungsunfähigkeit und damit das Prozeßhindernis erst nach Einholung diverser, sich teilweiser widersprechender Sachverständigengutachten nach entsprechender "Würdigung" derselben unter Berücksichtigung der Grundrechte des Angeklagten festzustellen.
Das Argument der Simplizität und leichten Feststellbarkeit ist daher wenig überzeugend, weil es nicht auf alle bisher anerkannten Prozeßhindernisse zutrifft[3].

Ähnlich verhält es sich mit dem Argument, Verfahrenshindernisse beträfen lediglich Tatsachen, wo gewertet würde, käme ein Prozeßhindernis nicht in Betracht[4]. Auch hierfür ist das Beispiel der fehlenden Verhandlungsfähigkeit schlagend. Das Bundesverfassungsgericht hat dazu festgestellt, daß zwischen der Pflicht des Staates zur Gewährleistung einer funktionstüchtigen Strafrechtspflege und den grundrechtlich geschützten Interessen des Beschul-

---

danken nur positiv oder negativ formuliert zum Ausdruck, vgl. Gössel, Strafverfahrensrecht, S. 130; Kleinknecht/Meyer, Einl., Rdn. 144; Peters, S. 274; Henkel, Strafverfahrensrecht, S. 279; Niese, DRiZ 1949, 506.

1 Hierauf weisen zu Recht Taschke, Strafverteidiger 1984, 181; Rieß, JR 1985, 46; ebenso Schumann, JZ 1986, 72; Volk, Strafverteidiger 1986, 36, hin.
2 Kleinknecht/Meyer, Einl., Rdn. 97; Löwe/Rosenberg-Schäfer, Einl. Kap. 12, Rdn. 97; BVerfGE 51, 324 ff.
3 Ebenso Schumann, JZ 1986, 72.
4 S. oben S. 177 Fn. 2.

digten abzuwägen sei[1]. Die Behauptung, bei Verfahrenshindernissen werde grundsätzlich nicht gewertet, ist daher jedenfalls nicht zwingend[2].

Zudem ist auch die Frage, wann man es bei der Sachverhaltswürdigung mit einer Tatsachenfeststellung zu tun hat und wann eine Wertung bei der Subsumtion einfließt, nicht ohne weiteres zu beantworten[3]. Sind die Voraussetzungen des treuwidrigen staatlichen Verhaltens nur exakt genug herausgearbeitet, kann jedenfalls davon ausgegangen werden, daß es nur noch um die Feststellung von "Tatsachen" geht, bei deren Vorliegen die Unzulässigkeit der Strafverfolgung unzweifelhaft wegen unzulässiger Rechtsausübung gegeben wäre[4]. Es kann dann davon gesprochen werden, daß es nichts zu werten gibt[5]. Nach der hier vertretenen Auffassung ist dies zumindest bei einem völlig unverdächtigen, unbescholtenen Bürger eindeutig der Fall, wenn dieser weder einer bereits begangenen Tat verdächtig ist und bei dem auch kein Verdacht zur Begehung späterer Straftaten besteht. Ebenso ist es bei einem Bürger, der zwar einer begangenen Straftat verdächtig ist, bei dem aber kein Verdacht der Begehung weiterer konkreter Straftaten besteht. In diesen Fällen ist die Rechtfertigung der Provokation über das allgemeine Polizei- und Ordnungsrecht ausgeschlossen.

Das Tatsachenargument ist, insgesamt betrachtet, nicht zwingend, so daß jedenfalls mit diesem Argument zumin-

---

1 BVerfGE 51, 345.
2 So schon Bruns, Strafverteidiger 1984, 391, daß mit der Anerkennung eines Verfahrenshindernis praeter legem meist eine Wertung Hand in Hand geht, stellt auch Arloth fest, NJW 1985, 418.
a.A. Voller, S. 110: Er ist der Auffassung, es gebe hier schon deshalb nichts zu werten, weil die Verbrechensprovokation unzulässig, da nicht erlaubt sei.
3 So schon Herzog, NStZ 1985, 156, unter Hinweis auf Hassemer, Einführung in die Grundlagen des Strafrechts, S. 163 ff.; vgl. auch Volk, Strafverteidiger 1986, 36.
4 Ähnlich Schünemann, Strafverteidiger 1985, 427; Drywa, S. 83.
5 So Voller, S. 109.

dest in den hier zugrundegelegten Fällen nicht eine Verfahrenshindernislösung über die Annahme der Verwirkung der staatlichen Strafverfolgungsbefugnis verneint werden kann.

Schließlich ist selbst für die bislang allgemein anerkannten Verfahrenshindernisse noch keine verbindliche, allgemein anerkannte Definition gefunden worden, die ein weiteres Verfahrenshindernis (wegen staatlicher Verbrechensprovokation) ausschließen würde. Für die in diesem Zusammenhang problematische Frage der Abgrenzung des formellen vom materiellen Recht ist gleichfalls noch keine allgemeine Abgrenzungsformel, die sämtliche Verfahrensvoraussetzungen umfaßte, gefunden worden.
Insbesondere Kaufmann[1] und Volk[2] haben versucht, in ihren Arbeiten neue Abgrenzungskriterien zu entwickeln, ohne daß diese allgemeine Anerkennung gefunden hätten[3]. Auch aus diesem Grunde liegen bislang keine allgemein verbindlichen Abgrenzungskriterien für Verfahrenshindernisse vor.
Sowohl unter die Formel des BGH, die davon ausgeht, daß als Verfahrenshindernisse nur Umstände in Betracht kommen, die nach dem ausdrücklich erklärten oder aus dem Zusammenhang ersichtlichen Willen des Gesetzes ... so schwer wiegen, daß von dem Nichtvorhandensein die Zulässigkeit des Verfahrens im ganzen abhängig gemacht werden muß"[4] als auch unter diejenige von Volk, die hinterfragt, ob der Umstand geeignet sei, den Willen zur Bewährung der Rechtsordnung um des Rechtsfriedens Willen entfallen zu lassen"[5], ließe sich das neue Verfahrenshindernis einordnen. Nach der Formel des BGH ist aus dem Rechts-

---

1 Strafanspruch, Strafklagrecht, Göttingen 1968.
2 Prozeßvoraussetzungen im Strafrecht, Ebelsbach 1978.
3 Vgl. z.B. Bloy, S. 30.
4 BGHSt 15, 290.
5 Volk, a.a.O., S. 204; ähnlich auch Schlüchter, Rdn. 367.

staatsprinzip in Verbindung mit dem Grundsatz von Treu und Glauben eindeutig zu ersehen, daß ein Verhalten, welches zur treuwidrigen Begründung und Ausübung der Strafverfolgungsbefugnis führt, die Zulässigkeit des Verfahrens ausschließt[1]. Die Überlegungen des BGH, die darauf hinauslaufen, einen so eindeutigen gesetzgeberischen Willen zu negieren, indem auf die sonstigen Fälle rechtsstaatswidrigen Verhaltens hingewiesen wird, bei denen es auch nicht zu einem Verfahrenshindernis kommt, gehen an der Sache vorbei[2]. Richtig ist zwar, daß bislang - mit der Ausnahme des Falles der überlangen Verfahrensdauer[3] von der Rechtsprechung im Falle eines Verstoßes gegen das Rechtsstaatsgebot ein Verfahrenshindernis in der Regel nicht anerkannt wurde[4]. Diese Fälle rechtsstaatswidrigen Verhaltens unterscheiden sich aber von den hier gegebenen dadurch, daß bei ihnen der Rechtsstaatsverstoß erst im Stadium der Strafverfolgung vom Staat begangen wird. Zwar handelt hier der Staat durchaus auch treuwidrig (Verstoß gegen den tu-quoque-Grundsatz), jedoch erfolgt der Verstoß gegen die Gebote von Treu und Glauben erst, nachdem die Strafverfolgungsbefugnis bereits begründet wurde. Im Falle der staatlichen Verbrechensprovokation hingegen ist der Verstoß gegen den Grundsatz von Treu und Glauben bereits im Zeitpunkt der Begründung der Strafverfolgungsbefugnis zu bejahen. Hierin liegt der grundsätzliche Unterschied zu den sonstigen Fällen rechtsstaatswidrigen Verhaltens. Die ursprüngliche Rechtsprechung des BGH lag also rich-

---

1 Für eine Anwendung der Abgrenzungsformel des BGH auch Voller, S. 109.

2 Vgl. das Argument des BGH, auch in sonstigen Fällen eines Verstoßes gegen das Rechtsstaatsprinzip oder dem Grundsatz des fairen Verfahrens werde kein Verfahrenshindernis anerkannt, sondern allenfalls die Möglichkeit der Rüge im Revisionsverfahren, BGHSt 32, 351.

3 BVerfG NJW 1984, 967, was der BGH abtut, BGH (1. Senat) Strafverteidiger 1984, 322 = BGHSt 32, 351.

tig, als sie im Gegensatz zu sonstigen Verstößen gegen das Rechtsstaatsprinzip im Falle der Verbrechensprovokation ein Verfolgungshindernis (im Einzelfall) bejahte. Mit der eigenen Abgrenzungsformel des BGH wäre somit ein Verfahrenshindernis im Grundsatz zu bejahen.

Auch unter die Formel von Volk läßt sich der Fall der staatlichen Verbrechensprovokation subsumieren, denn daß im hier vorliegenden Fall die Strafe sowie die Strafverfolgung nicht geeignet sind, den Rechtsfrieden wieder herzustellen, bzw. die Rechtsordnung zu bewähren, ließe sich bejahen, da eine Strafe nicht sinnvoll zu begründen ist[1]. Lediglich nach dem Ansatz von Kaufmann käme nur eine materiell-rechtliche Lösung in Betracht. Sie fragt danach, ob der zu beurteilende Umstand für den Eintritt oder Nichteintritt der Strafe irrelevant sei, wenn der Prozeß weggedacht würde[2].

Die Frage müßte verneint werden, weil - wie gesehen - die Verbrechensprovokation auch Einfluß auf die materielle Strafbefugnis des Staates hat, so daß nach Kaufmann die Provokation nicht zu den Prozeßhindernissen zugeordnet werden könnte.

Es zeigt sich aber, daß eindeutige Abgrenzungskriterien bislang noch nicht gefunden wurden[3], so daß die Lösung über das Verfahrenshindernis jedenfalls nicht wegen fehlender Zuordnung zu anderen anerkannten Prozeßvoraussetzungen abgelehnt werden kann. Es kann und soll auch nicht Gegenstand dieser Arbeit sein, eine allgemeingültige Abgrenzungsformel herauszuarbeiten.

Der von Rieß unternommene Versuch, die Gemeinsamkeit sämtlicher Verfahrenshindernisse damit zusammenzufassen, daß sie an Ereignisse anknüpften, die eine Anweisung

---

1 S.o. S. 49.
2 Vgl. Kaufmann, a.a.O., S. 134 ff.
3 So auch Bloy, S. 30.

darstellen, daß eine Sachentscheidung nicht ergehen solle[1], führt gleichfalls nicht zu dem Ergebnis, daß ein Prozeßhindernis ausgeschlossen ist. Zwar meint Rieß, daß im Falle der Rechtsstaatswidrigkeit im Unterschied zu anderen Verfahrenshindernissen das Verfahrenshindernis postuliert werde, damit keine Entscheidung ergehe[2]. Dies trifft jedoch bei den hier in Rede stehenden V-Mann-Fällen nicht zu. Bei konsequenter Anwendung des Verwirkungsgedankens steht außer Zweifel, daß eine Entscheidung nicht ergehen soll, weil die Verfolgungsbefugnis treuwidrig erworben wurde und die Ausübung dieser Befugnis sich im übrigen als widersprüchliches Verhalten darstellt.

Zuzustimmen ist Rieß allerdings insoweit, als er davon ausgeht, daß das Verfahrenshindernis lediglich als dogmatisches Instrument dafür herangezogen werden soll, weil keine Entscheidung ergehen soll. Dies muß vom Prozeßzweck her entschieden werden[3]. Diese Begründung wäre auch für das Verfahrenshindernis wegen unzulässiger Verbrechensprovokation tragend. Die Prozeßvoraussetzungen sind letztlich Wertentscheidungen im Hinblick auf eine umfassende Gerechtigkeitsverwirklichung[4]. Die Wertentscheidung, daß im Falle treuwidriger Verbrechensprovokation die Strafverfolgungsbefugnis entfällt und dabei damit ein Verfahrenshindernis eintritt, folgt aus dem Rechtsstaatsprinzip in Verbindung mit dem Grundsatz von Treu und Glauben.

Es hat sich gezeigt, daß auch die bekannten und umstrittenen Abgrenzungskriterien zwischen formellem und materiellem Recht nicht zwingend und eindeutig gegen die Lösung über ein Verfahrenshindernis sprechen. Die Ab-

---

1 Rieß, JR 1985, 47.
2 A.a.O., S. 47.
3 Schlüchter, Rdn. 367.
4 Eb. Schmidt, LK I, Rdn. 28; Sulanke, S. 89.

grenzungskriterien des BGH[1], diejenigen von Volk[2] als auch der Vorschlag von Rieß lassen die Bejahung eines Verfahrenshindernisses zu.

Fraglich bleibt allerdings, ob die Einstellung des Verfahrens wegen der Verwirkung der Strafverfolgungsbefugnis als Prozeßhindernis aufgefaßt und bezeichnet werden sollte, oder ob nicht besser von einem Strafverfolgungsverbot wegen unzulässiger Rechtsausübung gesprochen werden sollte[3].

fff) Andere Lösungsmöglichkeiten sachgerechter

Schlagen die bisher erörterten Vorbehalte gegenüber der Lösung über die Verwirkung der Strafverfolgungsbefugnis letztlich nicht durch, so fragt es sich dennoch, ob nicht andere Lösungsmöglichkeiten für das Straf(verfahrens)recht sachgerechter sind. Dabei sollen hier jedoch lediglich die weiteren Straffreiheitslösungen näher untersucht werden, soweit sie nicht schon oben genauer behandelt wurden. Ausgenommen werden können daher die reine Strafzumessungslösung, wie sie jetzt von der Mehrheit der BGH-Senate vertreten wird[4], die Lösung über die Einstellung gemäß §§ 153 ff.[5] die Tatbestandslösung[6],

---

1 Im Ergebnis wird mit dieser Abgrenzungsformel ein Prozeßhindernis bejaht von Gössel, NStZ 1984, 421.
2 Im Ergebnis wird mit dieser Abgrenzung das Verfahrenshindernis bejaht von: Ulsenheimer, WiStra 1983, 14; Fischer, S. 184; ähnlich auch Taschke, Strafverteidiger 1984, 181.
3 Ähnlich Rieß, JA 1985, 48; Volk, Strafverteidiger 1986, 37.
4 BGH (1. Senat) BGHSt 32, 345 ff. = NJW 1984, 2300 ff.; BGH (2. Senat) Strafverteidiger 1985, 309 ff.; Strafverteidiger 1986, 100 f.; BGH (5. Senat) MDR 1985, 952 = Strafverteidiger 1985, 398.
5 Seelmann, ZStW 95 (1983), 830; Meyer, NStZ 1985, 135; BGH (2. Senat) Strafverteidiger 1985, 310; BGH (1. Senat) Strafverteidiger 1984, 323.
6 Schünemann, Strafverteidiger 1985, 429.

die Lösung über einen persönlichen Strafausschließungsgrund[1] sowie die Lösung über die Revisibilität[2], die allesamt zu unbefriedigenden Ergebnissen führen. Als zu prüfende Alternativen kommen daher nur die im Schrifttum erwogenen Lösungsmöglichkeiten über ein Beweisverwertungsverbot[3], ein verfassungsrechtliches Verfahrenshindernis[4], ein Verfahrenshindernis aus der Zweckverfehlung des Strafverfahrens[5] und das Verfahrenshindernis des rechtswidrigen staatlichen Verhaltens vor Begehung der Tat[6] in Betracht.

(1) Beweisverwertungsverbot

Die Vertreter der Beweisverwertungsverbotslösung leiten dieses entweder aus einer analogen Anwendung des § 136 a Abs. 3 StPO[7] auf den Fall der unzulässigen Tatprovokation her oder unmittelbar aus der Verfassung bzw. dem fair-trial-Grundsatz[8].

---

1 Sieg, Strafverteidiger 1981, 638; Seelmann, ZStW 95 (1983), 831; Teske, JA 1986, 109; de lege ferenda: Schünemann, Strafverteidiger 1985, 429.
2 Bruns, Strafverteidiger 1984, 391; Rieß, JR 1985, 46; Mache, Die Zulässigkeit, S. 210, 218, 226.
3 Hierfür Lüderssen, FS Peters, S. 361 ff.; ders., Jura 1985, 118; Franzheim, NJW 1979, 2015; Mache, Die Zulässigkeit, S. 218; Voller, S. 110; Dencker, FS Dünnebier, S. 453; Berz, JuS 1982, 418; Gülzow, Die Polizei 1984, 334; Fischer: Für Verbot gegen § 136 a StPO, S. 115 ff.
4 Arloth, NJW 1985, 418; ähnlich Rieß, JR 1985, 48.
5 Schumann, JZ 1986, 71 ff.
6 Drywa, S. 84.
7 Lüderssen, a.a.O.; Mache, a.a.O., S. 219; Voller, a.a.O.; Gülzow, a.a.O.; vgl. auch Röhrich, S. 240 ff.
8 Franzheim, NJW 1979, 2014; Mache, Die Zulässigkeit, S. 219; Berz,a.a.O., S. 418; Arloth, NStZ 1985, 153.

(a) § 136 a StPO analog

Paßte § 136 a StPO auf den Fall einer unzulässigen Verbrechensprovokation durch einen polizeilichen Lockspitzel, wäre die Begründung des Verfahrenshindernisses über zivilrechtliche oder verfassungsrechtliche Prinzipien unter Umständen entbehrlich, zumindest dann, wenn von einem Beweisverwertungsverbot mit Fernwirkung[1] ausgegangen wird. Die Straffreiheit ergebe sich dann daraus, daß entweder infolge der Nichtverwertbarkeit der aufgrund der Provokation gewonnenen Beweise das Verfahren bereits von der Staatsanwaltschaft nach § 170 Abs. 2 StPO eingestellt oder aber nicht eröffnet würde - ein mittelbares Verfahrenshindernis[2] - oder, daß im Falle der Eröffnung des Hauptverfahrens der Beschuldigte freigesprochen[3] werden müßte, weil die aus der Provokation gewonnenen Beweise nicht erhoben (Beweistatsachenverbot) oder jedenfalls nicht verwertet werden dürften[4].

Die Diskussion innerhalb der Befürworter einer Beweisverwertungsverbotslösung zeigt aber, daß eine analoge Anwendung des § 136 a StPO, die hier lediglich in Betracht kommt, nicht leicht zu begründen ist. Der Möglichkeit, § 136 a StPO auf den Fall einer unzulässigen Verbrechensprovokation zu übertragen, stehen erhebliche Bedenken entgegen. So wird zumindest bei privaten Lockspitzeln bezweifelt, ob diese überhaupt Adressat des § 136 a StPO sein können[5]. Im übrigen wird für eine Analogie zum

---

1 So im Ergebnis Franzheim, NJW 1981, 2015; Voller, S. 110;
a.A. Drywa, S. 81.
2 Franzheim spricht von einem Beweisverfolgungsverbot mit Fernwirkung, das einem Verfahrenshindernis gleichkomme, a.a.O., S. 2015; ähnlich Berz, JuS 1982, 421.
3 Für einen solchen Freispruch ausdrücklich Lüderssen Jura 1985, 127; Mache, Die Zulässigkeit, S. 209.
4 Vgl. hierzu Lüderssen, Jura 1985, 122.
5 Vgl. Röhrich, S. 239.

Teil vorausgesetzt, daß ein Verwertungsverbot der durch die Maßnahme erlangten Erkenntnisse allenfalls dann angenommen werden könne, wenn sich die Maßnahme - hier die Provokation - gegen einen Beschuldigten richte. Dies sei nur bei einer förmlichen Vernehmung der Fall[1]. Ferner wird vertreten, daß das Tatbestandsmerkmal der Täuschung i.S.d. § 136 a StPO nicht gegeben sei, weil § 136 a StPO nach seinem Sinn und Zweck dem Beschuldigten nur vor einer Zwangslage, die zu einer Selbstbezichtigung führt, schützen solle. Der Provozierte befinde sich jedoch nicht in einer solchen Zwangslage, da er letztlich frei entscheiden könne, ob er der Anstiftung nachkomme oder nicht[2]. Diese Auffassung dürfte jedoch verkennen, daß § 136 a StPO weiter geht als der "nemo-tenetur-Grundsatz"[3].

(b) Verfassungsrechtliches Beweisverwertungsverbot

Die Erkenntnis, daß es möglicherweise an einer Analogiebasis für § 136 a StPO fehlt, führte schließlich zu der Konstruktion eines aus der Verfassung abgeleiteten Beweiserhebungs- und Verwertungsverbotes[4].

Die Befürworter der Beweisverbotslösung führen für sich an, ein Beweisverbot sei sachgerechter als ein Verfahrenshindernis, da nicht einzusehen sei, wieso bestimmte Fälle unzulässiger Beweiserhebung zu einem Verwertungsverbot führten (§ 136 a StPO), die unzulässige Verbrechensprovokation jedoch zu einem Verfahrenshindernis[5].

---

1 So Schumann, JZ 1986, 66 m.w.N.; Schünemann, Strafverteidiger 1985, 430; Berz, NJW 1981, 418; Drywa, S. 81;
a.A. Röhrich, S. 244; Müncheberg, S. 121.
2 So Schumann, JZ 1986, 67; Peters, Gutachten, S. 156; Puppe, GA 1978, 299.
3 Vgl. Rogall, Der Beschuldigte, S. 209.
4 Berz, a.a.O.
5 Gülzow, Die Polizei 1984, 334; Voller, S. 110.

Zwischen der Täuschung während der Vernehmung und der Täuschung des staatlichen Lockspitzels vor der Tatbegehung bestehe kein eine unterschiedliche Behandlung rechtfertigender Unterschied[1]. Auch im Falle des § 136 a StPO werde schließlich "nur" von einem Verwertungsverbot ausgegangen, obwohl es sich um schwerste Verstöße gegen den Grundsatz des fair trial handele[2].

(c) Würdigung

Dem ist jedoch entgegenzuhalten, daß der Fall der unzulässigen Tatprovokation schon deshalb nicht den Fällen des § 136 a StPO ähnelt, weil der Vorwurf sich nicht primär gegen die unzulässige Gewinnung oder Erhebung von Beweisen richtet, sondern gegen die Herbeiführung einer Straftat als solcher. § 136 a StPO paßt auf den Fall einer unzulässigen Einflußnahme auf den Beschuldigten nach Begehung einer Straftat. Ein Beweiserhebungsverbot, welches zu einem Beweisverwertungsverbot führt, setzt schon begrifflich die begangene Straftat, über die Beweis zu erheben ist, voraus. Bei den agent provocateur-Fällen geht es aber gerade nicht um die Erhebung von Beweisen über eine schon begangene Straftat, sondern allenfalls um die Gewinnung von Beweisen über eine noch zu begehende Straftat. Für die noch zu begehende Tat soll der Provozierte schließlich auch bestraft werden[3]. Von einem Verstoß gegen ein Beweiserhebungsverbot, welches zu einem Verwertungsverbot führen soll, kann daher hier nicht gesprochen werden, so daß ein solches unab-

---

1 Voller, a.a.O.
2 Gülzow, a.a.O.; ählich auch Rieß, JR 1985, 45; Dencker, Verwertungsverbote, S. 71.
3 Der Fall der Aufklärung und Bestrafung vorangegangener Straftaten mit Hilfe der durch die provozierte Tat mittelbar erlangten Indizien oder Beweise soll hier vernachlässigt werden, vgl. hierzu auch Lüderssen, Strafverteidiger 1985, 179.

hängig von der Herleitung nicht adäquat erscheint. Die staatliche Verbrechensprovokation ist ein "Mehr", so daß das Argument, auch in sonstigen Fällen von Verstößen gegen den fair trial-Grundsatz komme es lediglich zu einem Verwertungsverbot[1] nicht zur zwingenden Begründung des Verwertungsverbotes führt. Auch der fair trial-Grundsatz kommt nur dann zum Tragen, wenn bereits eine autonom verursachte Straftat - und damit ein Verfahren - vorliegt. Dann hat der Beschuldigte selbstverständlich einen Anspruch auf ein faires Verfahren. Wird das Verfahren selbst "unfair" provoziert, paßt der fair trial-Grundsatz nicht, weil es zu diesem Zeitpunkt ein Verfahren noch gar nicht gibt. Die Parallele zu sonstigen Verstößen gegen den fair trial-Grundsatz besteht insoweit nicht, so daß der fair trial-Grundsatz auch nicht zu einer Gleichbehandlung mit dem Ergebnis aus § 136 a Abs. 3 StPO zwingt.

Es ist daher Meyer insofern zuzustimmen, als er ausführt, daß es gar nicht um einzelne Beweisverbote gehe, sondern darum, jegliche Beweisaufnahme über die provozierte Tat auszuschließen, mithin um ein Verfahrenshindernis[2]. Aus dem widersprüchlichen, arglistigen und illoyalen staatlichen Verhalten folgt letztlich, daß kein Verfahren gegen den Betroffenen stattfinden soll, die Strafverfolgungsbefugnis ist nicht mehr gegeben, so daß die richtige Sanktion nicht ein Beweisverwertungsverbot, sondern das Verfahrenshindernis ist.

Die Fragen, ob die Täuschung des Lockspitzels eine solche i.S.d. § 136 a StPO ist, ob § 136 a StPO auch außerhalb der Vernehmung zu gelten hat, oder ob das Beweisverwertungsverbot aus der Verfassung hergeleitet

---

1 Rieß, JR 1985, 47.
2 Meyer, NStZ 1985, 134.

werden muß, können deshalb unentschieden bleiben[1].

Auch ist zu beachten, daß § 136 a StPO letztlich einen Ausfluß des Verwirkungsgedankens darstellt[2], nur führt das rechtswidrige Verhalten des Staates hier nicht zum Verlust der Verfolgungsbefugnis - der Verstoß gegen § 136 a Abs. 1 StPO und Abs. 2 StPO[3] führt lediglich zu dem Verlust einer Beweisposition, der Rechtsverstoß ist jedoch nicht so erheblich, daß damit das gesamte Verfahren in Frage gestellt werden könnte.
Nicht jeder Verstoß gegen eine eigene Pflicht oder gegen das Gesetz kann zur Unzulässigkeit der Strafverfolgung führen. § 136 a StPO setzt voraus, daß die Strafverfolgungsbefugnis zunächst einmal regulär entstanden ist. Die Strafverfolgungsbefugnis besteht daher unabhängig von etwaigen späteren Rechtsverstößen des Staates fort. Dies folgt schon aus der gesetzlichen Regelung selbst. Der Verlust der Beweismöglichkeit reicht hier zur Gewährung eines fairen Verfahrens aus. Der Bürger weiß, daß zumindest fahrlässige Verstöße gegen strafprozessuale Normen durch staatliche Organe immer wieder vorkommen. Aus dem Recht zur Strafverfolgung hinsichtlich der vom Bürger begangenen Straftat ändert ein nachträglicher Rechtsverstoß somit nichts. Der Bürger weiß auch, daß er trotz etwaiger vorsätzlicher illegaler Methoden bei der Verbrechensaufklärung für seine Tat geradezustehen hat. Hier trifft das Argument zu, daß nicht jedes Lügen eines Polizisten das gesamte Strafverfahren in Frage stellen kann[4]. Anders ist es im Fall staatlicher Verbrechensprovokation. Hier wäre es zum einen zu der konkreten Tat ohne die rechtswidrige staatliche Provokation überhaupt nicht gekommen. Die Verbre-

---

1 So auch Bruns, NStZ 1983, 53.
2 Arzt, FS Peters, S. 334.
3 Der Sache nach ist dies der Tu-quoque-Einwand.
4 Becker, Strafverteidiger 1985, 399.

chensverursachung ist dem Staat zurechenbar. Zum anderen stellt sich die anschließende Strafverfolgung als widersprüchliches Verhalten dar. Deshalb fordert das Rechtsempfinden des Provozierten sowie das der Allgemeinheit die Straflosigkeit des Provozierten. Der Unterschied zum Fall des § 136 a StPO liegt darin, daß hier schon die Strafverfolgungsbefugnis treuwidrig erworben wird und die Strafverfolgung widersprüchlich ist. Das staatliche Handeln hat daher eine andere Qualität als im Falle des § 136 a StPO, wo allenfalls ein Verstoß gegen den Tu-quoque-Grundsatz erkennbar ist.

Es besteht mithin keine Veranlassung, die Rechtsfolge des § 136 a StPO - Beweisverwertungsverbot - als einzig mögliche Konsequenz einer staatlichen unzulässigen Tatprovokation anzusehen[1].

(2) Verfahrenshindernis von Verfassungs wegen oder wegen Zweckverfehlung des Strafverfahrens oder wegen rechtswidrigen staatlichen Verhaltens vor Begehung der Straftat

Zu prüfen bleiben die Lösungsvorschläge, die zwar auch zu einem Verfahrenshindernis gelangen, dieses jedoch nicht mit unzulässiger Rechtsausübung oder dem Verwirkungsgedanken begründen, sondern es aus der Verfassung aus dem rechtswidrigen staatlichen Verhalten bzw. der Zweckverfehlung des Strafrechts herleiten. Das erzielte Ergebnis entspricht der Lösung über die Verwirkung der Strafverfolgungsbefugnis. Fraglich ist aber, ob diese Lösungsvorschläge sachgerechter sind.

(a) Verfahrenshindernis von Verfassungs wegen

Diese Lösung berücksichtigt Aspekte, die auch im Rahmen

---

1 Vgl. oben S. 156.

der Lösung über die Verwirkung der Verfolgungsbefugnis Beachtung finden. Der von den Vertretern dieser Lösung hervorgehobene Verfahrensverstoß in Form der Verletzung des Rechtsstaatsprinzips oder des fairen Verfahrens[1] findet sich im Rahmen der Prüfung der unzulässigen Rechtsausübung in der Form des sittenwidrigen und rechtswidrigen Rechtserwerbs und bei der Prüfung der unzulässigen Rechtsausübung wegen widersprüchlichen Verhaltens wieder. Die Vertreter eines aus der Verfassung hergeleiteten Verfahrenshindernisses begründen jedoch nicht, wieso der Verfassungsverstoß zum Verfahrenshindernis führt. Es wird lediglich auf das Bundesverfassungsgericht verwiesen, welches im Falle der überlangen Verfahrensdauer die Möglichkeit eines verfassungsrechtlichen Verfahrenshindernisses bejaht hat[2].

Die Begründung des Verfahrenshindernisses ließe sich aber auch bei Annahme eines Verfassungsverstoßes finden, wenn der Bezug zum Verwirkungsgedanken hergestellt würde. Richtig ist, daß in den hier interessierenden Fällen staatlicher Verbrechensprovokation eine Verletzung des Rechtsstaatsprinzips zu bejahen ist. Soweit Grundrechte des Provozierten oder etwa die Menschenwürde verletzt sind, liegt hierin auch eine Verletzung des Rechtsstaatsgebots[3].

Ferner wurde bereits festgestellt, daß die Fallgruppen widersprüchliches Verhalten und mißbräuchlich begründete Rechtsstellung gleichfalls als Verstoß gegen das Rechtsstaatsgebot anzusehen sind[4].

Daß im Verstoß gegen das Rechtsstaatsprinzip hier zu bejahen ist, wird selbst von der neuen höchstrichterli-

---

1 Ulsenheimer, WiStra 1983, 14; Arloth, NJW 1985, 417; Rieß, JR 1985, 47: für Verfolgungsverbot außerhalb des Instituts des Verfahrenshindernisses; Becker, Strafverteidiger 1985, 398.
2 Vgl. Rieß, a.a.O., 46; Arloth, a.a.O., 418.
3 Stern, S. 784.
4 S.o. S. 106 f.

chen Rechtsprechung nicht ausgeschlossen, die ein Verfahrenshindernis jetzt ablehnt. Es wird lediglich behauptet, daß die Rechtsstaatsverletzung eben nicht zum Verfahrenshindernis führe, was aus den Entscheidungen zu den sonstigen Verstößen gegen das Rechtsstaatsprinzip folge[1].

Es hat sich jedoch gezeigt, daß die sonstigen Fälle rechtsstaatswidrigen Verhaltens sich nicht mit dem Fall der staatlichen Verbrechensprovokation vergleichen lassen, da sie einer anderen Fallgruppe der unzulässigen Rechtsausübung zuzuordnen sind, nämlich der Fallgruppe "tu quoque"[2].

Da das rechtsstaatswidrige Verhalten bei einer staatlichen Verbrechensprovokation sich vollen Umfangs den Fallgruppen der unzulässigen Rechtsausübung zuordnen läßt, drängt es sich auf, für diese Fälle rechtsstaatswidrigen Verhaltens auch die Rechtsfolgen der unzulässigen Rechtsausübung auf die jeweils in Frage stehende Rechtsposition zu übertragen.
Dies wird im Falle widersprüchlichen Verhaltens ohne weitere Begründung auch bereits von der Rechtsprechung praktiziert, etwa in dem bereits angesprochenen Fall der Einstellung eines Nebendelikts gemäß § 154 a StPO[3]. Wenn das zugrundeliegende Verhalten nachträglich nicht mehr bei der Strafzumessung berücksichtigt werden darf, bedeutet dies, daß aus Gründen des Vertrauensschutzes eine Rechtsposition versagt wird. Damit wird hier die einzig folgerichtige Rechtsfolge, nämlich die dem Zivilrecht entsprechende, gezogen.

Im Falle widersprüchlichen Verhaltens durch die anschließende Strafverfolgung bei vorangegangener Verbrechensprovokation kann Rechtsfolge auch nur die Versagung

---

1 Vgl. hierzu die Grundsatzentscheidung des 1. Senats BGHSt 32, 350.
2 S.o. S. 85.
3 Vgl.o. S. 70.

der Rechtsposition - hier der Strafverfolgungsbefugnis - sein. Dies gilt auch für den Fall des mißbräuchlichen Erwerbs dieser Befugnis, der gleichfalls vorliegt.

Mit der Bejahung der Verwirkung der Strafverfolgungsbefugnis wird daher die Rechtsfolge Versagung einer Rechtsposition automatisch und folgerichtig erklärt. Dies fehlt bei der Bejahung des Verfahrenshindernisses von Verfassungs wegen (aus dem Verstoß gegen den Fair-trial-Grundsatz). Unbestritten ist, daß der Verfassungsverstoß gegeben ist, die Rechtsfolge "Verfahrenshindernis" erklärt sich jedoch besser aus den Grundsätzen der unzulässigen Rechtsausübung. Daher verdient diese Bezeichnung des Verfahrenshindernisses den Vorzug.

(b) Verfahrenshindernis aus Zweckverfehlung des Strafverfahrens

Die Erkenntnis, daß ein Verfassungsverstoß noch nicht eo ipso zum Verfahrenshindernis führt, führte zu dem Vorschlag, das Verfahrenshindernis in Anlehnung an Volk aus der Zweckverfehlung des Verfahrens herzuleiten[1]. Schumann hebt darauf ab, daß das Strafverfahren dazu diene, durch Bewährung der Strafrechtsordnung das Rechtsbewußtsein der Allgemeinheit zu bestätigen und damit den durch die Tat gestörten Rechtsfrieden wieder herzustellen. Hier ist ein zutreffender Gesichtspunkt für die Verfahrenshindernislösung genannt. Die Begründung Schumanns für das Verfahrenshindernis erinnert an die Untersuchung der Gründe, die einen Wegfall der Bestrafung des von illoyalem, staatlichen Verhalten Betroffenen rechtfertigen[2].

Die Unglaubwürdigkeit bzw. Zweckverfehlung des Verfahrens spielt auch hier - bei der Strafverfolgungsbefugnis -

---

1 Schumann, JZ 1986, 70 ff.: zumindest in Fällen einer übergewichtigen Tatbeteiligung des polizeilichen Lockspitzels.

2 S.o. S. 43 ff.

eine entscheidende Rolle, weil in der Tat die weitere Strafverfolgung die Treuwidrigkeit bei der Erlangung der Strafverfolgungsbefugnis perpetuieren würde und aus diesem Grunde nicht geeignet erscheint, den gestörten Rechtsfrieden wieder herzustellen. Dabei ist jedoch zu beachten, daß die Gründe dieser Zweckverfehlung letztlich in dem mehrfach treuwidrigen staatlichen Verhalten zu sehen sind. Das Verfahren wird deshalb untauglich, weil die Strafverfolgungsbefugnis treuwidrig erworben und ausgeübt wird, so daß sie als verwirkt anzusehen ist.

Das von Schumann unter dem Gesichtspunkt der Zweckverfehlung des Strafverfahrens bejahte Verfahrenshindernis kommt aber dem hier vertretenen Ansatz sehr nahe[1].

(c) Verfahrenshindernis des rechtswidrigen staatlichen Verhaltens vor Begehung der Straftat

Drywa hat mit seinem Vorschlag eines neuen Verfahrenshindernisses[2] ebenfalls einen zutreffenden Aspekt herausgegriffen. Das Prozeßhindernis läßt sich jedoch einfacher mit der Formulierung, daß eine mißbräuchlich begründete Rechtsstellung gegeben sei und damit originär mit den Verwirkungsgedanken begründen. Letztlich ist es das arglistige und widersprüchliche staatliche Verhalten, welches Drywa zu seinem Ergebnis kommen läßt. Drywa glaubt nur zu Unrecht, den Fall der Verbrechensprovokation nicht unter den Verwirkungs- oder Mißbrauchsgedanken subsumieren zu können. Da dies nicht zutrifft, verdient die Verwirkungslösung den Vorzug.

---

1 Ebenso der von Rieß gemachte Vorschlag eines "Verfolgungsverbotes" außerhalb der Verfahrenshindernisse, a.a.O., S. 48.
2 S.o. S. 140.

(3) Ergebnis

Die sonstigen zur Straffreiheit des Beschuldigten führenden Alternativlösungen, die letztlich allesamt ihre Ursache in dem treuwidrigen staatlichen Verhalten haben, kommen nicht zu folgerichtigeren Ergebnissen. Insgesamt bleibt festzustellen, daß die Bejahung der Verwirkung der Strafverfolgungsbefugnis im Falle der staatlichen Verbrechensprovokation nicht hinter andere Straffreiheitslösungen zurücktreten muß. Die gegen diese Lösung erhobenen Einwände schlagen letztlich nicht durch.

II. Überlange Verfahrensdauer

Es bleibt im folgenden zu untersuchen, ob der Verwirkungsgedanke auch im Falle überlanger Verfahrensdauer Anwendung finden kann.

1. Gegenstand der Verwirkung

a) Verwirkungsmodelle

Auch hier stellt sich, wie im Falle der staatlichen Verbrechensprovokation, die Frage, auf welcher Ebene die Verwirkung eintreten soll, wenn sich das Verfahren übermäßig lange hinauszögert.

In Rechtsprechung und Literatur wurden bislang bei der Diskussion der Folgen der überlangen Verfahrensdauer lediglich darum gestritten, ob in einem solchen Fall - die genauen Voraussetzungen sind umstritten - das Verfahren einzustellen ist[1], oder ob es bei einer Berück-

1 Dafür Hillenkamp, JR 1975, 134; Peters, Strafprozeß, S. 210.

sichtigung der langen Verfahrensdauer bei der Strafzumessung und bei der Möglichkeit einer Einstellung gemäß §§ 153 ff. StPO verbleiben muß[1].

Dies spricht dafür, daß die Befürworter der Verfahrenshindernis-Lösung wieder einer rein verfahrensrechtlichen Lösung, einer Verwirkung der Strafverfolgungsbefugnis, zuneigen. Denkbar ist aber auch, daß ähnlich wie bei der Verjährung von einem persönlichen Strafaufhebungsgrund auszugehen ist, was allerdings in Rechtsprechung und Literatur bislang nicht in Betracht gezogen wurde[2]. Damit korrespondieren würde, wie bereits im Fall der Verbrechensprovokation gesehen, eine Verwirkung der materiellen Strafbefugnis, denkbar in der Form einer Verwirkung dieser Befugnis infolge Zeitablaufs (venire contra factum proprium), wegen Fehlens eines schutzwürdigen Interesses oder oder wegen einer eigenen Pflichtverletzung (Tu-quoque-Einwand), soweit man eine Verpflichtung des Staates zur Beschleunigung des Strafverfahrens bejaht, was allgemein aus Art. 6 MRK hergeleitet wird[3]. Die denkbaren Alternativen ähneln also dem bereits erörterten Fall der staatlichen Verbrechensprovokation. Auch die Argumente sind weitgehend austauschbar, so daß hier darauf verzichtet werden kann, sie im einzelnen aufzuführen. Von den Befürwortern der Verfahrenshindernislösung werden weitgehend Straf- und Verfahrenszwecke angeführt, die die Einstellung des Verfahrens rechtfertigen sollen[4], oder aber es wird die Verletzung von Verfassungsrecht (Art. 2 Abs. 1 GG)[5] betont.

---

1 Hierfür Hanack, JZ 1971, 715; Löwe/Rosenberg-Schäfer, Einl. Kap. § 12 Rdn. 93; Jescheck, JZ 1970, 204.
2 Schwenk, ZStW 79 (1967), 740, spricht immerhin vom Verlust des staatlichen Strafanspruchs.
3 Kleinknecht/Meyer, Art. 6 MRK Rdn. 7; Peters, S. 209.
4 Vgl. Hillenkamp, JR 1975, 136.
5 Peters, S. 210; Baumann, FS für Eb.Schmidt, S. 541.

Es fragt sich nunmehr, ob im Falle der überlangen Verfahrensdauer wie im vorher erörterten Fall der Verbrechensprovokation die Verwirkung entweder der materiellen Strafbefugnis, der Strafverfolgungsbefugnis oder die Verwirkung beider Befugnisse bejaht werden kann.

b) Eigene Auffassung

aa) Variante 1

Der Beschuldigte hat nur Kenntnis von der Eröffnung des Verfahrens. Er hört über einen unangemessen langen Zeitraum nichts von den Ermittlungsbehörden.

aaa) Verwirkung der materiellen Strafbefugnis

Es stellt sich hier die Frage, ob hier die materielle Strafbefugnis ähnlich wie ein zivilrechtlicher Anspruch verwirkt ist.

(1) Verwirkung durch Zeitablauf

In Betracht kommt zunächst eine Verwirkung durch Zeitablauf. Legt man die zivilrechtlichen Voraussetzungen zugrunde, so ist neben einem je nach Einzelfall längeren oder kürzeren Zeitraum (Zeitmoment) auch ein sog. Umstandsmoment erforderlich, welches den Anspruchsgegner darauf vertrauen läßt, daß der Anspruch nicht mehr gegen ihn durchgesetzt werde. Ohne Hinzutreten besonderer Umstände ist eine Verwirkung der materiellen Strafbefugnis jedenfalls schon bei einer Übertragung zivilistischer Grundsätze nicht zu rechtfertigen. Hinzu kommt, daß der Legalitätsgrundsatz im Rechtsbewußtsein des Bürgers stark verwurzelt ist. Jedermann weiß, daß in den Grenzen der Verjährung durch bloßen Zeitablauf eine Verwirkung nicht eintritt. Es fragt sich, ob im Bereich des Strafrechts überhaupt weitere Umstände denkbar sind, die einen geschützten Vertrauenstatbestand entstehen lassen könnten. Hiergegen spricht, daß selbst bei einer erfolgten Einstellung der ehemals Beschuldigte mit einem Wiederaufgreifen des Verfahrens durch die Staatsanwaltschaft rechnen muß[1]. Sollten daher - schwer vorstellbar genug - besondere Umstände hinzutreten, die den Beschuldigten glauben machen, das Verfahren werde gegen ihn nicht mehr weiter betrieben, so kann dies nicht dazu führen, daß die materielle Strafbefugnis hierdurch verwirkt wird.

(2) Unzulässige Rechtsausübung wegen Fehlens eines schutzwürdigen Interesses

Aus vorstehendem Grund kommt auch die unzulässige Rechtsausübung wegen eines fehlenden schutzwürdigen Interesses nicht in Betracht.

Bei einem ungewöhnlich langen Ermittlungs- oder Strafverfahren stellt sich zwar die Frage, ob hierdurch nicht das staatliche Interesse an der Durchsetzung der materiellen Strafbefugnis entfallen sein könnte. Indes läßt sich aus dem Legalitätsprinzip genau jenes schutzwürdige Interesse herleiten, welches die Verhängung der Strafe rechtfertigt.

Angesichts des hohen Stellenwerts des Legalitätsprinzips könnte die Verfahrensverzögerung auch nicht die Strafzwecke völlig entfallen lassen. Die Interessenlage des Beschuldigten verlangt hier nicht zwingend die Versagung der materiellen Strafbefugnis, weil eine grobe unerträgliche Unbilligkeit nicht zu erkennen ist.

---

1 Roxin (18), S. 220.

(3) Unzulässige Rechtsausübung wegen Tu-quoque-Einwands

Ferner bleibt in dieser Fallkonstellation zu erörtern, ob und wie ein möglicherweise gegebener Verstoß gegen den Beschleunigungsgrundsatz zu einer unzulässigen Rechtsausübung wegen illoyalen Verhaltens (Tu-quoque-Einwand) führen kann. Geht man davon aus, daß der Staat gemäß Art. 6 Abs. 1 MRK verpflichtet ist, das Verfahren innerhalb angemessener Frist zu einem Ende zu bringen, so könnte die bei einer übermäßigen Verfahrensverzögerung auftretende Prozeßwidrigkeit als Verwirkungsgrund erachtet werden. Denkbar sind dabei Fälle, bei denen die Verfahrensverzögerung infolge ungünstiger Umstände - etwa durch Überlastung der Staatsanwaltschaft bzw. der Gerichte - nicht zu einem raschen Ende kommt, als auch Fälle, in denen eine bewußte Verletzung des Beschleunigungsgrundsatzes durch staatliche Organe erfolgt. Bei der erstgenannten Fallkonstellation bleibt zwar eine rechtswidrige Prozeßverschleppung erkennbar, hingegen fehlt es an einer besonders treuwidrigen Intention auf staatlicher Seite.

(a) Fahrlässige Prozeßverschleppung

Hier fragt es sich, ob ein schlicht rechtswidriges staatliches Handeln bei der Strafverfolgung überhaupt unter dem Gesichtspunkt "tu quoque" zur Verwirkung der materiellen Strafbefugnis führen kann. Dies ist zu verneinen. Auch im Zivilrecht führt nicht jedes treuwidrige bzw. vertragswidrige Verhalten des Rechtsinhabers automatisch zu einem Verlust seiner Rechtsposition.

Dies wird nur von einer Minderheit vertreten, indem etwa der pauschale Satz aufgestellt wird, nur der selbst Rechtstreue dürfe Rechtstreue fordern[1]. Überwiegend wird

---

1 Wieacker, S. 31.

eine unzulässige Rechtsausübung unter dem Gesichtspunkt "tu quoque" nur im Einzelfall unter Hinzutritt besonderer Umstände bejaht, indem etwa ein besonderer rechtlich relevanter Zusammenhang zwischen der beanspruchten und der selbst geübten Verhaltensweise vorausgesetzt wird, der den Rechtsanspruch angesichts des eigenen Verhaltens als rechtsmißbräuchlich erscheinen läßt[1]. Untersucht man die vorliegende Fallkonstellation, so ist es zweifelhaft, ob unter Berücksichtigung dieser Gesichtspunkte die Ausübung des beanspruchten Rechts als unzulässig angesehen werden kann. Die materielle Strafbefugnis steht in keinem besonderen rechtlichen Zusammenhang zu den prozessualen Fehlern des Staates bzw. seiner Organe. Jedem Bürger ist es deshalb auch gegenwärtig, daß eine - im Strafverfahren immer mögliche fahrlässige - Verletzung prozessualer Grundsätze jedenfalls nicht zum Verlust der staatlichen Strafbefugnis führt. Bei fahrlässiger Rechtsverletzung im Zuge der Strafverfolgung weiß der Bürger im Gegenteil, daß er dennoch für seine Tat geradezustehen hat.

Allenfalls können gewisse Verfahrensfehler zur Anfechtbarkeit des Urteils führen oder aber zur Beschränkung von Beweismitteln, z.B. bei einem Verstoß gegen § 136 a StPO[2]. Die Strafrechtspflege wäre auch bei der Bejahung der Verwirkung der materiellen Strafbefugnis im Falle jeder prozessual rechtswidrigen Vorgehensweise praktisch lahmgelegt, weil fahrlässige Verfahrensfehler nicht auszuschließen sind und wohl auch tatsächlich in jedem Verfahren vorkommen. Von einer rechtsmißbräuchlichen Ausübung der materiellen Strafbefugnis kann daher hier keine Rede sein. Dieses Ergebnis ist bereits nach zivil-

---

1 MK-Roth, § 242 Rdn. 381; Palandt-Heinrichs, § 242 Anm. 4 C b; BGH NJW 1971, 1774; BGHZ 50, 250; ähnlich: Sorgel/Siebert-Knopp, § 242 Rdn. 223, der jedoch auf Fälle bewußter Fahrlässigkeit abstellt.

2 Ebenso Volk, Strafverteidiger 1986, 36; sogar generell auch bei bewußten Verstößen.

rechtlichen Grundsätzen zu erzielen, ohne daß es auf die Unterschiede zwischen Zivil- und Strafrecht ankäme.

(b) Bewußte Prozeßverschleppung

Zu prüfen bleiben die Fälle, bei denen staatliche Organe unter bewußter Verletzung des Beschleunigungsgebots das Verfahren nicht weiter betreiben und den Beschuldigten über den Fortgang des Verfahrens im Unklaren lassen. Hier scheint die Verwerflichkeit und Treuwidrigkeit des Vorgehens besonders offenkundig auf der Hand zu liegen.

Fraglich ist, ob diese besonders treuwidrige Verfahrensverzögerung die Bejahung der Verwirkung der Strafbefugnis rechtfertigt. Stellt man allein auf die bewußte Rechtsverletzung ab, wäre in der Tat eine Verwirkung der Bestrafungsbefugnis zu erwägen[1]. Hingegen bleibt auch hier zweifelhaft, ob zwischen der materiellen Strafbefugnis und dem prozessualen Verfahrensfehler ein so enger rechtlicher Zusammenhang besteht, der es als rechtsmißbräuchlich erscheinen läßt, den Beschuldigten wegen seiner unzweifelhaft gegebenen Straftat nicht zu bestrafen, d.h. die Strafbefugnis als verwirkt anzusehen. Auch hier ist im Rahmen einer Gesamtschau nach zivilrechtlichen Kriterien abzuwägen. Im Ergebnis wird man eine Verwirkung auch hier verneinen müssen. Der Betroffene wird hier nicht die Auffassung vertreten, er verdiene seine Strafe nicht, weil ein staatliches Organ sich (auch) rechtswidrig verhalten hat. Der Beschuldigte hat hier zunächst ohne staatlichen Einfluß die Straftat begangen. Die Strafbefugnis des Staates wurde damit begründet, und der Straftäter mußte seit dem Zeitpunkt der Begehung der Tat mit einer Bestrafung rechnen. Das spätere staatliche Fehlverhalten ändert daran nichts. Der Betroffene

---

1 Mit der von Soergel/Siebert-Knopp, a.a.O., vertretenen Auffassung könnte man zu diesem Ergebnis gelangen.

weiß, daß die staatlichen Organe ggfls. für ihr rechtswidriges Verhalten zur Rechenschaft gezogen werden. Dem staatlichen Unrecht kann durch die Versagung der Strafbefugnis nicht ein weiteres Unrecht hinzugefügt werden. Dies weiß auch der Betroffene. Es muß allerdings gewährleistet sein, daß auch das Fehlverhalten des staatlichen Organs geahndet wird[1]. Ist diese Voraussetzung gegeben, kann die Ausübung der staatlichen Strafbefugnis nicht als rechtsmißbräuchlich angesehen werden.

Es fragt sich, ob dieses Ergebnis in Widerspruch zum Fall staatlicher Verbrechensprovokation steht.

Der Widerspruch, der sich zum Fall der staatlichen Verbrechensprovokation ergibt, ist ein nur scheinbarer. Zwar liegt in beiden Fällen ein vorsätzliches rechtswidrigen Verhalten eines Strafverfolgungsorgans vor. Im Falle der Verbrechensprovokation beginnt das staatliche Fehlverhalten schon vor Beginn, im Falle der Verfahrensverschleppung beginnt es erst im Laufe des Ermittlungsverfahrens. Es leuchtet dennoch nicht unmittelbar ein, wieso im ersten Fall eine unzulässige Rechtsausübung in bezug auf die materielle Strafbefugnis zumindest in Betracht zu ziehen ist[2], während sie bei späterem treuwidrigen staatlichen Verhalten abgelehnt wird. In beiden Fällen liegt staatliches Fehlverhalten vor, in einem Fall konnte das Fehlverhalten des Strafverfolgungsorgans die Strafbefugnis aushebeln, im anderen Falle nicht. Der Unterschied zwischen beiden Fallgruppen liegt aber darin, daß im ersten Fall der Verbrechensprovokation eine zweifach zu begründende unzulässige Rechtsausübung gegeben ist[3], während im Falle der vorsätzli-

---

1 Dies ist bei im Zuge des Ermittlungsverfahrens begangenem rechtswidrigen Verhalten i.d.R. gegeben, vgl. BVerfG NJW 1986 3022 = NStZ 1986, 468, Ahndung durch Strafbefehl!

2 S. oben S. 108.

3 Rechtsbräuchlich begründete Rechtsstellung und widersprüchliches Verhalten, vgl. oben S. 75 ff.

chen Prozeßverschleppung lediglich die Fallgruppe "tu quoque" zum Tragen kommt. Entscheidend ist, daß im erstgenannten Fall die Rechtsposition bereits rechtsmißbräuchlich erworben wurde und die spätere Strafverfolgung als widersprüchliches Verhalten zu werten ist. Liegt ein mißbräuchlicher Rechtserwerb sowie widersprüchliches Verhalten vor, gibt es nichts mehr abzuwägen wie im Falle eines (auch) rechtswidrigen sonstigen Verhaltens. Die Rechtsfolge ist dann unzweifelhaft, dem Erwerber des Rechts müssen die Rechtsfolgen oder Rechtswirkungen versagt werden. Es bestehen daher erhebliche Unterschiede zwischen den einzelnen Fallgruppen der unzulässigen Rechtsausübung. Bei arglistigem und widersprüchlichem Verhalten ist die Treuwidrigkeit eindeutig, im Fall des Tu-quoque-Einwandes muß weiter geprüft werden, ob das eigene (auch) treuwidrige Verhalten zu einer Versagung der Rechtsposition führt oder nicht. Dies mußte im Falle der vorsätzlichen Prozeßverschleppung verneint werden.

bbb) Verwirkung der Strafverfolgungsbefugnis

Zu prüfen bleibt, ob eine Verwirkung der Strafverfolgungsbefugnis in Betracht kommt.

(1) Verwirkung durch Zeitablauf

Eine Verwirkung dieser Befugnis durch schlichten Zeitablauf - auch bei Hinzutreten weiterer Umstände - führt aus den gleichen Gründen wie bei der Verwirkung der materiellen Strafbefugnis nicht zur Verwirkung, da ein schutzwürdiges Vertrauen nicht entstehen kann, weil jedermann damit rechnen muß, innerhalb der absoluten Verjährungszeit wegen einer Straftat verfolgt zu werden[1]. Ein Verwirkungstatbestand kann nicht zur Entstehung

---

1 Im Ergebnis ebenso Hanack, JZ 1971, 714, h.M.

gelangen. Dem Legalitätsprinzip ist stets Vorrang einzuräumen.

(2) Unzulässige Rechtsausübung wegen Fehlens eines schutzwürdigen Interesses

Hier kann auf das oben Ausgeführte verwiesen werden[1].

(3) Unzulässige Rechtsausübung wegen Tu-quoque-Einwands

Es bleibt zu untersuchen, ob eine Verwirkung der Strafverfolgungsbefugnis unter dem Gesichtspunkt der (gleichzeitigen) Verletzung eigener Pflichten möglich ist.

Dies könnte deshalb naheliegen, weil die Rechtswidrigkeit der Prozeßverschleppung auf prozessualer Ebene erfolgte, was zur Folge haben könnte, daß dann eben das Verfahren zu beenden sei. Für eine fahrlässig begangene Prozeßverschleppung scheidet eine Verwirkung unter dem Gesichtspunkt "tu quoque" offenkundig aus, weil die Strafverfolgung hier trotz der langen Verfahrensdauer nicht rechtsmißbräuchlich erscheint. Ernsthaft in Betracht zu ziehen ist die Verwirkung der Strafverfolgungsbefugnis unter dem Gesichtspunkt "tu quoque" daher allenfalls bei einer vorsätzlichen Verletzung des Beschleunigungsgrundsatzes. Es fragt sich aber auch hier, ob die Verletzung von Verfahrensrecht - auch von damit mittelbar betroffenen Grundrechten - bereits die gesamte Strafverfolgung als mißbräuchlich erscheinen läßt. Dies ist deshalb zweifelhaft, weil es ein Erfahrungswert ist, daß es vorsätzliche Verstöße einzelner Strafverfolgungsorgane gegen Verfassungsrecht und prozessuale Normen, die dem Schutz des Beschuldigten dienen, immer wieder vorkommen. Es ist deshalb im Rechtsbewußtsein der Allgemeinheit verankert,

---

1 S. oben S. 199.

daß (auch) vorsätzlich begangene Verfahrensverstöße nicht die Strafverfolgungsbefugnis entfallen lassen, soweit diese erst einmal ordnungsgemäß erworben wurde. Dies ist anders als im Fall der staatlichen Verbrechensprovokation. Dort rechnet die Allgemeinheit und damit auch der konkret Betroffene gerade nicht mit der staatlich provozierten Straftat. Dies liegt - weil bislang jedenfalls nicht praktiziert - so weit außerhalb des Vorstellungsvermögens, daß dort die Rechtsmißbräuchlichkeit geradezu auf der Hand liegt.

Im übrigen kann auf das bei der Erörterung der Verwirkung der materiellen Strafbefugnis Gesagte verwiesen werden[1].

Die mißbräuchliche, vorsätzliche Verlängerung des Straf- oder Ermittlungsverfahrens führt daher ebenfalls nicht zu einer Verwirkung der Strafverfolgungsbefugnis.

bb) Variante 2

Der Beschuldigte hat von dem Fortgang des Verfahrens Kenntnis, das Verfahren wird jedoch nicht in angemessener Zeit beendet.

Ein Fortfall der materiellen Strafbefugnis sowie der Strafverfolgungsbefugnis wegen Verwirkung infolge Zeitablaufs scheidet offensichtlich aus, da in diesen Fällen ein schutzwürdiges Vertrauen auf den Wegfall der jeweiligen Befugnis nicht denkbar ist.

Die Verwirkung infolge Verletzung eigener Pflichten (tu quoque) ist mit den bereits ausgeführten Gründen gleichfalls abzulehnen. Dies gilt auch für die denkbare Verwirkung wegen eines fehlenden schutzwürdigen staatlichen Interesses.

---

1 S. oben S. 200 ff.

2. Ergebnis

Damit zeichnet sich ab, daß unter dem Gesichtspunkt der Verwirkung im Falle einer überlangen Verfahrensdauer weder die Strafverfolgungsbefugnis noch die staatliche Strafbefugnis entfallen kann. Die Herbeiführung eines Verfahrenshindernisses ist jedenfalls mittels dieser Konstruktion nicht zu bewerkstelligen. Ein von Teilen der Literatur und Rechtsprechung befürwortetes Prozeßhindernis müßte daher anders begründet werden.

Ein Verfahrenshindernis der überlangen Verfahrensdauer ließe sich aber - wie gesehen - nur schwer über Kriterien des Verfahrenszwecks rechtfertigen. Der Ablehnung eines Verfahrenshindernisses in Teilen der Literatur und Rechtsprechung kann daher - auch unter Berücksichtigung des Verwirkungsgedankens - ganz allgemein zugestimmt werden. Es wäre hier auch anders als im Fall staatlicher Verbrechensprovokation schwierig, eine Grenze zu ziehen, ab wann die Verwirkung der Strafverfolgungsbefugnis zu bejahen wäre[1].

III. Verstöße gegen Verfahrens- und sonstige Rechtsnormen

Zu prüfen bleiben die Fälle, bei denen wegen eines sonstigen rechtswidrigen Verfahrensverstoßes die Möglichkeit eines Verfahrenshindernisses ins Auge gefaßt werden muß.

---

1 Die neue Entscheidung des EGH Baden-Württemberg, Strafverteidiger 1986, 377, die ein Prozeßhindernis bejaht, kann hier vernachlässigt werden, weil für Verstöße gegen die BRAO das Legalitätsprinzip nicht zur Anwendung kommt.

1. Gegenstand der Verwirkung

Auch hier stellt sich die Frage, ob die Verwirkung der materiellen Strafbefugnis und/oder die Verwirkung der Strafverfolgungsbefugnis bejaht werden kann. Denkbar ist hier lediglich eine Verwirkung dieser Befugnisse aufgrund eines eigenen staatlichen Fehlverhaltens (tu quoque)[1].

a) Rechtsprechung

Soweit sich die Rechtsprechung mit dem hier in Rede stehenden Problem auseinandersetzt, geschieht dies zum Teil unter dem Gesichtspunkt, ob der Rechts- oder Verfassungsverstoß die Konsequenz eines Verfahrenshindernisses nach sich zieht oder nicht. Überwiegend wird dabei auf die Frage der Verwirkung von Befugnissen nicht eingegangen[2].

Der 5. Senat des BGH hat in der Entscheidung vom 23. Juli 1985 betont, daß durch rechtswidrige Handlungen der staatlichen Organe Verfolgungsrechte und -pflichten nicht verwirkt werden könnten[3]. Hier wird der Verwirkungsgedanke folglich ausdrücklich auf die Strafverfolgungsbefugnis übertragen, wenn auch im Ergebnis verneint.

Das Bundesverfassungsgericht hat jüngst die völkerrechtswidrige Verbringung einer Person von Frankreich nach Deutschland ausdrücklich sowohl mit dem Gedanken der Verwirkung des staatlichen Strafanspruchs als auch mit dem Verfahrenshindernis von Verfassungs wegen in Verbindung gebracht, beides aber im konkreten Fall verneint, wobei allerdings die Frage, wie in "extrem gelagerten Ausnahmefällen" zu entscheiden wäre, bewußt offengelassen wurde[4].

---

1 Vgl. oben S. 85.
2 S. oben S. 38 ff.
3 Strafverteidiger 1985, 399 = MDR 1985, 952.
4 BVerfG NJW 1986, 1429.

b) Literatur

Im Schrifttum ist erst seit kurzem thematisiert worden, ob staatliches Fehlverhalten, wenn es denn zu krassen Rechtsstaatsverstößen führt, ganz allgemein zu einschneidenden Konsequenzen führen kann, die über das hinausgehen, was von Gesetzes wegen vorgesehen ist[1].

Stichwort ist auch hier das Verfahrenshindernis von Verfassungs wegen, wenn Verstöße gegen das Rechtsstaatsprinzip vorliegen. Die im Zeichen der früheren ständigen BGH-Rechtsprechung zum agent provocateur-Problem stehenden jüngeren Entscheidungen zu sonstigen Fällen rechtsstaatswidrigen Verhaltens vor oder während des Ermittlungsverfahrens haben auf diese generelle Frage aufmerksam gemacht, wobei die zu diskutierende Möglichkeit, in derartigen Fällen zu einem Verfahrenshindernis zu gelangen, nur ganz vereinzelt mit dem Verwirkungsgedanken in Zusammenhang gebracht wird[2].

Überwiegend wird versucht, aus dem Rechtsstaatsverstoß direkt ein Verfahrenshindernis abzuleiten, wie dies auch im Falle der staatlichen Verbrechensprovokation vertreten wird, wobei hierzu ausdrücklich eine Parallele gezogen wird[3]. Das Verfahrenshindernis wird dabei wegen eines Verstoßes gegen den Anspruch des Angeklagten auf ein faires Verfahren bzw. das Rechtsstaatsprinzip erwogen[4], ohne daß eine überzeugende Begründung für die Konsequenz: Verfahrenshindernis geliefert wird. Es wird einfach in den jeweils herangezogenen Extremfällen eine Verfahrensbeendigung für notwendig gehalten und erklärt, daß eben in solchen Extremfällen der Rechtsstaatsverstoß dem Ver-

---

1 Vgl. oben S. 11 Fn. 2, 3.

2 Volk, Strafverteidiger 1986, 37; Rieß, JR 1985, 48, spricht von einem "Verzicht auf die Durchsetzung des Sanktionsanspruches".

3 Gössel, NStZ 1984, 420; Rieß, JR 1985, 45 ff.; Arloth, NJW 1985, 417.

4 Gössel, a.a.O., 420; Rieß, a.a.O., 47.

fahren als Ganzes entgegenstehen könne[1], oder daß das unfaire Verhalten schwerer wiege als das Interesse an der Durchsetzung des Strafanspruchs. Das Verfahrenshindernis stelle eine Art Sanktion für das "unfaire Verhalten" des Staates dar[2]. Volk lehnt freilich die Möglichkeit eines Verfahrenshindernisses als Sanktion auf Verfahrensfehler selbst dann ab, wenn diese zur Rechtsstaatswidrigkeit führen[3].

c) Eigene Auffassung

Die Fälle sonstigen rechtsstaatswidrigen staatlichen Verhaltens entsprechen der Situation bei einer bewußt oder unbewußt herbeigeführten Verfahrensverzögerung. Die Ergebnisse der Untersuchung können auf die Fälle sonstiger Verfahrensverstöße übertragen werden.

aa) Fahrlässige Verstöße gegen Verfahrens- und sonstige Rechtsnormen

Auch hier scheidet eine Verwirkung der Strafbefugnis bei unbewußten Verfahrensverstößen offenkundig aus, weil eine Rechtsmißbräuchlichkeit nicht erkennbar ist[4]. Unbewußte Fehler bei der Strafverfolgung führen zu den gesetzlich vorgesehenen Konsequenzen - etwa zur Revisibilität oder zur Nichtverwertung von Beweisen -, nicht aber zur Konsequenz, Freispruch oder Einstellung. Das weiß jedermann. Unbewußte Verfahrensfehler lassen sich nicht ausschließen, sie ändern grundsätzlich nichts an den staatlichen Befugnissen.

---

1 Gössel, a.a.O., 421.
2 Arloth, a.a.O., 418.
3 Strafverteidiger 1986, 37.
4 Vgl. oben S. 201 .

bb) Bewußte Verstöße gegen Verfahrens- und sonstige Rechtsnormen

Bei bewußten (vorsätzlichen) Verfahrensverstößen lautet das Ergebnis ebenso: Eine Verwirkung der staatlichen Befugnisse wegen unzulässiger Rechtsausübung scheidet aus, wenn auch hier das Resultat nicht so klar auf der Hand liegt[1]. Immerhin liegt hier erhebliches rechtsstaatswidriges Verhalten vor, welches gegen das rechtswidrige und schuldhafte Individualverhalten des Beschuldigten aufgewogen werden könnte. Aber allein aus der Tatsache, daß auch der Staat bzw. einzelne staatliche Organe während der Strafverfolgung rechts(staats)widrig gehandelt haben, läßt sich die Unzulässigkeit der Strafverfolgung sowie die spätere Bestrafung nicht begründen, denn auch hier wird nicht deutlich, wieso die Strafverfolgung und Bestrafung des Betroffenen rechtsmißbräuchlich sein soll. Nicht jedes eigene rechtswidrige Verhalten führt nach dem Tu-quoque-Grundsatz zur Unzulässigkeit der eigenen Rechtsausübung. Dies wurde bereits bei der Erörterung der staatlichen Prozeßverschleppung festgestellt und gilt auch hier[2].

Auch hier trifft zu, daß weder die materielle Strafbefugnis noch die Strafverfolgungsbefugnis nach rechtmäßigem staatlichen Erwerb dieser Befugnisse durch eigenes staatliches Fehlverhalten entfallen können. Das spätere staatliche Fehlverhalten ist nicht geeignet, innerhalb einer Gesamtbetrachtung die staatlichen Befugnisse auszuhebeln.

---

1 Insofern ist Volk zuzustimmen, der davon ausgeht, daß es bei prozessualen staatlichen Mißgriffen letztlich nicht auf die Form des Verschuldens ankomme, Strafverteidiger 1986, 35.

2 Vgl. oben S. 198 ff. Hiermit zeigt sich auch, daß der Einwand Drywas, daß auch bei der Beweisverbotslehre der Verwirkungsgedanke nicht zum Fortfall von Straf- und Strafverfolgungsbefugnis führe, a.a.O., S. 68, fehltgeht; vgl. auch oben S. 156.

d) Ergebnis

Die Untersuchung hat gezeigt, daß staatliche Verstöße gegen Verfahrens- und sonstige Rechtsnormen während eines Ermittlungs- oder Strafverfahrens nicht unter dem Gesichtspunkt der Verwirkung des staatlichen Strafanspruchs zur Straffreiheit führen können, da die Voraussetzungen der auch hier allein gegebenen Fallgruppe "tu quoque" nicht gegeben sind. Es erweist sich darüber hinaus auch keine zwingende Notwendigkeit, hier zu einer Straffreiheit des Beschuldigten zu gelangen.

IV. Ergebnis

Insgesamt betrachtet ergibt sich, daß lediglich im Falle staatlicher Verbrechensprovokation an eine Übertragbarkeit des Verwirkungsgedankens auf den staatlichen Strafanspruch - sprich auf die staatliche Strafverfolgungsbefugnis - zu denken ist.

Alle anderen Fälle staatlichen illoyalen Verhaltens sind nicht mit Hilfe des zivilistischen Verwirkungsgedankens einer Straffreiheitslösung zuzuführen.

8. Kapitel

ZUSAMMENFASSUNG

Die Untersuchung hat ergeben, daß der Verwirkungsgedanke grundsätzlich in das Straf(prozeß)recht übernommen werden kann und daß die bislang aufgetretenen Fallkonstellationen, bei denen an eine Übertragung des Verwirkungsgedankens zu denken war, sich unter die anerkannten zivilistischen Fallgruppen einordnen lassen.
Ein Nachdenken über den Rückgriff auf die zivilrechtliche Kategorie der Verwirkung ist auch angezeigt, weil das Straf- und Strafprozeßrecht in Extremfällen keine Möglichkeit bietet, das im Einzelfall gewünschte Ergebnis "Straffreiheit" zu erzielen.

Auf den staatlichen Strafanspruch übertragen, kommt der Verwirkungsgrundsatz jedoch nur im Falle staatlicher Verbrechensprovokation zu diesem Ergebnis. In diesem Falle ist unter der Verwirkung des Strafanspruches allerdings zu verstehen, daß die Ausübung der Strafverfolgungsbefugnis unzulässig ist, weil diese in mehrfacher Hinsicht treuwidrig erworben wurde und sich die nachfolgende Ausübung der Strafverfolgungsbefugnis obendrein auch als widersprüchliches Verhalten darstellt.
Der gleichfalls gegebene treuwidrige Erwerb der materiellen Strafbefugnis, der im Stadium des Hauptverfahrens zur Konkurrenz Einstellung/Freispruch führen würde, muß im Ergebnis zurücktreten, weil hier eine Gleichbehandlung mit dem Verfahrenshindernis der Verjährung naheliegt. Auch die ursprünglich auf materieller Ebene anzusiedelnde Verjährung führt nach ständiger Rechtsprechung im Bereich des Strafrechts lediglich zu einem Verfahrenshindernis und nicht zum Freispruch.

Solange sich kein grundsätzlicher Wandel im Verständnis des Freispruchs durchsetzt, verdient die Verfahrenshindernislösung den Vorzug[1]. Wegen der Ähnlichkeit der Rechtsinstitute sollte die Verwirkung des Strafanspruchs daher zum Prozeßhindernis führen. Dies bedeutet, daß die Strafverfolgungsbefugnis der Verwirkung unterliegt.

Die Begründung der Straffreiheit des Provozierten über die Verwirkung der Strafverfolgungsbefugnis verdient den Vorzug vor den sonstigen Straffreiheitslösungen und hält letztlich auch der Kritik der neuen Rechtsprechung der BGH-Senate stand, die jetzt eine Straffreiheit und/ oder die Einstellung des Verfahrens grundsätzlich für nicht vertretbar halten.

Der Grundsatz von Treu und Glauben - der über das Rechtsstaatsprinzip im Straf(prozeß)recht zur Anwendung kommt, zwingt zu der hier vertretenen Lösung.

Der Verwirkungsgedanke findet nicht nur auf Ansprüche im Sinne eines subjektiven Rechts Anwendung, sondern auch auf sonstige Rechtspositionen und Befugnisse. Daß es sich bei dem staatlichen "Bestrafungs"- und "Verfolgungsrecht" um eine im weitesten Sinne "günstige" Befugnis handelt, die dem Staat zugeordnet ist, kann nicht in Abrede gestellt werden. Diese Befugnisse können daher - auch wenn es sich nicht um klassische subjektive Rechte handeln sollte - der Verwirkung unterliegen.

In allen anderen Fällen staatlichen illoyalen und treuwidrigen Verhaltens im Zuge der Strafverfolgung führt die Übertragung des Verwirkungsgedankens auf diese staatlichen Befugnisse im Ergebnis unabhängig von der Frage, ob das staatliche Verhalten vorsätzlich oder fahrlässig

---

1 Vgl. hierzu auch Volk, Strafverteidiger 1986, 37.

begangen wurde, nicht zu einer Verwirkung staatlicher Befugnisse.

Im Falle eines überlangen Strafverfahrens läßt sich eine Berührung mit dem Verwirkungsgedanken lediglich unter den Gesichtspunkten der Verwirkung infolge Zeitablaufs sowie der unzulässigen Rechtsausübung wegen eines fehlenden schutzwürdigen Interesses und des Tu-quoque-Einwandes einordnen.
Im Falle des Verstoßes gegen Verfahrens- und sonstige Rechtsnormen läßt sich ausschließlich die Berührung zum Tu-quoque-Einwand erkennen.

Soweit in den Fällen eines überlangen Strafverfahrens die Verwirkung durch Zeitablauf und das fehlende schutzwürdige Interesse zu prüfen sind, steht einer Verwirkung staatlicher Befugnisse entgegen, daß die Tatbestandsvoraussetzungen der Verwirkung nicht gegeben sind. Im Falle der Verwirkung durch Zeitablauf fehlt es an einem schutzwürdigen Vertrauenstatbestand, bei der Fallgruppe "fehlendes schutzwürdiges Interesse" muß ein schutzwürdiges staatliches Interesse bei einer überlangen Verfahrensdauer bejaht werden.

Soweit das staatliche Verhalten unter dem Verwirkungsgesichtspunkt "tu quoque" einzuordnen ist, muß eine Gesamtschau und Abwägung des eigenen staatlichen Fehlverhaltens mit dem beanspruchten "Recht" erfolgen. Der dabei vorauszusetzende besondere rechtlich relevante Zusammenhang zwischen dem eigenen staatlichen Verhalten und dem beanspruchten "Recht" ist in diesen Fällen nicht zu erkennen. Daher bewirkt das eigene treuwidrige staatliche Verhalten nicht die Verwirkung der staatlichen Befugnisse. Es verbleibt hier bei den sonstigen gesetzlichen Regelungen, welche im Einzelfall Sanktionen in Form von Beweisverboten oder aber die Möglichkeit von Verfahrensrügen vorsehen.

Der neueren Rechtsprechung kann daher nur insoweit uneingeschränkt gefolgt werden, als sie staatliches Fehlverhalten, soweit es zeitlich nach Begehung der Straftat im Ermittlungsverfahren oder im Strafverfahren einsetzt, nicht zur Straffreiheit des Beschuldigten führen läßt.

Im Falle unzulässiger staatlicher Verbrechensprovokation kann das - erwünschte - Ergebnis "Straffreiheit des Täters" mit Hilfe der zivilrechtlichen Kategorie der Verwirkung des staatlichen Strafanspruchs - lies Verwirkung der Strafverfolgungsbefugnis mit der Folge eines Verfahrenshindernisses zu Recht begründet werden.

Das Legalitätsprinzip zwingt nicht zur Verfolgung von Straftaten, die selbst treuwidrig verursacht worden sind und bei denen sich die nachfolgende Strafverfolgung als widersprüchliches Verhalten darstellt, weil insoweit die immanenten Grenzen des Rechtsstaatsprinzips entgegenstehen.

Printed by
CPI books GmbH, Leck

Kolibri 360 GmbH
Ferdinand-Jühlke-Straße 7
99095 Erfurt, Deutschland
produktsicherheit@kolibri360.de